典藏版

慈禧垂帘听政　光绪盛年早夭

慈禧太后光绪皇帝驾崩之谜

刘明军——编著

CIXI TAIHOU
GUANGXU HUANGDI
JIABENG ZHIMI

中国文史出版社

图书在版编目（CIP）数据

慈禧太后光绪皇帝驾崩之谜／刘明军编著．—北京：
中国文史出版社，2022.6
ISBN 978-7-5205-3558-8

Ⅰ．①慈… Ⅱ．①刘… Ⅲ．①西太后（1835—1908）
–生平事迹 ②光绪帝（1871—1908）–生平事迹 Ⅳ.
①K827＝52

中国版本图书馆 CIP 数据核字（2022）第 108243 号

责任编辑：方云虎
封面设计：三味書肆

出版发行：中国文史出版社

社　　址：北京市海淀区西八里庄路 69 号　　　邮编：100142
电　　话：010-81136630
印　　装：廊坊市海涛印刷有限公司
经　　销：全国新华书店
开　　本：710 毫米×1000 毫米　　　1/16
印　　张：24.5
字　　数：281 千字
版　　次：2023 年 1 月北京第 1 版
印　　次：2023 年 1 月第 1 次印刷
定　　价：78.00 元

慈禧太后像　　　　　　　光绪皇帝载湉像

　　慈禧太后（1835 年 11 月 29 日—1908 年 11 月 15 日），满洲镶蓝旗（后抬入满洲镶黄旗），叶赫那拉氏，名杏贞，但也有说其是汉人的说法。咸丰皇帝死后，她以皇太后身份垂帘听政，是自 1861 年至 1908 年间清王朝的实际统治者。

　　爱新觉罗·载湉（1871 年 8 月 14 日—1908 年 11 月 14 日），清德宗光绪皇帝，清朝第十一位皇帝。4 岁登基，由慈禧、慈安两宫太后垂帘听政，1898 年，光绪帝进行"戊戌变法"，但变法危及封建守旧势力的利益，受到以慈禧太后为首的保守派的反对，被慈禧幽禁在中南海瀛台。光绪三十四年，年仅 38 岁的光绪帝暴死，他死后仅一天，统治中国近 50 年的慈禧宣告死亡。那么，两人死亡的时间何以如此接近，光绪皇帝为何盛年早夭？为何光绪死在慈禧之前？一百多年来，人们一直对这个谜团不断猜测，那么真相到底如何呢？请看本书分解。

目　录

1

第三编

慈禧贪权立载湉，教育光绪做奴隶

第四编

祸国殃民慈禧，身世扑朔迷离

第五编

慈禧入宫，清室蒙难

第六编

咸丰驾崩承德，慈禧发动政变

第七编

慈禧垂帘听政，操纵同治光绪

第八编

光绪艰难亲政，帝后矛盾重重

第九编

光绪戊戌变法，慈禧戊戌政变

第十编

悲哉光绪，无辜归尘

第一编

帝后同死，真相何在？

慈禧太后像

光绪皇帝载湉像

一

一帝一后
两日赴死

1860 年（清咸丰十年），英法联军攻入北京，咸丰皇帝仓促逃往热河，慈禧太后跟随而至，一年之后，1861 年 8 月，咸丰皇帝在热河去世。

不久后，慈禧太后发动辛酉政变，罢免了咸丰任命的顾命八大臣，掌握了大清朝的最高权柄，开始垂帘听政，一直到其死亡之日，这个女人都掌握着中国的一切。

慈禧太后垂帘听政时，先是扶植了同治皇帝，但同治皇帝少年早夭，年仅 19 岁就去世了，慈禧太后便又扶植了光绪皇帝，光绪皇帝 4 岁时被扶上皇位，做了慈禧控制下的 34 年傀儡皇帝，而在光绪三十四年十月二十一日（1908 年 11 月 14 日）傍晚，光绪皇帝死于北京中南海的瀛台涵元殿，而在他死后的第 20 个小时，光绪三十四年十月二十二日午后，也就是第二天下午，一直控制他的慈禧太后在北京故宫仪鸾殿病逝。

一个是当今皇帝，另一个则是操纵朝政达半个世纪之久的"太上皇"，两人的死何以如此巧合？为何正值壮年的光绪皇帝死在了老衰的慈禧之前？谜底在哪里？真相在哪里？

光绪皇帝葬礼时的情景

慈禧太后出殡时的情景

二 光绪盛年早夭 传说纷纭难辨

关于光绪之死，历来众说纷纭。1938 年，光绪的陵墓遭盗掘。1980 年，我国有关部门对光绪皇帝的棺椁进行清理并重新封闭，光绪的若干头发、遗骨与衣服被移出，保存在清西陵文物管理处的库房。

光绪皇帝陵墓

2003 年，清西陵文物管理处等四家单位相关工作人员组成了一个课题组，研究者采集了光绪的两小绺头发，试图用现代科技破解这一百年疑案。

一系列实验和模拟实验表明，光绪的两小绺头发砷含量的最高值远远高于当代人，是光绪隆裕皇后的 261 倍，也远远高于其棺椁内物品和墓室内外环境样品的最高含砷量。在光绪遗留下来的三件较为完整的上衣中，胃部和腹部位有多处腐蚀脱落形成的窟窿。以上检测结果表明：大量的砷化合物曾留存于光绪帝尸体的胃腹部，尸体腐败过程中，这种剧毒化合物也四处扩散，并由里向外侵蚀衣物。由此可推知：光绪帝的骨骼、内层衣物及头发的高含量砷，均来自其尸体胃肠内含砷的物质。

光绪皇帝胃肠中致命的砷元素究竟来自哪种化合物呢？经过一系列分析、比较和小鼠实验，专家们得出的结论是：砒霜。

砒霜是一种剧毒化合物。人口服砒霜 60～200 毫克就会中毒死亡。因受条件限制，光绪帝尸体中的砒霜总量难以测算，但仅头发残渣中的砒霜总量就高达约 201.5 毫克。2008 年 11 月 3 日，国家清史编纂委员会在北京举行光绪死因研究报告会，正式宣布光绪死于急性砒霜中毒。

由此来看，光绪皇帝是被人毒死的，那么到底是谁毒死了光绪皇帝呢？根据历来人们的猜测和论断，大致有以下几种说法。

很多人说第一作案嫌疑人是袁世凯，这不无道理。因为光绪皇帝生前最恨的人恐怕就是袁世凯。据夏仁虎《旧京琐记》中说：戊戌政变之后，光绪皇帝被囚禁在瀛台，"日书项城（即袁世凯，因其为河南项城人，故称袁项城）名以志其愤"。光绪临死之前，在纸上写了几个字，私下递给隆裕，上面写着："杀余者某人。"这个"某人"就是袁世凯，所以，隆裕亲政后，第一件事就是罢免了袁世凯。还有的史料说，光绪常常画一个小人儿，写上袁世凯的名字，然后用箭来射，以此解闷消恨。

光绪为什么这么痛恨袁世凯呢？因为正是袁世凯的告密，导致了

袁世凯像

变法的失败。本来，慈禧是赞同变法的。她将国家大权交给光绪之后，自己便在颐和园里专心致志地从事戏剧改革——将宫廷大戏《昭代箫韶》由昆曲翻改成皮黄（即后来的京剧）。随着变法的一步步深入，一些衙门被裁撤，一些官员被罢免，这些官员——礼部尚书怀塔布、许应骙，侍郎堃岫、徐会澧、溥颋、曾广汉等，便到慈禧太后那里去告状、诉苦。

据说，慈禧太后听了这些诉苦之后并没有表态。但是光绪皇帝很紧张，害怕太后回京阻挠变法，于是紧急召见袁世凯，给了他一道圣旨，要他回天津，将直隶总督荣禄正法，然后带兵进京，包围颐和园，不许任何人进出。（美国传教士何德兰：《慈禧与光绪皇帝》）根据陈夔龙《梦蕉亭杂记》中所记，袁世凯当时就向皇帝表示，天津尚有聂士成的军队，兵力比袁世凯的新建陆军多数倍，所以带兵围颐和园之事，"万不敢办"；传旨将荣禄正法，"亦恐办不到"，只答

7

应到九月两宫赴京阅兵时，找机会下手。

袁世凯回到天津之后，把圣旨呈给了他的顶头上司荣禄。荣禄连夜进京，会晤庆亲王、觐见慈禧，"均各愕然"。于是，慈禧回京"训政"，光绪被囚瀛台，康、梁亡命海外，六君子断首菜市口，变法宣告失败——在光绪皇帝看来，袁世凯是造成这一后果的第一号罪魁。

平心而论，造成这一后果的，应该是光绪本人。首先，他的变法步子迈得过大且过急，缺乏社会基础；其次，他没有和慈禧及时沟通——无论怎么说，在政治上慈禧要比他老练得多、经验丰富得多；最后，他用人有问题，尤其是错误地信任了袁世凯。

袁世凯也知道光绪特别恨他。因此他非常害怕慈禧宾天之后光绪重新执政会杀了他。所以，他确实想先下手，害死光绪。刘禺生的《世载堂杂忆》中说，袁世凯身边有个智囊名叫杨杏城，给袁世凯出主意：商之李莲英，毒死光绪皇帝。果然，慈禧病危，光绪反倒先死了。

从这一点来说，光绪被毒杀，袁世凯当然是第一个"嫌犯"，因为他有"作案动机"。但还有好多人比他的作案嫌疑大得多。比如李莲英。

据《清室外记》记载："皇帝殡天之情形及其得病之由，外人无由详知，唯藏于李莲英辈之心中。关于太后、皇帝同时而崩，北京城中，言人人殊，然欲查其原因，则实毫无线索。但日处忧城之中帝，一旦再操大柄，自为李莲英辈之不利。所以可以断言，当日颐和园中之事，或为太后所不及知者。据当时目击者论之，此亦情势所可有。"

这段话是说慈禧太后的亲信太监李莲英等人，平日里狗仗主势，经常中伤和捉弄光绪帝。他们怕在西太后死后光绪再操权柄，会不利于他们，所以就先下手为强，在西太后将死之前，先将光绪帝害死。这一说法同时为英国人普兰德所著的《慈禧外传》和德龄所写的《瀛台泣血记》等书所认同。

德龄以亲身经历认定光绪皇帝就是被李莲英害死的。她的书中写道："李莲英眼看太后的寿命已经不久，自己的靠山快要发生问题了，便暗自着急起来。他想与其待光绪掌了权和自己算账，不如让自己先下手的好。经过几度筹思，他的毒计便决定了。"

书中写道："近来奴婢听许多人说，万岁爷的身子很不好"……"奴婢愿意瞧瞧他看，或者可以使他的身体好起来。"……"就在李莲英说过这一番话的第二天，光绪便好端端地也害起很厉害的病来。……只有光绪自己心里是明白的，他料定必是被李莲英在饮食里下了毒，存心要谋杀他。"

李莲英像

但李莲英那时已垂垂老矣，时日无多，纵然光绪将来得势，又能把他治成什么样呢？况且李莲英平时对待光绪也不是一直都苛刻，也有对他不错的时候，所以他虽有嫌疑，但也不是很大，有最大嫌疑的，其实就是一直控制光绪皇帝的人——慈禧太后。

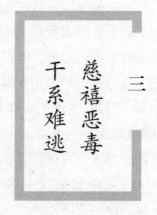

慈禧恶毒　干系难逃　三

※ 一天时间，三道懿旨

为何说慈禧太后是最大嫌疑人？以下事情或许更能让我们看出端倪来。

光绪皇帝死后，举国震惊，事情来得太突然，紫禁城中，一切后事都显得那么匆忙，没有章法。

当光绪皇帝驾崩的消息被送到宫中时，举朝震动。王公大臣们既对这位年仅38岁的皇帝如此突然的去世感到惊恐，更感到不可思议，但国不能一日无君，他们同时更为尚未建储、没有确立皇位的继承人而担忧。

按照从雍正年间传下来的规矩，每一位继承大统的皇帝，都要于其在位期间，预先写下继位的皇太子名姓，置于密封匣盒之内，藏在故宫乾清宫正中的"正大光明"匾额后面。这块匾额是顺治皇帝亲自书写，为宫中最高之处。当皇帝重病不治时，在朝廷重臣共同看视下，宣布匣内诏书内容。这就是清朝所独有的秘密建储制度。乾隆皇帝、嘉庆皇帝、道光皇帝，都是由这个方法立嗣继位的。

光绪没有子嗣，但是大臣们知道，皇帝也没有用秘密建储的方法，在皇族中选择继任者。这大概是皇帝正值壮年的缘故。

乾清宫皇位与其上的"正大光明"匾额

就在人们惊恐慌乱、不知所措的时候，从仪鸾殿的病榻上，传出慈禧太后懿旨：以摄政王载沣之子溥仪入承大统，为嗣皇帝。承继穆宗皇帝为嗣，并兼承大行皇帝之祧。

根据慈禧太后的这道旨令，溥仪继皇帝位。这就是清朝的末代皇帝，人们通常说的"宣统帝"。

溥仪与光绪有着极近的血缘关系。光绪皇帝是溥仪的伯父。溥仪的父亲载沣是光绪的亲弟弟。载沣承袭了他们父亲醇亲王的爵位，并在前不久当上了摄政王。

不过，溥仪此时还仅是个 3 岁的孩子。将国家大事及满朝文武托付给这样一个无知的幼儿，显然是不现实的。于是，从仪鸾殿很快又传出第二道懿旨：嗣皇帝尚在冲龄，正宜专心学习。著摄政王载沣为监国，所有军国政事，皆由摄政王秉承训示，并予裁度施行。待嗣皇帝年岁渐长，学业有成，再由其亲裁政事。这实际是将朝纲权柄，交到了醇亲王载沣的手里。

在光绪去世的当天，慈禧太后还发出过第三道懿旨。依照清朝祖

11

上的惯例，为宾天的皇帝组建一个以满洲文武亲贵大臣为成员的办理丧事、赞襄政务的班子。这第三道懿旨中说：著派礼亲王世铎，睿亲王魁斌，喀尔喀亲王那彦图，奉恩镇国公度支部尚书载泽，大学士世续、那桐，外务部尚书袁世凯，礼部尚书溥良，内务府大臣继禄、增崇，恭办丧礼，敬谨襄事。

此时慈禧太后也已重病在身，卧床不起。但由于她的上述安排，宫廷内出现的暂时混乱状态，逐渐平息，局面得到稳定。一切的事情，似乎又都开始按照预定的轨道进行了。

摄政王载沣首先向中外宣示了光绪皇帝的遗诏，同时以嗣位皇帝的名义，颁布上谕，褒扬光绪帝生平伟绩，痛悼他的突然故世，并表示要遵循古制，行持孝三年之丧礼。

十月二十二日，即光绪去世的第二天，年仅3岁的溥仪，以大清国皇帝的身份，来到皇叔宾天的中南海瀛台涵元殿，亲临看视光绪皇帝遗体小殓。然后在众朝臣的簇拥下，护送遗体到乾清宫西配间停放。

少年溥仪像

在这里，小皇帝溥仪按照清朝丧礼仪俗，剪去头发，穿戴起孝服。亲王以下的文武大臣官员，也全部穿上了白色丧服，各按品级

12

位次站立，齐集举哀，并看视为光绪皇帝大殓。大殓完毕，灵柩移至乾清宫正殿安放。小皇帝溥仪又随众臣在乾清宫举行了隆重的殡奠礼。

然而就在人们忙于往返涵元殿与乾清宫之间的时候，刚刚为光绪皇帝安排了后事的慈禧太后，也在仪鸾殿病榻上辞世，终年 73 岁。

※ 光绪壮年暴亡，慈禧欲盖弥彰

到这时人们会发现，在光绪皇帝去世前后所发生的一系列事情中，慈禧其实都是控制者。对此至少可以找出三大疑点。

第一，光绪死得太突然。

光绪皇帝在去世之前的一段时间里，确实也是在患病。不过，光绪从小的时候起，身体就不太好，虚弱多病。这一次患病，是在光绪三十四年（1908）的年初。以后就一直感到不适。据皇宫太医的诊断，其病状为：阴阳两亏，标本兼病，胸满胃逆，腰胯酸痛，饮食减少，气壅咳喘，益以麻冷发热。精神困惫，夜不能寐。

依据现代医学病理分析，这大概是患了呼吸道疾病。从上述诊断看，病人已经发热咳喘，睡眠饮食失调，身体相当衰弱，但此时尚不至于有生命危险，更不会突然死去。

况且在光绪去世的当天，还曾发出一道谕旨：通谕各省总督、巡抚，于各所辖地区内，遍选精通医术之人，无论有官品者，或是平民百姓，迅速保送来京，为皇帝治病。如医治确有效果，被保送之人，及推荐之官员，皆予恩赏。

可见，光绪本人也没有认为，自己的病已经到了不可救治的地步，马上就会离开人世。一般讲，临死的人，特别是很快就要进入弥留之际的人，都会产生某种预感。

整个朝廷也未想到皇帝要出事。理由很简单，因为在光绪帝死于瀛台涵元殿的时候，满朝文武大臣中，没有任何人知道，应该把皇帝安葬在哪里。

光绪皇帝还没有选择他的"万年吉地"，也就是陵寝用地，当然就更没有预先建造陵寝。

在清代社会这是极不正常的。只有当皇帝出人意料地突然去世时，才会出现这种情况。

从秦始皇开始，中国的封建皇帝如同珍视其活着时候的奢华生活一样，对死后的安排，也都极为重视。尤其是陵寝的建造，清朝的习惯做法是，皇帝在他们还非常健康的时候，有的甚至尚在中年，或者刚刚继位，即开始为自己大事营造陵寝。

规模庞大的清东陵

譬如雍正皇帝，他在登上皇帝宝座后的第四年，即迫不及待地着手兴建陵寝。他派出大学士、工部及内务府官员，到安葬其父祖顺治、康熙帝的今河北遵化一带勘察选址。但因土质疏松，雍正决定放弃已经选好的地点，改换地方。雍正七年，在今河北易县确定陵址。翌年动工兴建。

光绪的爷爷道光皇帝，还曾经将已经修造好的寝宫，推倒重建。

道光的"慕陵"，最早建于清东陵，即河北遵化县境内。地宫建好后，偶然发现墙壁渗水。道光皇帝在重重处罚了主持修建寝宫的官员之后，又改在易县，重建陵寝。

光绪皇帝迟迟没有按照惯例，择地修造寝宫，其因素可能是多方面的。然而皇帝本人尚在中年，又未发现致命的病伤，这应是其中一个重要的原因。而且掌握着皇帝身体状况，了解其病情发展的朝廷，也没有认为建造陵寝是非常急迫的事情。

从上述可以看到，光绪的突然去世，如果说是病死的话，在许多地方都是讲不通的。

第二，二人死得太巧合。

光绪皇帝的死与慈禧太后的死，几乎是连续发生的。如果细分析起来，前后相隔还不到一天时间。

光绪死于十月二十一日的酉刻。按照天干地支的计时方法，酉刻，即相当于现在的下午五点至七点之间。也就是说，光绪是死于十月二十一日的傍晚。而慈禧太后则是在十月二十二日的未刻，病死于仪鸾殿。未刻，即我们通常所讲的下午一点至三点之间。因此可以认为，慈禧是死于十月二十二日中午过后。由是我们可以推算出，二人之死，前后相差仅二十个小时左右。

事情发生得如此巧合，这是很难让人相信的。如果考虑到两位死者生前的长期矛盾，以及特殊的政治背景，自然死亡的可能性将更小。

第三，死前安排太到位。

我们前面曾经讲到，在光绪死去的当天，曾从慈禧太后的寝宫仪鸾殿，很快传出懿旨，立溥仪为嗣皇帝，命摄政王载沣为监国。如果我们将视线再向前推移，那么就会发现，溥仪是在光绪临死的前一天，也即十月二十日，由醇亲王府被接进宫的。载沣也是在同一天，被封为摄政王的。

细想起来，这里面似乎大有文章。究竟谁下的命令，谁让这样做的呢？唯有慈禧太后。虽然谕旨是以皇帝的名义发布的，但其内容却是在传述慈禧太后的意思。

光绪皇帝的玉石印章

根据清代最重要的官方典籍《清德宗实录》的记载，十月二十日这天，光绪皇帝仅向内阁发布过两道谕旨。其一，谕内阁，朕钦奉慈禧端佑康颐昭豫庄诚寿恭钦献崇熙皇太后懿旨，醇亲王载沣之子溥仪，著在宫内教养，并在上书房读书。其二，又谕，朕钦奉皇太后懿旨，醇亲王载沣授为摄政王。

而这两道谕旨，看上去其实都是在为光绪的死做准备。显然，慈禧太后已经知道，光绪很快就会死去。然而，就在慈禧作出这一政治安排的第二天，光绪还曾向全国各地督抚颁布谕旨，意图寻医治病，并不像行将就木的样子。在这里，人们很自然地将三大疑点联系起来考虑，发出诸多疑问。产生谜团也是当然的事，那么，如果说光绪是被慈禧害死的，她又是出于什么动机，非要置光绪于死地呢？我们需要先来了解清楚二人的故事和关系。

第二编

慈禧母以子贵
同治叛逆至死

慈禧太后像　　　　　　　　光绪皇帝载湉像

一

慈禧骄横奢侈 同治顽皮叛逆

清德宗光绪皇帝名爱新觉罗·载湉，其父奕譞是道光帝的第七子，他作为一个亲王的儿子本来是和皇位无缘的，那么他怎么会成为皇帝呢？慈禧后来又为什么要置他于死地呢？所以，要说慈禧太后与光绪的死之间的关系，首先还必须得说说同治皇帝和其死亡之谜。

同治是清代清穆宗爱新觉罗·载淳的年号，在位时间为1861年至1875年。载淳的生母就是慈禧太后。

※ 慈禧生子，奢侈无度

故宫所藏清代档案中，曾发现两册关于妃嫔怀孕分娩的档案。一册是全贵妃遇喜档；另一册是懿嫔遇喜档。懿嫔就是后来统治中国达四十余年的西太后慈禧，从她生孩子这件事上，就可看出她是个极其张扬和奢侈的人。

《宫中现行则例》内载，凡内廷主位遇喜，准许亲眷一人进内照看。咸丰五年的寒冬腊月，慈禧有孕六个月了，自觉行动已不便。总管太监韩来玉在十二月二十四日传来咸丰皇帝奕詝亡旨意：允许慈禧之母进紫禁城苍震门至储秀宫住宿。于是，慈禧之母由两名家下妇人陪同，在二十六日上午来到储秀宫住下，以便随时照看。新年过后正月二十八日，内务府会计司又送来当上差的精奇里妈妈里（满语，工资、地位较高的差役）十名，兆祥所首领太监王成送来当下差的灯火、水上妈妈里二十名，由敬事房太监领到苍震门，接着再由总管太监韩来玉领到储秀宫，供慈禧挑选差用。结果，慈禧挑中了精奇里妈妈里两名，灯火妈妈里两名，水上妈妈里两名。

依照皇帝的旨意，令她们在二月三日进宫内当差。进入二月，慈禧有孕已经八个月了。按照事先的安排，兆祥所首领太监王成于二月三日早晨将慈禧选中的六名妈妈里送至储秀宫当差。同时，负责收生的两名姥姥也经由苍震门到储秀宫上夜守喜，两名御医也在御药房下所上夜值班。接着，又将守喜御医增至六名，分为两班，每班三名，轮流守夜。

与此同时，各项物质准备也在相应筹划，预为办理。二月初三日，总管太监史进忠告知衣库，要用各色春绸七丈五尺一寸，各色潞绸八丈一尺三寸，白高丽布三匹，蓝高丽布三匹，白漂布两匹，蓝扣布两匹。以上等物裁做春绸小袄二十七件（棉十八件、夹九件），白纺丝小衫四件，一幅红春绸挖单一块，红兜肚四个，潞绸被十八床，蓝高丽布褥十床，蓝扣布褥一床，蓝高丽布挡头长褥一床，白高丽布挖单三十三个，白漂布挖单三个，蓝素缎挡头两个，石青素缎挖单一块，红青纱挖单一块，白布糠口袋两个，白纺丝小带四条，挂门大红绸五尺，蓝扣布挖单十个，白漂布小挖单二十六个。

同日，总管太监史进忠还告知理事关防处，要用大小木盆两个，木碗两个，木锨一张，小木刀一把。二月初五日，总管史进忠又知会武备院，添造长六尺、宽四尺黑毡一块。此外，还用油饰换辫见新的吉祥摇车一座。三月初九日大夫归班，讨易产石一块。三月十三日，有关各处送来所做衣物一份，木槽、木刀、木锨一份，以及黑毡等物件，由总管太监韩来玉、敬事房首领太监徐二格率太监等捧至储秀宫，送到慈禧面前一一过目。三月十九日，韩来玉至养心殿西暖阁请来大楞蒸刀一把，挂在储秀宫后殿东次间，这样就等慈禧分娩了。

咸丰帝自得知慈禧遇喜之日起，就给予极大的关注。为了保护胎儿，让慈禧安全分娩，咸丰还下令从二月三日起一直到小满月，御医和收生的姥姥不分昼夜，轮流守喜，防止发生意外。

慈禧太后画像

此外，慈禧的起居饮食，有关差使、守喜人员的安排，物质准备情况等事，均要向皇帝随时奏报。特别是慈禧的脉息和妊娠情况，皇帝更为关心。正月二十四日，御医栾泰、李万清、匡茂忠请得慈禧脉息和平，系妊娠七个月之喜。二月二十五日，御医栾泰、李万清、应文熙请得慈禧脉息和平，系妊娠八个月之喜。三月九日，栾泰、李万清、应文熙、匡茂忠等四位御医又请得慈禧脉息和平，系妊娠将近九个月之喜，饮食起居正常。三月十日，负责收生的姥姥进一步请得慈禧喜脉分娩，预计在三月底至四月初之间。如此一次次得脉结果以及备物情况，都要一一向皇帝奏报。

咸丰六年正月初九日未正三刻，钦天监博士张熙来到储秀宫，经过观察，看到储秀宫后殿明间东边门北大吉。于是正月二十四日午时，总管太监韩来玉带领内务府营造司首领太监三名至储秀宫，在后殿明间东边门北刨喜坑一个。随后引姥姥二名至喜坑前，边念喜歌，边把筷子（筷子，是祝愿快生儿子的意思）、红绸、金银、八宝等安放在喜坑之内。

经过九月怀胎，慈禧于咸丰六年三月二十三日巳时开始坐卧不安了。据一位接生的姥姥说，慈禧似有转胎之象。总管太监韩来玉随即向咸丰作了奏报。到了未时，慈禧分娩了，生了阿哥，姥姥们很快拾掇完毕。慈禧母子脉息均安，咸丰闻奏大喜。

据《宫中现行则例》内载，凡嫔遇喜，小满月之日恩赐银二百两，表里四十匹。慈禧三月二十三日生产，四月初五日为小满月之日。总管太监韩来玉依照规定为慈禧奏请赏赐，咸丰当即传旨：照妃例赏给。于是，将慈禧赏赐数额一下子由嫔提高到妃的标准，即恩赐银300两、表里70匹。同时，小太监平顺交出朱笔一件：慈禧著封为懿妃。

※ 载淳即位，两宫同治

载淳的即位是清代帝王中最顺理成章、最没有争议的一个，咸丰帝奕詝共有两个儿子，同治是他的长子，次子三岁就夭折了，所以同治成了皇位的唯一合法继承人。咸丰十一年（1861）八月二十一日，咸丰帝病危，召御前大臣怡亲王载垣、郑亲王端华、协办大学士户部尚书肃顺及军机大臣穆荫、匡源、杜翰、焦佑瀛代写朱谕，立载淳为皇太子，并命上述大臣赞襄政务。载淳生母那拉氏和钮祜禄氏尊为皇太后。第二天咸丰帝去世，6岁的载淳即位，年号祺祥。

这一年的十月，载淳的生母慈禧太后不满八位大臣专权，联合东宫慈安皇太后和恭亲王奕訢合谋发动辛酉政变，在护送咸丰帝梓宫回京之际，慈安、慈禧和小皇帝先行到达，采纳恭亲王建议，将载垣、端华、肃顺处死，其他五人革职或遣戍，实行两宫太后"垂帘听政"，自己掌握实权，改年号为"同治"，以第二年为同治元年。

成功掌权后，慈禧任奕訢为议政王、军机大臣，管理总理各国事务衙门；依靠曾国藩、李鸿章、左宗棠等汉族地主武装，勾结外国侵略势力，实行借洋兵剿逆的政策，先后镇压了太平天国、捻军、苗民、回民起义，延缓了清王朝的统治危机，使清王朝得到暂时稳定。

同治时期，一方面，清政府采用洋务派"自强"和"求富"的方针，开办一些新式工业，训练海军和陆军以加强政权实力；另一方面，又支持顽固派对洋务派进行牵制，以加强深宫集权。被清朝统治阶级称为"同治中兴"。

※ 同治贪玩厌学，称帝不务正业

同治帝载淳幼年是一个少不更事的顽童，他即位之初，政事由两太后管理，同治帝只是读书。朝廷对同治帝的读书十分重视，派礼部尚书祁寯（jùn）藻、管理工部事务前大学士翁心存、工部尚书倭仁、翰林院编修李鸿均、编修李鸿藻教授汉文，礼部尚书倭拾珲部、左侍郎伊精阿臣、兵部尚书爱仁均教授满文。此外还教授步射、骑马。这些课程是皇帝的必修课。有这么多名宿教授，同治帝一定学得很好吧？但出乎意料的是，同治帝学得很不理想。

同治帝 6 岁到 14 岁期间，每天应景做皇帝，到养心殿摆样子，两宫皇太后垂帘听政。他还要抽出半天时间，到弘德殿读书。同治从小没有得到严父的教育，母后皇太后与圣母皇太后都没有文化，不得教育皇子读书的要领。她们常在重华宫漱芳斋办事、传膳、听戏，没有给同治以文化的熏陶。同治贪玩，不爱读书，"见书即怕"，不好学习，没有长进。他的师傅教他学习看奏折，但他"精神极散"；听讲奏折，也极不用心。他的伴读奕详、奕询，本意在陪同读书、互相激励、彼此切磋，实际上往往代其受过，让老师们起到"杀鸡吓猴"的作用。

同治四年十一月十一日开始，在咸丰朝获状元，同治朝担任詹事府右中允的翁同龢受命教同治皇帝读书。其所著的《翁同龢日记》中说到同治帝 16 岁时（同治十年，1871）的读书情况。正月初七："晨读极散，因极陈（极陈，极力上言）光阴可惜，当求日进之方，上颔之而已，照常退。"初九："读甚散，敷衍而已。"二十九日："……午初来，满书极吃力，午正二始毕，讲折尤不着力，真无可如何也!"二月初八:"课题'重农贵粟',诗题'东风已绿瀛洲草',得洲字。文思极涩,初稿几无一字可留,且虚字亦不顺,复逐字拆开讲过,仍凑泊而成数段,未毕退。午正再入,坐四刻而不成一字。遂作诗,诗亦不佳。如此光景,奈何奈何!"16 岁的皇帝读书就是这样,在课堂上,同治"无精神则倦,有精神则嬉笑",实在是一个顽皮的学生。同治到十七八岁的时候,"折奏未能读",连"在内背《大学》皆不能熟"。丁国均《荷香馆琐言》还有这么一个记录:毅皇帝尝与翁师傅言,自谓当差劳苦。"毅皇帝"是同治帝的谥号。当皇帝,竟把管理国家大事说成是一种苦差事!

由于慈禧太后贪恋权力,她以同治帝"典学未成"为由,拖延同治帝亲政时间。直到同治七年九月十五日(1872 年 10 月 16 日),才为自己 17 岁的儿子载淳举行了大婚典礼。

同治帝婚姻是个大问题。谁做皇后,两宫皇太后意见不一:慈安太后提议以侍讲崇绮之女阿鲁特氏为皇后,慈禧太后主张以侍郎凤秀之女富察氏为皇后。同治帝本人喜欢前者,同治皇帝便以阿鲁特氏为皇后,富察氏为慧妃。

同治七年,同治帝载淳亲政,前后掌权只有 6 年多,却在政事上无所作为,而且是胡作非为,作为一个掌管大清帝国的皇帝,他辜负了朝野上下亿万臣民对他的殷切期望。为政期间,同治帝基本是正事不干,专做不良之事,为祸天下,同时也祸害他自己。

同治亲政的一年多中,他似乎只做了两件事:一是修园;二是微行。先说兴建颐和园,同治十二年九月,同治帝以方便太后颐养为名,实为自便,降旨兴修颐和园。修颐和园需银 1000 万两,木材一项,径七寸至四尺多,长一丈五到四丈八的楠柏陈黄松木要 3000 根。但因为镇压太平天国,各省款项支绌,当时西北左宗棠又正镇压回民起义,捐输和厘金全用在上面了,清政府的财力根本不允许再拿出这么多钱来修园。木材需从四川采集,但道光初年以来已经砍伐得差不多了,无从购觅,况且运输艰难万分。十月二日,御史沈淮上疏请求缓修,师傅李鸿藻与翰林院侍讲学士李文田也都上疏劝谏。同治不

同治皇帝载淳像

听，十三年正月十九日正式开工，钱出自各方捐款 40 多万两，木材由人到福州买进口的。十二日，同治帝亲自视察工地，此后又于四月初九、五月十一日视察工地，他的视察，也只不过觉得好玩，想去玩玩而已。

　　赞成同治修颐和园的也有，那就是与慈禧太后同族的两广总督瑞麟，而越来越多的大臣反对同治这一做法。三月二十四日，奕䜣、奕譞、景寿等共同上疏劝谏，仍不听。七月十六日，开始总理各国事务衙门，忍耐并出了两万两报效银的恭亲王奕䜣又上《敬陈先烈请皇上及时定志用济艰危折》，附议此折的还有 10 多名御前大臣与军机大

25

臣。该折提出了一系列大政要事，要求停工。同治读了折子上几行字，便勃然大怒，说了好些低水平的话："我停工何如？尔等尚有何哓舌？"奕䜣又提出一些问题，同治帝大怒，说："如此位让尔何如？"

接着奕䜣又提到同治"微行"一事。所谓"微行"是指他便装到宫外寻花问柳的事。同治帝开始矢口否认，待奕䜣说出时间、地点和人证，才无话可说。从此同治帝对奕䜣怀恨在心，写了一道朱谕，革掉他一切职务。九月二日又改为只将他降为郡王，仍在军机大臣上行走。九月三日又下朱谕，革去惇亲王奕誴、醇亲王奕譞、科尔沁博多勒噶台亲王伯讷彦谟诂、额驸景寿、贝勒奕劻、军机大臣奕䜣、文祥宝鋆、沈桂芬、李鸿藻等10人的职务。

慈禧太后尽管与奕䜣有矛盾，但她还不想现在马上就把奕䜣完全排斥掉。她立即叫同治帝取消这个上谕，说："十年以来，无恭王何以有今日？皇上少未更事，昨谕著即撤销。"同治这才立即发出上谕，恢复了奕䜣世袭罔替的亲王衔，奕誴、奕譞的官职也得以恢复。由于众多大臣反对，同治帝终于于八月一日下令颐和园停工。

二

荒淫同治
暴死成谜

※ 同治婚姻不幸，狎妓抗争慈禧

就其个人来说，同治皇帝出生在帝王之家，享受着"普天之下，莫非王土，率土之滨，莫非王臣"的独尊荣光，过着"钟鸣鼎食"的生活，没有兄弟竞争便顺利地登上皇帝宝座，这是他人生的喜剧。但是，同治也有人生的悲剧，有人总结说他短暂的19年人生中就有六大不幸：幼年丧父是为第一大不幸，童年担当社稷重任而不能享受正常童真快乐是为第二大不幸，同圣母皇太后关系不好是为第三大不幸，婚姻不如意是为第四大不幸，无子无女是为第五大不幸，19岁便早亡是为第六大不幸！

同治帝载淳6岁（1861）登基称帝，17岁（1873）亲政，未及二年，即同治十三年十二月初五日（1875年1月）病逝，时年19岁。关于他的死因，传闻很多，十分离奇，广为流传的是说他因得梅毒而死。

同治皇帝的荒淫程度比他父亲咸丰还要厉害。按说这同治帝有许多后妃，有后宫佳丽三千，宫女六千，对女人应该没什么过分的想法了，但他偏偏不是，却是置后宫佳丽们于不顾，常常带了两个心腹太监，换上平民服装，偷偷溜出皇宫，到京师的南城娼妓区去寻花问柳，到了夜间也不回皇宫。上面奕䜣说的同治皇帝"微行"一事，就是说的他的这一爱好。

同治皇帝年少轻狂，与一个叫王庆祺的人十分要好，这个王庆祺进士出身、士家子弟，虽然风度翩翩但善于谄媚。同治对他青眼相加，以五品官加二品衔，在内廷行走。君臣两人十分相得，曾经有太监见他们二人共坐一榻，一同看一本叫《秘戏图》的黄书。后来，这王庆祺还引着同治去红灯区寻花问柳。这王庆祺身兼老鸨、拉皮条、大臣多职，专心陪同治皇帝吃喝嫖赌。

皇帝有嫖娼之爱好本就十分稀奇，可这同治帝，不但因嫖坏名，还因嫖送命，让人不胜唏嘘。

其实，同治皇帝之所以这样做，也是因与他的母亲不和造成的，或者说，他是因为要和母亲对着干，才染上嫖娼的坏习惯的。

据《清代外史》记载，同治帝选皇后的时候，慈禧看中了侍郎凤秀家的闺女，凤女"艳绝侪辈"，但是她"举止殊轻佻"；同治帝和东太后慈安却都看中了清朝唯一的"蒙古状元"崇绮之女阿鲁特氏。崇女长得相貌平常，可"雍容端雅"。最后，斗争的结果是他得到了自己喜欢的女人，但同时必须得搭配一个他不喜欢的女人。阿鲁特氏为皇后，凤秀女封为慧妃。

但事情没有由此而结束，慈禧太后对于儿子对自己的反叛一直耿耿于怀，看见婚后同治与皇后"伉俪綦笃"，这就更加激起了这个寂寞女人满腔的不快。

当时的慈禧是一个已经38岁的女人，咸丰死后她熬了12年孤枕岁月。若凭正史记载，这漫长的日子中，她基本再没有近距离接触任何异性，身边的儿子无疑就是她生命的全部。她本就因儿子择妻不合己意而生闷气，如今发现竟不似往日之稚朴爱慕，只与新妇缠绵厮守，不由得犯了醋意，又生出几分不合时宜的嫉妒。于是她故谕示载淳："慧妃贤明淑德，儿宜多加体贴；皇后年少，礼节未娴，儿不应太过耽迷，误了政事。"这一条冷酷的饱含醋意的训诫，毫不保留地显露了慈禧对皇后阿鲁特氏的反感，对仍然沉醉在新婚燕尔的小夫妻无疑是当头棒喝。

同治皇后阿鲁特氏

据记载，其实皇后阿鲁特氏"雍容端雅""美而有德"，且文采好。皇后幼年在家，崇绮亲自授课，读书聪颖，十行俱下，"后幼读书，知大义，端静婉肃，内外称贤。及正位六宫，每闻谏阻，自奉俭约，时手一编"。她被册为皇后，同治帝很喜爱她，也很敬重她，据说不久怀有身孕。可有情人难成眷属，哪怕是皇帝也无可奈何。在宫监严加限制下，二人终至于断绝往来，劳燕被迫分飞，不免让人感喟，但这都是慈禧一手造成。

同治皇帝为此闷闷不乐，恋既不易，离又不能，可谓正处于恋离两难之困境。青葱岁月，却过着尴尬苦难的夫妻生活：想与喜欢的女人相宿，可母后不准；和自己讨厌的女人同床，自己却又不愿意。于是慈禧和同治母子之间的政治斗争反映到了皇帝的龙床上。无可奈何的同治帝载淳的反抗之举，就是干脆卷起铺盖终年独宿乾清宫。

同治帝执政时，得天时而不得人和。也许他曾想振兴大清基业，恢复先祖荣耀，但时代不允许，环境不允许，母后不允许。其傀儡之身，只能任由其母摆布，即便噤不发声，也还是动辄得咎。操纵权力的欲望极强的慈禧不仅左右着儿子的权力，还要左右着儿子的爱情。同治被压得十分灰心，又无处施展和发泄，于是他选择了自暴自弃、游戏人生。

于是，这个皇宫大内里面的"多余人"，在高贵的宫廷之中寻找不到的东西，他却在花街柳巷中寻找到了。

据说，有人给同治皇帝进"小说淫词，秘戏图册，帝益沉迷"。于是晓事太监、无良侍从带他到宫外作风月之旅，他常流连忘返崇文门外的酒肆、戏馆、花巷，在一条不归路上渐行渐远。野史记载："伶人小六如、春眉，娼小凤辈，皆邀幸。"又记载同治宠幸太监杜之锡及其姐："有奄杜之锡者，状若少女，帝幸之。之锡有姊，固金鱼池娼也。更引帝与之狎。由是溺于色，渐致忘返。"

※ 同治嫖娼病死，慈禧逼死皇后

同治皇帝嫖娼成瘾，且嫖起来不择优劣，于是时间一长，染上了性病病倒了。起初只觉得浑身发烧，口渴，腰疼，小便不畅。太医摸不透是什么病，只当普通的感冒来治。一连几天，烧热不退。又便秘，颈项、肓背、腰部等处发出紫红斑块。到1874年11月，头部、脸面上都出现紫色发亮的斑块，左边脸颊上的斑块被抓破，渗出血水，右颊肿得厉害，上下嘴唇都朝外鼓着，腰部化脓，很远就能闻到一股令人作呕的恶臭。慈禧太后怕同治从镜子里见到自己的尊容会受惊，便命太监将养心殿内所有的镜子都收藏起来，不便挪动的穿衣镜等，用红缎蒙上。同治命人拿镜子，皇后阿鲁特氏等人也以病人不宜照镜子为理由劝阻。

同治帝的病越来越重，身体弱不能支。翁同龢日记云：十一月二十三日，"晤太医李竹轩、庄某于内务府坐处，据云：脉息皆弱而无力，腰间肿处，两孔皆流脓，亦流腥水，而根盘甚大，渐流向背，外溃则口甚大，内溃则不可言，意甚为难。"二十八日又记：太医云："腰间溃如椀，其口在边上，揭膏药则汁如箭激，丑刻如此，卯刻复揭，又流半盅。"二十九日再记：见"御医为他揭膏药挤脓，脓已半盅，色白而气腥，漫肿一片，腰以下皆平，色微紫，看上去病已深"。李慈铭日记也记载："上旋患痈，项腹皆一，皆脓溃。"

在皇帝死前，皇后阿鲁特氏还冒险去看同治，夫妻相怜，其场面令人唏嘘。不料，这相见却不能相伴的夫妻匆忙一见，却促成了永世的分离。阿鲁特氏虽然一再克制自己的情绪，但看到同治的情形，还是忍不住声音哽咽。《我的前半生》曾记载这事：一天同治病重，皇后前去养心殿探视同治帝，并向他诉说慈禧太后又为细微小事责骂她，还失声哭泣起来。慈禧本来就不喜欢这个儿媳妇，并设下了监视的耳目。这天，慈禧听说皇后去探视皇帝，便亲自到养心殿东暖阁外偷听他俩的谈话。她听到皇后在诉说她的不是，立即大怒不已，闯入暖阁，"牵后发以出，且痛挞之"，并叫来太监备大杖伺候。据说皇后情急之下说了句："媳妇是从大清门抬进来的，请太后留媳妇的体面！"慈禧怒不可遏，同治被吓昏而从床上跌落在地。慈禧见状，才未对皇后动刑。可这一惊一吓，本已重病的同治又掉了几分魂魄。急传太医入阁请脉，但已牙关紧闭，滴药不进。不久后的同治十三年十二月初五日（1875年1月12日），同治帝死于养心殿东暖阁，衔憾而去。死后的庙号为穆宗毅皇帝，史称同治皇帝。

同治皇帝死后，皇后阿鲁特氏大恸大悲，不思饮食。"今古悲欢终了了，为谁合眼想平生。"慈禧却还将责任栽到皇后头上，说她未能伺奉好自己的儿子，阿鲁特氏无故蒙冤，干脆吞金自杀，不料获救得生。皇后之父崇绮将此事奏告慈禧皇太后，本想让慈禧就此放过女儿，没想到残酷的慈禧皇太后又说："可随大行皇帝去罢！"皇帝死了，尚未入葬，称大行皇帝，就是说可以随夫殉死。崇绮悲痛地将此话告诉女儿，于是被阎王拒绝招收的她又无奈走上自己别无选择的一条自尽路，凭空经受又一人生惨剧。光绪元年（1875）二月，同治帝死后75天，年仅22岁的皇后阿鲁特氏被慈禧赐死，"遽尔崩逝"，去与阔别多时的爱人再续九泉之约。这样一来，慈禧的儿子和儿媳，便双双被其逼死在手中。

有野史说：皇后阿鲁特氏怀孕，慈禧恐其生男孩，将来承继大统，自己不能垂帘听政，故逼其死。

同治皇帝皇后之惠陵墓碑

※ 同治之死，慈禧造就

年仅19岁、亲政未久的同治皇帝到底死于何病？历来一直是个疑团，长期以来流行着不同的说法，归纳起来主要有以下几种。

1. 死于"淫创"，即花柳病。《清朝野史大观》卷一《清宫遗闻》中说："孝哲后，崇绮之女，端庄贞静，美而有德，帝甚爱之，以格于慈禧之威，不能相款洽，慈禧又强其爱所不爱之妃（指将军凤秀之女），帝遂于家庭无乐趣矣，乃出而纵淫，……专觅内城之私卖淫者取乐焉。……久之毒发，始犹不觉，继而见于面，盎于背。""太医知为淫毒，而不敢言，遂以治痘药治之，不效。"此外，蔡东藩的《清史演义》也持这种说法。

2. 死于"痈疽"，俗称毒疮。李慈铭在《越缦堂日记》中说："同治十三年十二月酉刻，上崩。先是十一月朔，……上旋患痈，项背皆一，皆脓溃，先十日已屡昏，殆不知人。"《清宫遗闻·同治帝之殊趣》中也说"其病实染毒疮"。查《辞典》，痈又名痈疽，发病原因与疖子相同，一般多由葡萄状球菌侵入毛囊汗腺的周围所引起，唯范围较大，恰如多数疖子骤生于一处，多生于项背及臀部，小者如栗子，大者如手掌，疮口甚多，疼痛异常。此症在初起时，须速就医诊治，迟则易陷于危险。这个解释同李慈铭的记载比较接近。

3. 死于天花，翁同龢就持这种说法。他在日记中写道："十一月初二日，入至内务府大臣处，……见御医李德立、庄守和脉按言：天花三日，脉细口渴，腰疼耳脓，四日不得大便，项颈稠密色滞干艳，证属重险，不思食，咽痛作呕。""初八日，两宫皇太后在御榻上持烛令诸臣上前瞻仰。上舒臂令观，微语曰：'谁来此?'伏见天颜，温睟偃卧向外，花极稠密，目光微露。"翁同龢是弘德殿行走，同治帝授读师傅，从同治帝发病到去世，曾多次奉命前往探视，他说的"天花三日""花极稠密"，都是亲眼所见，其记载当然可靠。

无独有偶，就在同治帝病死的当月二十九日，大公主（慈安太后所生之女）也因天花"薨死"了。可见当时宫内流行天花确有其事。此外《清朝野史大观》卷一《穆宗微行》一节中也说："帝以痘疾竟至不起，人疑其为花柳病者以此。"也说明同治帝系因天花而死，所谓死于花柳病纯系疑误。

4. 死于天花、梅毒加纵欲。同治帝喜欢出宫嫖妓，不幸染上梅毒，那年北京又流行天花病，祸不单行的同治帝又染上了天花，双重打击使同治身体极度虚弱，生命危在且夕。幸亏御医一日数次为同治把脉调理，同治的病情才开始好转。

如果同治此时能坚持医嘱，静心调养，说不定清朝的历史将改写。可惜同治皇帝色欲太重，最终断送了自己的性命。问题出在"性"事上。有一天慧妃前来探病，这个慧妃生性淫荡，轻佻无比，当她看见皇上病情刚刚好转，便殷勤献媚，卖弄风骚。同治本来就是一个好色之徒，加上他在病中已很久没碰过女人，此时看见风骚的慧妃立刻淫心荡漾，不顾床前还站着太监，立刻搂住慧妃，想就地交欢。

此时，如果慧妃真心为皇帝考虑一定会婉言拒绝。但她却没这样做，而是迫不及待地和同治在太监面前即时性交直到同治发泄完性欲方才罢休。

慧妃之所以不计皇帝安危，一是因她生性淫荡，遇有交欢的机会便求之不得；二是她平时很难有机会得到皇帝的宠幸，一旦有机会便会抓住不放。万一生下龙子便可改变她的地位，这种性交的机会对她来说稍纵即逝，因此，皇帝的安危便顾不得了，因为她如果不抓住这个机会，皇帝也可能宠幸别的女人，自己不但丧失了机会还可能成就别的女人，如此，她便不假思索地迎合了皇帝的性要求。这既是同治好色结出的悲剧，也是皇权统治下女人悲剧命运带给同治的悲剧。

天花病最忌性事，淫乐刚刚结束同治已是汗如雨下，气喘吁吁，神色大变，慧妃此时也已吓得半死。此后几天，虽经御医悉心调理，但已回天乏力，终于丢掉了自己的性命。

5. 直接死于慈禧太后之手。除了上述四种死于疾病的说法外，还有一种说法，即同治帝死于西太后慈禧之手。费行简在《慈禧传信录·穆宗致命》一节中说："王庆祺（同治帝师傅、昭仁殿行走）革斥后，辄语人云，穆宗亲政后，太后仍多干涉，乃请修园为颐养计，意在禁隔，使勿再干政耳，竟为太后所觉，遂致奇变。"金梁的《四朝轶闻》、黄濬的《花随圣人摭忆》也都这样说。金梁说："此说出自庆祺口，虽似妄言，证以沃丘（费行简）所述，则淫贪专恣之妇，其子固已先嫉之，不待后来德宗（光绪帝）戊戌围劫颐和园之谋。"从西太后一生之残暴淫恶、凶狠毒辣以及后来她对光绪帝强加的一生不幸的遭遇来看，这一说法似乎有一定道理，但只是附会臆想，并无事实根据。

从某种程度上说西太后干涉同治帝行政是可能的，说她因此而亲手杀死自己的亲生儿子，虽然也有可能，比如她想效法武则天，但这种说法的可能性不大。宫闱内幕，讳莫如深。同治帝究竟死于何病，尚待人们作进一步考证。

第三编

慈禧贪权立载湉
教育光绪做奴隶

慈禧太后像

光绪皇帝载湉像

一
慈禧先发制人
私立光绪即位

同治皇帝载淳死后，光绪皇帝载湉即位，爱新觉罗·载湉是清朝第十一位皇帝，也是清军入关以来第九位皇帝，年号光绪，庙号德宗。

同治十年六月二十八日（1871 年 8 月 14 日），光绪皇帝载湉出生于北京宣武门太平湖东岸的醇亲王府第槐荫斋，即今天中央音乐学院所在地，光绪帝的父亲醇亲王奕譞，乃清宣宗道光帝七子，咸丰帝之弟，光绪帝的母亲是奕譞的嫡福晋，此女却是慈禧的胞妹，因此载湉是慈禧太后的侄子兼外甥。这种特殊的家庭背景，使他在同治病故之后被指定为皇帝。

载湉 4 岁时同治帝载淳去世。慈禧太后是从容易控制光绪帝，从而控制大清政权的角度选中载湉嗣位的，因此载湉被慈禧太后选为同治帝的继位人，意外地成为清朝第 11 任皇帝，即位时虚岁才 4 岁，入宫时还在熟睡之中。

"光绪"一词，是载湉当了皇帝以后命名的年号。载湉一出生，实际就已享有扎系"黄带子"的权力。这标志着他在清朝及其皇室中的地位。

"黄带子"是相对于"红带子"而言的。清朝制度，皇族的所有成员，都系以"黄带子"或者"红带子"。它们是爱新觉罗家族的标志。这有点像西欧封建社会贵族家族中盛行的族徽。但是，"黄带子"比"红带子"的身份更加高贵。

在爱新觉罗家系中，奉清太祖努尔哈赤的父亲塔克世为大宗，他的直支子孙，被称作"宗室"，全部系以金黄色的带子。努尔哈赤的叔伯兄弟的旁支子孙，被叫作"觉罗"，只许系红色的带子。

清廷正黄旗旗帜

同治帝驾崩之时，在由谁入承大统的问题上，清朝亲贵间存在着分歧，但慈禧太后有先见之明，也许还在同治皇帝未死之际，她便开始为自己以后的路做好了周密的计划，所以才有了光绪皇帝载湉继位的事发生，因为若以辈分和年龄计较，是轮不到载湉的。小小的载湉被推上皇位，情形大致是这样的：

同治皇帝驾崩仅仅两个小时，事关清朝国运的紧急会议就在养心殿西暖阁按时召开了。此时已经是晚上 8 点了，虽不算深夜，但在日出而作日落而息的农业社会里，这时的中国人大多已经进入了梦乡。然而，养心殿西暖阁却点着明晃晃的蜡烛，大清同治朝重要的王公大臣济济一堂，室内一切色彩鲜艳的器物均被移走或遮盖，所有人一律一身重孝、一脸哀戚。然而，此时每个人的心中都在翻江倒海，都在苦思冥想着一个问题：到底谁会是皇位继承人呢？

这次讨论皇位继承问题的御前会议召开得很仓促，因此每一个与会者的心情都非常悲痛和极度紧张。当时亲身参加了这次会议的翁同龢，后来在日记中回忆：

当年十二月初五日傍晚时分，忽传太后急召入宫。当匆匆忙忙赶到宫里时，太阳刚刚落下。随后同醇亲王奕譞、恭亲王奕䜣等进入西暖阁见太后。御医李德立正在奏禀，称皇帝病情急迫。我当即训斥之曰："为什么不用回阳汤。"李德立说："已经晚了，只能用麦参散。"我说："赶紧灌药。"太后那时只是在哭，泣不成声。

仓促之间，医生回报说："皇帝牙关紧咬，不能下药。"群臣起而奔入东暖阁。只见同治皇帝闭着眼睛，半躺在病榻上。我上前探视，发现皇帝已然弥留。天惊地坼，哭号良久。其时后到之内廷亲王大臣，也相继进入东暖阁，皆哭而退出。

之后不久，群臣被安排进入西暖阁，两宫太后也在宫女的搀扶下啜泣着走进西暖阁，皇太后当然不用穿孝，但国有大丧，也卸去首饰，一人一身黑色棉袍。两宫太后坐到宝座上，当初垂帘听政时候的那面半透明的帘子也顾不上挂了。慈安哭得神情恍惚，慈禧虽悲，但她正打着自己的算盘，所以只抹了把眼泪，露出炯炯目光，扫视着跪在脚下的群臣。

参加会议者由清朝直系或旁支宗室、军机大臣、内务府官员以及同治帝的师傅们组成。

择立新君，是家事更是国事，所以大家均有发言权，但以直系宗室成员的话最管用；如果出现骑虎难下的争执，远支宗室也有居中调和的机会。比较而言，内务府官员是皇家的奴才，只是负责决策的落实执行；至于上书房的师傅被请到这个场合，是皇家尊师的表示，师傅们纯属列席旁听，没有发言权，同治皇帝的老师翁同龢便在此例。

决定清嗣统的御前会议，就是在这种极为悲痛的情况下，在紧临同治病逝的地方召开了。后来的人们曾写了不少书或文章来描述这次会议。其中有两个英国人，名叫濮兰德和白克浩司，他们所写的《慈禧外记》一书，记叙最为详细。书中说：养心殿内，两宫太后对面而坐于上，凡其他参加会议者，都跪在地下。

慈禧首先发言说："同治帝的皇后虽然已有身孕，但不知何时能诞生。兵不能久悬，应该马上议立嗣君。"

恭亲王奕䜣反对道："皇子诞生之期已不远，应暂时秘不发丧。如果生了皇子，自当嗣立。若所生为女，再议立新帝不迟。"

其余王公大臣，好像也认为恭亲王的说法有理。

慈禧太后接着说："现在南方尚未平定，他们如果知道朝廷无主，局面将更加危急，恐怕会因此动摇国本。"

军机大臣及各大员中，有三位汉人，他们极力赞成太后的主张，认为南方乱事未定，如皇位久悬，其势实不稳固。

据罗惇曧的《德宗承统私记》记载，首先有人请为同治皇帝立嗣，并且提到了溥侃、溥伦两位人选。

还没等慈禧表态，心直口快的惇亲王奕誴就抢着发言反对，他说了四个字："疏属不可。"就是说溥侃、溥伦血脉疏远不能继位。奕誴的失礼反而给慈禧提供了个"台阶"，慈禧不失时机地表示首肯，说："溥字辈无当立者。"

慈禧话音刚落，人群一阵骚动。确实像慈禧说的那样，"溥"字辈里面没有很合适的人选，但是，如果不立溥字辈的人为帝，自然只能从同治皇帝的平辈——"载"字辈里面选择了，要是这样的话，清朝的皇帝系不仅将改为"兄终弟及"，而且将由"从兄弟"——叔伯兄弟继承皇位，这真是一个大胆的思路。按这一思路设想一下的话，可供选择的范围比较广泛，比如恭亲王奕䜣、醇亲王奕譞都有儿子可供选择。其中恭亲王的儿子载澂已经成年，年纪跟同治皇帝差不多，爵位是贝勒；醇亲王的儿子载湉年仅4岁，前几天同治皇帝病重，搞了一次加恩亲贵的"冲喜"活动，载湉得了个公爵，是辅国公，还没办正式的册封手续。

这时，慈安太后发言："据我之意，恭王之子，可以继承大统。"慈安深知慈禧之心机，不想让她专权弄政，便想让恭亲王之子载澂继位，于是拿权倾朝野的恭亲王来压慈禧。

但恭亲王奕䜣闻听慈安之言，慌忙叩头，连称不敢。他随后奏言："按照承袭的正常顺序，应该立溥伦为大行皇帝之嗣子。"

恭亲王奕䜣像

这本是个最佳方案，溥伦是道光长子奕纬之孙，嗣位最为合适。但慈禧太后不同意，表面上是因为溥伦之父载治不是奕纬亲生子，同样是由旁支过继，实际上是因为若要载淳的子侄辈继位，自己身为祖母便无权以太后身份临朝。

溥伦之父载治闻言也急忙叩头，称不敢。慈禧就对载治说："这都没有什么关系，只是你是奕纬的过继之子，你们可以说说，从前有这个先例吗？"

慈禧太后命恭亲王奕䜣回答，恭亲王迟疑半晌，回答说："明朝的英宗皇帝就是这样继位的。"

不料慈禧对这段史事极熟。她立刻说："这个例子不好。英宗的继位，乃是孙妃欺骗其主所为。而且英宗在位时，国家不宁。"随后慈禧转而对慈安说："依我的意思，可以立奕譞之子载湉。应该立即决定，不可耽延时候。"

41

这才是慈禧想要的答案，虽然有人反对，但慈禧早想好了如何应对。

对于这次会议的具体情况，清官方没有记载，一些野史虽不乏附会，但多为猜测之词，比较而言，最权威的记载是《翁同龢日记》。翁同龢作为皇室教师列席会议，冷眼旁观，把会议情况记录到自己的日记中。后来，台湾学者高阳先生评价这一记载是"有不尽，无不实"，也就是说，翁同龢没有记全，但记下来的内容没有不真实的。

根据《翁同龢日记》记载，在慈禧提出立自己的外甥、幼小的载湉即位后，此时军机大臣跟慈禧太后发生了争执，日记中有这样一句话："（慈禧说）此后垂帘如何？枢臣中有言，宗社为重，请择贤而立，然后恳乞垂帘。"

这句话怎么就能看出争执呢？慈禧提出要垂帘听政，而太后垂帘的前提是皇帝幼小，可见，慈禧要立小皇帝。

相反，枢臣——军机大臣请立贤者。显然，贤者一定是长者，因为对于年纪幼小的孩子来说，不能用"贤"与"不贤"来评价，可见，军机大臣不同意立小皇帝。这就是中国政治的表达方式，双方均未直说，但彼此全听得懂。当然，考虑到慈禧太后的权力欲，军机大臣也跟她讨价还价，表示虽然建议立个年纪稍大的皇帝，但依然请她垂帘听政。

在此，军机大臣的用意可能是为奕訢的儿子载澂争取机会，因为奕訢是权倾朝野的人物，是军机处的领导者，军机大臣均为奕訢的亲信。但作为政治对手，慈禧对他早有戒心，肯定不愿意由奕訢的儿子继承皇位；更何况载澂是个十分不争气的纨绔子弟，欺男霸女的龌龊事儿没少干，有次因为霸占了一个有夫之妇，被关进了宗人府的大牢，要不是慈禧念奕訢之功而网开一面，估计还在牢里押着呢。

同治皇帝之所以微服出宫，寻花问柳，载澂就是"领路人"之一，这样的人怎能入承大统、做万民仰视的皇帝？但军机大臣振振有词地强调，国家多事，有赖长君。面对这种情况，慈禧如何说服众人，扭转乾坤呢？

人们不得不佩服慈禧的机警善辩。根据《翁同龢日记》记载，慈禧没有纠缠载澂是否适合做继承人，而是话锋一转，沉痛地说："文宗（咸丰帝）无次子，今遭此变，若承嗣年长者实不愿，须幼者乃可教育。"这一句话说得军机大臣哑口无言。

慈禧这句话虽然不长，但意思丰富：第一，她把为儿子同治皇帝择嗣转变为给丈夫清文宗咸丰皇帝择嗣，这真是一个意想不到的新思路。本来，大家光想着同治皇帝皇统的终结，经慈禧这一点拨，才发现同治皇帝的死也意味着咸丰皇帝皇统的终结。若为咸丰皇帝择嗣，可供选择的范围就很大了。

第二，她把"择立新君"改口说成"择嗣"。不要小看这一改口，虽然此时此地"择君"和"择嗣"是一回事儿，但"择君"是国事，"择嗣"是家事。慈禧口口声声说"择嗣"，作为外姓旁人的军机大臣们就没有插嘴的余地了。

第三，她提出了"立幼"的理由——"须幼者乃可教育"。确实，抱养别人的孩子当然愿意抱一个年纪小的，这有助于培养感情，确属人之常情。这样一来，军机大臣们一下也想不出如何应对，只能哑口无言了。

慈禧趁热打铁，表情严厉地说："现在一语既定，永无更移，我二人同一心，汝等敬听！"说到这里，慈禧转头对慈安说："对不？姐姐！"慈安城府不深，也没想到如何应付，便以手掩面，连连点头。

于是慈禧太后极力主张在"载"字辈中选择，以醇亲王奕譞之子载湉为帝，她斩钉截铁地说：我们选择醇亲王奕譞的儿子载湉，做文宗的次子！"

恭亲王奕䜣闻此言，愤怒地冲着他的弟弟奕譞说："大清朝立长为嗣的制度，可以全然抛弃而不顾吗？"

醇亲王奕譞也赶紧跪地，连称不敢。

英国人的《慈禧外纪》记载，慈禧见争执不下，就说："可以用投写名字的方法来决定。"

慈安表示同意。然后大家开始写，投名的结果，醇亲王奕譞等投溥伦，有三人投恭亲王奕訢之子，其余众人都按照慈禧之意，投醇王子载湉。于是载湉成了继承人。

养尊处优的慈禧太后（中间坐者）

慈禧向大家宣读了投票的结果，醇亲王奕譞之子载湉为皇位继承人。

慈禧话音刚落，醇亲王奕譞一声哀号，瘫倒在地，大哭不止。亲贵纷纷伸手相搀，但奕譞精神崩溃，浑身瘫软，谁也拉不动。

对此，《翁同龢日记》记载了五个字："掖之不能起。"

醇亲王奕譞为何如此失态？是因为爱子入承大统喜极而泣，还是舍不得将爱子过继给死去的哥哥咸丰皇帝？可能这两种感情兼而有之。以奕譞的洞察力，他不会想不到他们父子前途的凶险，试想慈禧太后跟自己的亲生儿子都搞不好关系，载湉一个抱养的儿子会有什么好的前景？到时候他这个"皇帝生父"夹在中间如何做人？但懿旨已下，自己一不能严词拒绝，二不能叩头谢恩，好在正处国丧之中，一身重孝，最好的表态就是放声痛哭，这叫"一切尽在大哭中"。随即几位身强力壮的乾清门侍卫应召赶来，将"昏迷"的奕𫍽抬出了西暖阁。

上述外国人所著之《慈禧外纪》的说法，不免有失实之处。御前会议在讨论承继大统这样重大的问题，发生意见分歧时，采取了投票的方法加以解决这一点，就太具西方民主主义的理想色彩，不太符合清朝封建统治的实际。不过书中反映了以慈禧太后为一方，恭亲王为另一方，在选立新皇帝问题上确实存在的对立。

还是翁同龢的记述比较可靠。翁同龢在日记中写道：慈禧太后谕云："文宗（即咸丰皇帝）没有次子，今突遭此变，不宜承嗣年龄长者。应该是年龄较小的，这样比较容易教育。现在一语既定，永无更改。我太后两人意见一致。"随后当即宣布，以醇亲王之子载湉继位。

醇亲王奕𫍽闻此，惊惧交加，连称不敢，跪地碰头痛哭，以致昏迷倒地，扶之不能起。

诸臣承领懿旨，立刻回到军机处拟旨。根据翁同龢的记载，清朝最高统治层内，关于入承大统问题上的矛盾，在御前会议上，并没有激化进而爆发，基本上是在短暂的时间内，完全按照慈禧的意图顺利地解决了。

这事作出这样的结果，以及进行得如此顺利，真有些出乎意料。后世人对此分析道，慈禧太后在这里运用了高明的政治手段，她事先经过了周密的计算和策划，又利用同治皇帝刚刚去世，众臣正处于极度惊惧与悲痛的时候，发动突然袭击，轻易得手。

附带指出，载湉本来是咸丰皇帝的侄子，也是两宫皇太后的侄子，由于载湉的妈妈是慈禧的亲妹妹，所以，他还是慈禧的外甥，但从今以后，载湉变成了咸丰帝的儿子，两宫皇太后的儿子。他作为清朝新一代君主，一方面延续了道光皇帝以来的皇家血统；另一方面也维护了清朝父死子承的皇帝系。有人误解载湉继位是"兄终弟及",其实,他继承的不是同治皇帝的皇位,而是咸丰皇帝的皇位。

这次宫廷立储会议散会后,慈禧太后得了大胜,喜在心里,遂偕慈安甩手而去,剩下群臣面面相觑,内务府官员眼巴巴地等着军机大臣拟旨,然后奉旨行事。但军机大臣愤愤不平,心绪不宁,特别是奕䜣,他先前可能有立子为帝的打算,不想瞬间被慈禧击溃,不由心中极度烦躁。

二 慈禧算计精妙 载湉梦里入宫

对军机大臣们来说，如何立载湉为帝，也是一个不好解决的难题，自打清朝开国以来，皇位传承还是头一遭变成了这样一个复杂的局面，军机处对上谕措辞大费周折。经过几易其稿，军机大臣才拟好了上谕，确定载湉继承咸丰皇帝为嗣，入承大统。

但正要写旨时，同治帝的师傅翁同龢提出了个疑问：上谕明确了载湉此时的身份是文宗嗣子，但没有点明他是皇帝，在此必须明确，不可含糊。

大家顿时又迷茫起来，刚才会议开始的时候是"择君"，但慈禧话锋一转，改成了"择嗣"，虽说载湉进宫就是来做皇帝的，但此时此刻的身份是不是皇帝呢？大家又争执起来，最后采纳翁同龢的建议，明确载湉的身份是"嗣皇帝"。

当日发布的以载湉继帝位的懿旨是这样写的：钦奉慈安端裕康庆皇太后、慈禧端佑康颐皇太后懿旨：皇帝龙驭上宾，未有储二，不得已，以醇亲王奕譞之子载湉承继文宗显皇帝为子，入承大统为嗣皇帝。俟嗣皇帝生有皇子，即承继大行皇帝为继，特谕。

懿旨中说的"文宗显皇帝"，即同治帝的父亲咸丰皇帝。

在这里，慈禧又做了巧妙的安排。她先将载湉嗣继给咸丰做儿子，然后再继承帝统，登皇帝位。

由此，载湉就是以咸丰皇帝的儿子，同治皇帝的弟弟的身份继皇帝位。在皇帝没有嗣子的情况下，"兄终弟及"，既不违背中国封建社会的宗法制度，又符合了满族的历史传统。当时慈禧已经执政13年，确立了威信，她提出立载湉嗣位后没有人反对，于是载湉成为清朝第十一任皇帝。

另外，上面的懿旨中还称，如果"嗣皇帝"，即同治皇帝有了皇子，仍然可以继承皇帝位。这样就使得反对立载湉为帝的人们，无法在同治后代的问题上做文章。

不但军机处犯难，小小的载湉成了嗣皇帝，这同时又给内务府出了个绝大的难题，清朝二百多年还从来没有从宫外迎进一位皇帝，所以，他们又得请示嗣皇帝进宫的礼仪。召礼部官员已经来不及了，更何况那些古板的礼臣们也未遇到过这一特例，估计三天三夜也研究不出个结果，而迎立新君又刻不容缓，于是，大家一同请见两宫皇太后。

此时慈禧在立嗣中已然胜出，高兴劲过后又想到其子之死，不由又悲从中来，开始大哭，礼臣们赶到时，两位太后已经哭得抬不起头来了，不可能作出任何指示，最后内务府官员只好自作主张，传轿夫、布置警卫、组织仪仗队，前赴醇亲王府迎立嗣皇帝载湉。

半夜时分，紫禁城寂静的氛围被一阵隆隆的闷响打破，紫禁城的全部正门——乾清门、太和门、午门、端门、天安门、大清门次第打开，一列灯火通明的仪仗队簇拥着一个十六人抬的大轿穿过每一道大门的中门，奔出紫禁城向西城急行。孚郡王奕譓骑在马上，率领内务府官员前往宣武门内太平湖东岸的醇王府，迎接刚刚确定下来的小小新君主进宫。

皇室的仪仗队抵达醇王府的时候，奕譞刚刚被抬回家，还在"昏迷"之中，由他的福晋、慈禧太后的胞妹叶赫那拉氏出面迎接。她刚知道自己的宝贝儿子已被其姐姐抢走，亲生儿子已经不属于自己，她顿时心如刀割，号啕大哭，一连串的泪珠洒在脚面上……

载湉此时不过是个4岁的幼儿，他早已吃饱睡下，却被从温暖甜蜜的梦乡中唤醒，然后黄袍加身。他哭喊着、抗争着，最终还是被抱上了大轿，在奶妈的怀抱中被抬进了宫中。当时在场的每一个人，谁又能想到皇帝头衔将带给这个又哭又闹的孩子以怎样的苦难呢？

同治十三年十二月初六日寅时（1875 年 1 月 13 日凌晨 5 点），黎明前最寒冷的时刻，载湉乘坐十六人抬的大轿，穿过重重宫门，进了紫禁城，在养心殿前落轿。两宫皇太后一宿没睡，一边流泪，一边等着嗣子的到来。此时的小载湉进入了梦乡，太监掀开包裹孩子的小被子的一角，慈安、慈禧看到一张瘦弱、白皙的小脸，慈禧一下子想到了同治帝小时候的模样，抹了把眼泪，下令把小载湉叫醒。小载湉不情愿地睁开眼睛，一看自己处在一个陌生的环境中，顿时大哭不止。奶妈赶紧哄劝，载湉却只是不停哭泣。

太监打着灯笼在前面引路，两宫皇太后由宫女搀扶，奶妈抱着小载湉紧紧跟随，出了养心殿，顶着凛冽的寒风，前往乾清宫。

乾清宫的大门被推开了，只见同治皇帝直挺挺地躺在大殿正中的榻上，脸上蒙着白纱。慈禧太后厉声命令：跪下，向哥哥行礼！

按礼节这个礼虽不能免，但一个 4 岁的孩子哪里懂得这些，此时他唯一渴望的就是回到自己温暖的家，回到亲人的怀抱中，然而，他却被按倒在冰冷的地上，被逼着向同治皇帝的遗体三跪九叩。但不谙世事人情的小载湉只是奋力挣扎，放声大哭……

三 慈禧垂帘听政 奕譞退身自保

慈禧太后为什么要千方百计立载湉做皇帝呢？应该说，这主要是出于她自己的私心和她对最高权力的欲望，因载湉是她亲妹妹所生，和她有一定的亲缘关系，再加上年龄小，容易控制，最适合她去垂帘听政了。

在探寻慈禧太后与光绪之死之间的关系的时候，我们不能忘记，在历史上慈禧与光绪曾经有过一段相当长的关系相处得还可以的时期，这一时期也就是载湉的小时候。

据说，当小光绪刚一入宫，慈禧就让他叫自己为"亲爸爸"。"亲爸爸"这一称呼，具有双层含义。它既反映了称呼者与被称呼者之间的至亲关系，同时又体现被称呼者对称呼者的威严。因为"爸爸"一词是对男性的称谓，父亲在子女眼里，一般总是具有非常威严的形象。光绪皇帝一直到长大成人，也始终称慈禧为"亲爸爸"。

事实上，连光绪的名字，也是由慈禧太后给起的。光绪皇帝出生不久，醇亲王奕譞在朝上向垂帘听政的慈禧，启奏醇王府喜得贵子。慈禧太后闻听亲妹妹生子，当即给自己的亲外甥赐名，执笔在纸上书写一"湉"字。这位姨母，还赐给尚未见过面的外甥一把镶嵌着许多珠宝的小金锁。"湉"字及金锁，都是吉祥的象征。意为祝小载湉健康长寿，当时她自己应该不会想到，有一天她将会亲手毒杀这个孩子。

据《清德宗实录》记载，载湉进宫的第二天，满朝王公大臣联名上疏，"恳请"两宫太后垂帘听政。次日，两宫太后颁发懿旨，宣布："垂帘之举，本属一时权宜，唯念嗣皇帝此时尚在冲龄，且时事多艰，王大臣等不能无所秉承，不得已姑如所请，一俟嗣皇帝典学有成，即行归政。"这就是晚清历史上的"第二次垂帘听政"。

慈禧将不足 4 岁的载湉扶上了皇帝的宝座，并非因为慈禧觉得他是一个可造之才，具有成为一代明君的潜质，而是因为只有载湉继承皇位，她才能够继续操控皇权。载湉只不过是她御案上不可缺少的摆设罢了。

至此，慈禧精心设计、苦苦经营的第二次垂帘听政徐徐拉开了大幕。相比第一次垂帘听政初期的不谙朝政、处处摸索而言，慈禧的第二次垂帘可谓游刃有余。她再不必手捧看图说话学习帝王治国之道，她要考虑的就是怎样把小皇帝打造成处处唯她是听的傀儡，确保她久居权力金字塔的顶尖上。

慈禧二次垂帘之始，小光绪年仅 4 岁，是清朝截至此时为止年纪最小的皇帝，正是好动的年龄，根本就坐不住，更何况两宫太后在帘子后跟大臣商议军国大事，小光绪一点儿也听不懂，所以，一开始不是跳下宝座，就是在宝座上翻跟头，有一次还在宝座上睡着了。其实，拿今天的眼光来看，皇太后如果跟光绪坐到一起，或者抱着光绪召见大臣，问题就迎刃而解了。但在中国古代，"朝会"是国家典礼的一种，皇帝不分大小，都是一国之君，慈禧权势再大，毕竟是太后，她没有资格坐皇帝的宝座，更何况两位太后挤在一个宝座上抱着孩子处理国政更是不成体统，于是就出现了这样一个尴尬的局面。

光绪元年正月初九日，内阁呈上了为新君主拟定的年号——光绪。经小载湉象征性地批准，诏告天下。这是个响亮的年号，所谓"绪"，指的是道光之绪，表明新君主统绪合法，将光前裕后，重开天下大治的新局面。

转过年来，二十日（1875 年 2 月 25 日），光绪帝的登基大典在

太和殿举行，正式成了大清朝的小皇帝。

一个4岁的孩子大多有自己幸福的童年，在父母亲的怀抱里享尽关爱、呵护，但是，小载湉入宫继承帝位，就意味着失去了自己的童年、自己的父母。他现在是咸丰皇帝的儿子、两宫皇太后的儿子。当然，咸丰帝已经死去十多年了，所以，他没有爸爸。

慈禧太后为了培养出一位合格的君主，对光绪要求极为严格。光绪不能稳坐宝座，慈禧轻者呵斥，重者责罚。慈禧责罚光绪的办法有二：一是罚跪；二是不让吃饭。小光绪三天两头受到"亲爸爸"的处罚，平日里也看不到慈禧的好脸色，时间一长，小光绪被慈禧吓破了胆。据梁启超的《戊戌政变记》记载："积威既久，皇上见西后如对狮虎，战战兢兢，因此胆为之破。"这类记载很多，总之，慈禧的阴影从此笼罩了光绪皇帝的一生。

可能有人会问：光绪帝不是有一位生身父亲——醇亲王奕譞吗？其实，醇亲王奕譞虽然知道如何远祸，却是个看着精明实则愚昧的人，光绪帝一生之悲剧，他作为一个父亲，其间有很多未尽到的责任。此时的他正十分尴尬，自打儿子进宫，他整天把自己关在王府里，闭门不出。他知道，他现在已经对慈禧至高无上的地位构成了极大的威胁，处于十分危险的境地。

自己的儿子做了皇帝，还会有什么危险？其实，奕譞的危险恰恰在于此，虽然儿子已经过继给了两宫皇太后，但血缘关系是无法割断的，奕譞毕竟是皇帝的生父，这一点谁都抹杀不了。慈禧太后之所以能够以嫔妃的身份一步登天，母仪天下，主宰帝国的命运，不就是靠着自己是"皇帝之母"吗？慈禧是同治皇帝的妈妈，现在是光绪皇帝的养母，可奕譞却是实实在在的"皇帝生父"！在满朝王公大臣的眼中，他不再是一个普通的王爷，而是一位能对帝国的前途发挥重大影响的"皇父"，这样一来，他能不成为慈禧的"眼中钉"吗？

但慈禧基本从来没把奕譞放在眼里，她不怀疑自己摆平他的能力，但她也知道自己终有要退位还政的那一天。水有源，木有本，十

醇亲王奕譞像

几年后光绪帝长大成人，成为乾纲独断的一国之君时，按照人之常情，他不会不认自己的生父。到那时，奕譞不就是一个实实在在的"太上皇"了吗？那个时候，慈禧这个养母算老几！

而且，恐怕不用等到皇帝成年，随着光绪帝一天天长大，就会有越来越多心怀叵测的人投到奕譞的门下。作为皇帝生父，奕譞升值空间无限，那些做"长远投资"的人肯定要打他的主意。为了从中捞取好处，这些趋炎附势的人肯定要兴风作浪，大肆炒作，他很快就会被"炒"成大清国炙手可热的人物。

所以，慈禧肯定要处处打压、防范奕譞的崛起，一旦慈禧认为他威胁了自己的地位，奕譞，甚至他儿子的命运都会逆转。奕譞并不傻，他一想到这里就不寒而栗，他深知自己这位嫂子兼大姨子的心狠手辣。

奕譞本来是个很谨慎的人，信奉"家大业大祸也大"的信条，平日里做事谨小慎微，这下子突然成了矛盾的中心，于是经过几天的苦思冥想，他悟出了这样一个道理，人家慈禧是"母以子贵"，而他奕譞必须"父以子贱"，否则就可能大祸临头。于是，就在慈禧正式垂帘听政的十二月初八日，为了自己的命运和儿子的前途，奕譞作出了一个艰难的决定——急流勇退，远离大清国的政治圈。

据《清史稿》记载，奕譞上了一道奏折，有这样一段话：臣侍从大行皇帝十有三年，昊天不吊，龙驭上宾，仰瞻遗容，五内崩裂，忽蒙懿旨下降，择定嗣皇帝，仓促昏迷，罔知所措，触犯旧有肝疾，委顿成废。唯有哀恳矜全，许乞骸骨，为天地容一虚縻爵位之人，为宣宗成皇帝留一庸钝无才之子。

奕譞的这段话说得极其诚恳，意思是说由于同治皇帝的驾崩，再加上新君主的选择出乎他的意料，他受到了巨大的刺激，导致原来的肝病复发，难以治愈，已经成了废人，为此请求皇太后批准他"乞骸骨"——退休。奕譞甚至搬出了自己的父亲——宣宗成皇帝，希望两宫皇太后看在道光皇帝的分上允许他从此"虚縻爵位"，做一个光拿俸禄不干事儿的闲废之人。

接到奏折，两宫皇太后跟恭亲王奕䜣商议，顺水推舟，撤销了奕譞担任的一切职务，然后赏给"亲王世袭罔替"的待遇。也就是说，奕譞的爵位不用像普通的王爵那样每传一代就降一等，他的子孙可以世世代代均为亲王。这是一个很大的荣誉，奕譞再次上折逊谢，这回两宫皇太后没有同意。

四 光绪长于深宫 接受奴隶教育

※ 父母不敢见，孤独不敢言

光绪帝的父亲选择了与儿子避而不见，那么他的母亲呢？其母亲是慈禧的亲妹妹，以前经常进宫，姐妹俩走得很近。但此一时，彼一时，现在儿子过继给了两宫太后，作为生母再去探望确实很不合适，也很讨人厌；而且，一旦进宫见到自己的儿子，除了板起脸来说几句"官话"以外，不能跟儿子亲热，说起来也是件很痛苦的事儿。从此以后，她跟丈夫一样，闭门不出，靠吃斋念佛打发时光。据说她成年放生烧香，为儿子的命运祈祷，夏天不进花园，说是怕踩死蚂蚁。她一共生了五个孩子：一个女孩、四个男孩，但除了载湉长大成人之外，其余的均夭折了。

生母不敢进宫，那么慈禧和慈安两位养母对小光绪如何呢？慈安太后生女早夭，对养育小孩的工作心有余而力不足；慈禧虽然育有一子，但那是20年前的事儿了，现在的她操持帝国政务，一天到晚和大臣们打交道，哪里顾得上抚养小光绪。

当然，要说慈禧对光绪帝撒手不管也不是事实。登基大典刚过了没几天，慈禧就下令将光绪的乳母撵走了，光绪帝自小在奶妈的怀抱中成长，感情非同寻常，进宫之后简直就是相依为命，奶妈走了，光

慈安像

绪成天哭喊着要她，但没有人理会他。

自从 4 岁的载湉在太和殿正式继位这一天起，光绪就被慈禧抓在手里，或当作争夺权力的工具，或作为显示威严的权杖；更多的情况下，则当作她御案上不可缺少的摆设，或是任意玩弄的木偶。这是慈禧专权的政治需要。

弗洛伊德认为，人的本能可分为两种不同的范畴：生本能和死本能。一个人如果有杀人欲望、崇拜暴力、虐待狂倾向，憎恨生活，希望回到无知和原始生活中，把人的价值视为物的价值，即表明这人的死本能占了上风。用弗洛姆的话说，这人具有"恋尸定向"。恋尸定向者的基本作为是控制别人，在控制中摧残生命。

慈禧是比较典型的具有恋尸定向的女人。她对光绪的怜爱与关注目的很明确：切断其同生身父母的情感纽带；在他心中树起慈禧是他实际母亲和绝对权威的形象。所以，她虽然没有采取明显的方式伤害光绪，但却软硬兼施控制他。她多年不让他回家，不让他与亲生父母见面。其母曾多次带着光绪喜欢吃的零食进宫看望，不准，母子唯有号啕。直到多年后其母病危之时，光绪才获准回家探望。

慈禧还每日通过跪安向光绪显示威严。无论光绪从课堂里回来还是从温和亲切的东太后那里过来，无论他兴高采烈还是踌躇满志，每天都有一个重要节目，就是战战兢兢来到慈禧的处所，下跪请安，面对一张死板又带着恫吓的面孔听候发落。慈禧以为自己无所不能，却没料到她越是性急粗暴地想制服光绪，光绪就逃得越快。

光绪首先感到的是恐惧，被每日必有的惩罚吓破了胆。跪安时自然流露出来，慈禧见了更气，更要发泄她的虐待欲，少不得讽刺、呵斥，甚至责打。太监也落井下石，对之进行恶作剧般的刁难。小孩恐惧感本来就强，对温和与凶恶的分辨既清晰又敏锐。光绪自幼瘦弱，又有些神经质，眼前这个凶恶的女人，使他产生毛骨悚然的强烈恐惧感，天天必见的强化，又发展成了抽象的恐惧亦即恐惧症。据载，后来光绪不但到慈禧处跪安时浑身发抖，甚至听到锣鼓、物体碰撞声、吆喝声也心惊肉跳，被称为"小胆天子"。

入宫后的光绪，是在孤独中长大的，烦琐的宫中礼节，慈禧经常不断的严词训斥，没有母爱，饮食寒暖没有人真心去细心照料，应倡导应禁忌之事，无人去指点揭示。没有童年的欢乐，致使他从小就心情抑郁，精神不快，造成身体积弱，难以抵挡疾病的侵袭，留下了难以治愈的病根。

民国时出版的《满清野史》一书中称：人在幼年的时候，都受到父母的呵护，照顾其出行，料理其饮食，体慰其寒暖，即使是孤儿，也会得到亲朋好友的照顾。只有光绪皇上无人敢亲近。……皇上每日三餐，其饭食有数十种，摆满桌案，可离皇上稍远的饭食，大都已臭腐，接连数日不换。靠近皇上的饭食虽然并未臭腐，可经多次加热，已不能可口。……载湉自十余岁后，虽为天子，可还不如一个孤儿，以后身患痼疾，即是由于少年时衣食不节造成的。

此书虽为野史，可内容与恽毓鼎的《崇陵传信录》所述大致相近，该书中说："缅怀先帝御宇不惟不久，幼而提携，长而禁制，终

光绪皇帝幼年被强迫学骑马时的情景

于损其天年。无母子之亲，无夫妇昆季之爱，无臣下侍从宴游暇豫之乐。平世齐民之福，且有胜于一人之尊者。"说明光绪帝体弱多病之原因，实与自幼在慈禧太后淫威之下，失于调养照料有关。

载湉刚即位的时候，慈禧太后对他还可以，因为小光绪此时还是慈禧得以专权的傀儡，又是她亲妹妹的儿子，她也不能对小孩子太差，所以直到光绪皇帝亲政之前，慈禧虽谈不上爱，但对他还算不太苛刻，二人关系还算融洽。这一段时光，也可以称为二人的"亲密时期"。

光绪住进皇宫中十几天后，两宫太后就向内务府发出懿旨，要求在小皇帝周围应差的所有太监，都必须是老成持重的人，年轻不守规矩的太监一律不准接近光绪。

这种安排是很有道理的。新皇帝还是一个不懂事的孩子。他的一切生活起居，都需要人来照顾。身边的大小太监，终日形影不离。因此，太监们的品行，对于小皇帝的成长，将具有潜移默化的巨大影响。

慈禧太后在闲暇的时候，也照料一下小光绪的生活起居，鉴于她儿子同治皇帝短暂一生中的教训，她更重视对光绪皇帝的培养与成长，为了给光绪创造一个良好的生活环境，防止社会上的积习恶俗浸染，慈禧还决定对内务府进行整顿。

内务府是清朝所特有的专门管理宫内事务和监管太监的衙门，也就是专门管理皇帝家务的机构。它的最高长官是总管大臣。因此内务府是否清廉，工作是否有效率，对于皇宫内生活秩序以及风气的好坏，有着最直接的关系。

这时，正巧有人上书弹劾内务府总管大臣贵宝和文锡两人。指摘文锡贪污内廷经费，中饱私囊；贵宝徇私包庇有罪官员。慈禧当即下令，将两人一同革职。内廷为之震悚。

由此，进而对宫内太监加强管束。在宫内重申清朝家法，森严纲纪，不准太监互相勾串，更不准与内务府官员结交。再发现有违反内廷法纪，勾通作弊者，将照例严惩不贷。

不过，慈禧最关心，而且下力气最大的，还是小皇帝的学业，她想从这方面着手，将载湉培养成一个完全听自己话的人，从而牢牢地掌握他。

※ 光绪典学用心，名师教授着意

清朝入关以后，对于皇子的文化教育、儒学经典以及清朝习俗的学习，始终非常重视，也一直抓得很紧，并且建立了一套严格的制度。

清朝皇室规定，皇子6岁上学，所有的皇子这时候都必须开始学习。朝廷给他们指定专门的授业教师，规定课学内容及书籍，并且准备了专门提供皇子们学习的场所。

皇子们的学习也是很辛苦的。其学习的内容包括两个方面：一是文化的学习；二是演武骑射。

康熙皇帝曾经回忆，在他小的时候，每日天不亮，就有太监把他们从床上叫起，简单的梳洗之后，打着灯笼，由太监引导，在黑漆漆的皇宫内，穿过大小院落，走向读书的地方。

康熙讲，那时的感觉是，似乎偌大的皇宫，只有太监和小皇子们起得这样早。一年四季都是如此，风雨无阻。

光绪元年十二月，光绪入宫将近一年时间了，而且明年就是 6 岁，到了入学读书的年龄。为此，慈禧太后做了准备，她以两宫太后的名义，连续发布了两道懿旨。

十二月十二日的第一道懿旨说：皇帝幼年继位，现已到读书的年龄。著钦天监于明年四月，选择日期，皇帝任毓庆宫读书。派署侍郎内阁学士翁同龢、侍郎夏同善，授皇帝读书，朝夕教诲，尽心讲读。皇帝学习的课程，及毓庆宫的一切事宜，由醇亲王负责照料管理。国语、清文，是我朝根本，皇帝应予学习。蒙古语言、文字及骑射等，也要典习。著派御前大臣，随时教习。

懿旨明确规定出光绪入学的时间、地点、教师及学习的内容。并且指定，由光绪的父亲醇亲王奕譞全面负责皇帝的学业，以及毓庆宫的一切事宜。

毓庆宫在故宫斋宫的右侧，过去曾作为嘉庆皇帝的寝宫。这次被指定为光绪的学宫。

清朝历代皇子读书，一般都被安排在乾清宫左侧的"上书房"，到了同治和光绪的时候，由于两个人都是做了皇帝以后才"典学"的，他们的身份和地位，都是皇子们所不能比的。因此读书的地方也做了改变。

同治帝是弘德殿课学的，光绪帝则读书于毓庆宫。秉承慈禧的懿旨，钦天监立即选择皇帝入学的吉期。经过繁复的程序，最后择定：明年四月二十一日皇帝入学读书。

光绪二年四月二十一日（1876 年 5 月 14 日），光绪正式入学授读。

人们对皇帝的入学读书，有一个专门的称呼："典学。"小皇帝"典学"，这是整个朝廷的大事。

这一天的清晨4点钟，光绪"典读"的仪式开始，6岁的小光绪上学，环境生，师傅生，伴读也生，一切都不习惯。

在任何一种教育中，为了达到预定的目的，除要有理想的教材外，施教的教师是一个非常重要的因素。

慈禧给光绪选了两个师傅，一个是翁同龢，署侍郎，内阁学士，和侍郎夏同善。翁同龢和夏同善是同科的进士，通过科举正途，成为清王朝的高级文职官员，都有很深的封建文化思想修养。翁同龢主要教给光绪读书，识字，"四书"，夏同善这个时候主要教给他写仿格，写字。另外还有御前大臣，主要教他学满语文、蒙古语文和骑射。

学习满语，则是为了要牢记自己的祖先，以及本民族的历史，增强种族意识。时刻想到作为统治民族的满族，与人数上占绝大多数的汉族之间的差异。保持本民族的优越地位，提防汉族人民的反抗。

掌握蒙语，更是出于实际统治的需要。早在入关之前，蒙古王公就与满洲贵族结成政治上的联盟。以后，蒙古骑兵又成了八旗兵的重要组成部分，驾驭蒙古贵族，统治大草原，不能不懂得一点蒙语。

演武骑射，始终为清朝历代统治者所提倡，不仅对正在学习中的小皇帝，对普通的旗人也是这样要求的。清朝在马背上得到天下，同样还要依靠武力统治天下。最高统治者不断地谆谆告诫，必须保持满洲贵族在关外时候的那种尚武精神。

出于封建统治需要的考虑，不仅光绪的学习课程如此，皇子们的课都内容，也都是按同一模式进行的。

翁同龢，字叔平，号松禅，别署均斋、瓶笙、松禅、瓶庐居士、并眉居士等，别号天放闲人，晚号瓶庵居士。咸丰六年（1856）进士。官至协办大学士，户部尚书，参机务。道光十年四月二十七日（1830年5月19日），翁同龢出生在北京城内石驸马大街罗圈胡同寓所。4岁时随祖母张太夫人及母亲许氏由京师回到故乡常熟。

翁同龢自幼禀性好学，通读"四书""五经"，并且以优异成绩考入常熟县学游文书院。道光二十五年（1845）应院试考中秀才；咸丰二年（1852）应顺天乡试中举人；咸丰六年（1856）殿试一甲一名，考中状元。

1857 年被授予修撰，供职翰林院。以后被咸丰帝破格擢为乡试副考官，先后典试陕西、山西。同治四年（1865），翁同龢奉旨在弘德殿行走，授读同治帝。光绪元年（1875）又奉旨在毓庆宫行走，授读光绪帝，前后达 20 余年。

翁同龢像

翁同龢学识渊博，除了正常教授"四书""五经"等儒家必读课外，还特意安排了许多中外史地、科技和早期改良主义著作，新学旧学兼顾，中学西学结合，循循善诱，引导光绪帝关心现实政治，留意中外大势，清除积弊，力振纲纪。翁同龢把他经世致用的教育思想渗透在他从政、从教的实践活动中，对近代教育的发展起到了不可磨灭的作用，堪称近代教育的第一导师。翁同龢的教育使光绪帝扩大了知识领域，为以后发动维新变法运动打下了思想基础。

夏同善，字舜乐，号子松，原是仁和（杭州）人，幼年丧母，父亲夏建寅续娶乌镇萧氏,夏同善视之如同生母,常随继母住外婆家。少时好读书,遍读外祖父萧麒藏书,曾与胡雪岩有交情。

咸丰六年,夏同善中丙辰科进士,选庶吉士,仕途顺利,授散馆编修。历官庶常馆庶子、詹事府詹事、日讲起居注官等职。夏同善善写文章,时人誉谓"在曾(国藩)、左(宗棠)之上",甚得慈禧太后赏识。

第二次鸦片战争时期,由于僧格林沁在北塘一战失利,退守通州,清廷派桂良、桓福等人乞和。夏同善坚决反对议和,主张备兵备民,严阵以待,建议僧格林沁专守通州,以防不测。同年,太平军入浙,他奏请曾国藩统领诸军镇压太平军。次年,太平军攻克杭州。他正在家服父丧,就携母到上海,致书曾国藩,请求援浙。六年,升为詹事府詹事,不久任江苏学政,因母死而未赴任。十年,任兵部右侍郎,建议朝廷扩大赈济、广开言路、清理庶狱。后来京畿一带发生旱灾,他上书请凿井溉田,以缓解灾情;山西、河南饥荒严重,他又请求移拨海防关税经费赈济灾民。五年,奉命视学江苏,上书备陈捐纳妨碍仕途,无裨国用,请罢各省捐局。次年,视察山东河务,对治理黄河下游水患,提出了"浚海口、直河湾、通支河"三大措施,并请拨机器局经费来治理黄河。在苏州,他严檄各学谕令禁止士人吸食鸦片。在江阴,他捐俸修治江阴城河,在君山植松5万余棵,劝导百姓植树造林。

同治十二年(1873),夏同善以审理"杨葛冤案"(杨乃武与小白菜一案)而天下闻名。这一年,浙江发生"杨葛冤案",省、府、县三级七审,屈判成冤案。次年杨乃武的姐姐赴京告状,活动浙江籍京官帮助申冤。夏同善与翁同龢、张家襄、朱智、林洪、汪鸣銮等28名官员联函奏请交刑部复审,获慈禧恩准。之后与尚书广寿赴四川审理"永川张事周京控案",奏请撤销永川兵差局,酌减夫马局,获准执行。1876年,"杨葛冤案"真相大白,参与该案的数十名贪官也受到不同程度的处分。其事迹被后人编成评弹作品,广为传播,其中"夏府求情"一节详细地演绎了夏同善的功劳。

光绪元年（1875），夏同善与内阁学士翁同龢在毓庆宫授读光绪帝。

光绪帝学习之时，每天，皇帝的两位师傅翁同龢、夏同善首先在"上书房"恭迎载湉的到来。随后载湉来到"圣人堂"，也就是宫内供奉孔子的殿堂，在孔子的神像前行礼。礼毕，众人至毓庆宫。两位帝师及随侍大臣，向小皇帝行三跪九拜大礼。光绪赐之坐，然后老师开始授课，学生开始学习。

授业的第一天，小光绪在太监的簇拥下走进了东暖阁。翁同龢抬眼一看，只见小光绪面色苍白，神情萎靡，目光呆滞，光绪皇帝向翁同龢作揖致敬，叫了声"师傅"。翁同龢下跪还礼。然后翁同龢跟光绪帝分头落座，授课开始。

翁同龢提笔写下了四个楷体大字——天下太平，然后教小光绪认字。小光绪感到十分新奇，一遍一遍地朗诵着。认字结束，翁同龢拿出《帝鉴图说》——这是一本明朝编撰的图文并茂的帝王教科书，翻开第一课是《任贤图治》。小光绪看到古代帝王骑着大马的图画，兴奋得拍手直喊。翁同龢赶紧又讲书房的规矩，小光绪似懂非懂地连连点头。

不久恭亲王传来太后懿旨，说小皇帝近日身体不适，课程不可过长。所以之后载湉只读了《汉书》头四句，便下学了。

溥仪在他的《我的前半生》一书中讲，他入学的第一天，也是草草地读了一小会儿而已。看来小皇帝入学第一天的任务，就是进行简短的"典学"仪式，开始一个良好的开端。

光绪从6岁授读，到17岁"亲政"的这10余年间，学习的课程主要有以下一些内容。

1. 汉文典籍：《钦定四书》，这是最主要的课学教材。另外还有《诗经》《二十四孝》《孝经》《左传》《列圣遗训》等儒学经典，以及记述着清朝历史的《开国方略》。

2. 满文及蒙文典籍：满文的《满洲实录》，这是记载清代历朝政治、经济、军事、文化等各个方面政策，以及历史事件的重要书籍。

顺治皇帝御制的《劝善要言》，也是用满文书写。还有一些蒙古语言文字的书籍。

3. 骑马、射箭、刀、剑、枪、棒等军事技能。

光绪所学的课程和内容，都是按照培养一个封建皇帝的要求设计的。清朝的最高统治集团，大都是由满洲贵族组成，但是他们却不因为自己是满族人，又是国家的主宰者，而轻视汉语以及汉族的传统文化。从康熙皇帝时起，不仅皇帝本人认真学习汉语和汉族文化，而且在全社会，大力提倡儒学家说，宣扬孔孟思想，弘扬封建的伦理道德。

刚一上学的时候，小载湉有些不习惯，他就哭、闹、发脾气，翁同龢、夏同善就报告慈禧了。慈禧说你们再好好开导一下皇上，开导还是不听，发了脾气以后就摔书本。所以把他父亲醇亲王奕谖找来了，让他到毓庆宫来帮着照顾小皇帝读书，过了一段时间以后，光绪就比较习惯了。

光绪皇帝载湉少年像

65

由于光绪已经是皇帝了，所以，对他的教育比对皇子教育的强度要低一些，但远远比今天小学生的负担要重得多。比如，一年到头除了两宫皇太后的生日、小光绪的生日、端午、中秋等各放假一天，再就是新年放假五天，此外根本没有寒假、暑假的概念，小光绪每天还要向两宫皇太后问安，陪两宫皇太后垂帘听政。

小时候的光绪皇帝天性善良而听话，这点上他远比被慈禧骄纵坏的同治皇帝强得多，不过也许是他从小迫于慈禧的淫威才不得不如此。不管怎样，光绪皇帝小时候聪颖好学，记忆力很好，天性喜欢读书，学习很用功，人也比较聪明，不像同治那么顽皮，字写得也可以，也能作诗，后来写的文章也很好，可说没有辜负老师的教导，无论是答复翁同龢提出的问题，或者是背诵已经念过的课文，都能应付自如。

但时间一长，小光绪学习兴趣下降，加上他体质单薄，难以承担繁重的学习任务。尤其不同以往的是，皇子教育毕竟人数较多，大家一起学习，有个竞争的氛围，现在教室里面一个师傅、一个学生，还有一群太监立在一边瞪眼看着，跟审问犯人一样，时间一长，光绪的学习积极性就更低落了。按说可以给小光绪找一些皇族子弟"伴读"，但近支皇族里没有年龄合适的伴读人选，翁同龢只能硬着头皮教下去。

其实，翁同龢对此早有预见，此前担任同治皇帝的培育工作，他就伤透了脑筋。当年同治皇帝厌学，居然能把师傅李鸿藻气哭，这也是翁同龢亲眼所见。所以，当他得知被任命为皇帝师傅的时候，最初曾一再推辞，但两宫皇太后和恭亲王奕䜣立场坚定，一定要他挑起这副千钧重担，而且，慈禧表态，作为家长肯定全力配合师傅的教育。翁同龢无法推辞，就接手了这一工作。

清晨，翁同龢来到书房，要求小光绪背诵前一天学过的课文。小光绪背了几句，就张口结舌，背不下去了。翁同龢阴沉着脸，下令罚背二十遍。但小光绪不服处罚，瞪眼不背。要是在民间的私塾，学生完不成学习任务，轻者一顿责骂，重者一顿痛打，但面对天子门生，翁同龢一不能骂，二不能打，他气鼓鼓地踌躇了一会儿，壮起胆子，委婉地批评了小光绪几句。谁想到小光绪不仅不接受批评，反而放声大哭，于是，翁同龢跟太监手忙脚乱地好言相劝，好一会儿皇帝才止住了哭声。

后来，翁同龢调整了办法，再遇到这种情况，就"怒目而视"，放下书本，不讲课了，光拿眼睛瞪着小光绪。师徒对视，谁也不说话，翁同龢的用意是以此向天子门生施加压力。这种"对视"一般历时 15 分钟。15 分钟过去了，翁同龢的目光和缓了，没想到他刚要开口讲课，却发现小光绪依然在"怒目而视"，翁同龢慌了手脚。

翁同龢想起慈禧的承诺，于是换了个办法。据谢俊美的《翁同龢传》记载，他自己动手，装订了一个"内省录"。次日上课，开讲之前，翁同龢拿出空白的"内省录"置于案头，并告诉小光绪：如果犯了错误，将把错误登记到这本"内省录"上，然后呈给两宫皇太后——拿今天的话说，就是通知家长。

翁同龢话音刚落，小光绪就浑身颤抖，五官抽搐。翁同龢目瞪口呆。后来翁同龢听太监说，慈禧平日里对光绪不大过问，但一旦管教起来就疾言厉色，不是罚跪就是不让吃饭。一次光绪被罚挨饿，他流着眼泪回到寝宫，饿得难以忍耐，居然溜到太监的住处翻找食物，找到食物后撒腿就跑。太监连忙追赶，待捉住小光绪的时候，馍馍已经被吞咽了一半儿。太监禀报慈禧，慈禧气得不得了，把光绪骂了个狗血喷头，然后罚他跪一个时辰。小光绪两眼垂泪，浑身发抖，跪都跪不成个样子，趴在地上直哆嗦。

听到这里，翁同龢十分意外，也后悔不迭，他为不了解自己的学生而感到愧疚，便改变了自己的教育方式。

随着年龄的增长，小光绪学习的课程也在不断增加。11 岁时，开始授读《开国方略》。12 岁，即讲读《左传》。后来又请来两位同文馆的先生，教习英文。

光绪皇帝每天要不断地朗读文章，不停地书写楷书，课程非常繁重。但光绪对慈禧太后一直很尊敬，不管功课多么忙，每日必要到太

后宫里请安。这个做法，以后始终没有改变。及至长成，光绪仍然对慈禧太后非常敬重，做事也非常谨慎。

总的来说，师傅们评价光绪帝的综合素质要远好于同治皇帝，虽然对光绪帝的教育也不乏波折，但他不时有令人惊喜的进步。比如，光绪三年（1877）冬，北方大旱，小光绪每天临睡前按师傅的教诲，在心中默默祷告，祈请上天降下瑞雪。腊月二十七的这天早晨，刚刚起床的光绪帝突然发现天空纷纷扬扬地飘起了雪花，他高兴极了，不料却因此惹来了一系列的不愉快。

先是光绪帝决定冒雪前往上课，太监担心皇帝受凉得病，一定要给他打伞，双方拉拉扯扯，闹得较为扫兴；再者这场雪到中午就停了，一共才下了一寸厚，光绪帝放学出门一看，院子里的雪又让太监给打扫干净了，因此十分伤心。在光绪帝看来，这是上天为我降下的瑞雪，你们凭什么给扫了呢？他生气地说：这些人真不懂我的心思，就像长沮、桀溺不理解孔子一样。这事儿记载在《翁同龢日记》里面，光绪自比孔子，把太监们比作不理解孔子的长沮、桀溺，既体现了帝王的身份，也能灵活运用古籍里的典故，还反映出忧国忧民的赤诚之心。这年光绪才7岁，京城士大夫传颂一时，认为他将来肯定是一位贤明的君主。

像所有的男孩子一样，光绪帝从小就充满了好奇心，他一度对钟表产生了兴趣，拆坏了不少钟表。后来翁同龢一再劝告皇帝不要玩物丧志，并让太监藏起了很多钟表，光绪帝才罢休。

因为光绪皇帝受了翁同龢等人对他的儒家思想教育，所以他文章中特别强调"仁爱"之心。光绪十一年，15岁的光绪写了一篇御制文，里面有几句话说："必先有爱民之心，而后有忧民之意，爱之深，故忧之切，忧之切，故一民饥，曰我饥之，一民寒，曰我寒之。"15岁的少年能有如此心境，实为难能可贵。他还写了一首叫《围炉》的诗："西北明积雪，万户凛寒飞。唯有深宫里，金炉兽炭红。"小诗虽然只有四句话，却饱含着对穷苦百姓的生活情况的同情，并体现出了自己身为一国之君对百姓们的关爱之心。

※ 慈禧为树权威，霸道对待光绪

慈禧为人心机叵测，她知道载湉终究有长大的那一天，终究会有把皇权部分或全部还交给他的时刻。只有将载湉塑造为唯命是听的"儿皇帝"，才能使自己长长久久地掌握权力，为此，她在让翁同龢和夏同善等老师们教导载湉文化课程的同时，自己也在对他施加着影响，让他长久地听命于自己。

少年光绪与父亲奕譞

69

其实，慈禧按照自己的意志选择醇亲王奕譞之子载湉做新皇帝，实在是一石数鸟之举，这不仅可以保证自己稳操皇权，而且还检验了自己的权威。虽然归政同治帝一年有余，但在整个立嗣过程中，诸亲王权贵还算忠诚无违，招之即来，挥之即去，言听计从，自己的权威依旧。再次听政后，她不必为排除异己而费尽心机，对于一切朝政的操作犹如归政同治之前那样得心应手，这使慈禧颇为得意。但在得意之余，慈禧也有隐忧，那就是载湉不是自己和先帝的儿子，虽然已经颁布懿旨，晓谕天下，载湉生有皇子以后，承继载淳皇嗣，也就是说载湉必须以咸丰帝为父，才能继承同治帝的大统。

然而慈禧也清楚，现实生活中醇亲王奕譞夫妇就是载湉的亲生父母，这是不容抹杀的事实。要想让载湉心悦诚服地认自己为母亲，成为自己可操可控的政治提线木偶，就必须割断他与醇亲王奕譞夫妇之间的一切联系，让自己的威严深深地烙印在小载湉的心上，以便于实现对皇帝的长期控制。为了达到这样的目的，慈禧决定从载湉入宫那一天开始就对他实施“威严”教育。为此，她专门制定了断亲情、立威严、传孝道的生活准则和教育方针，她要以强制性的手段，用灌输的方法实现这一目标。

首先，慈禧要斩断载湉和父母的亲情。载湉进宫以后，慈禧不顾骨肉之情，强行切断了载湉与亲生母亲之间的一切联系，甚至中断了原来在醇王府那些照顾载湉的保姆、丫鬟、太监的联系。

信修明《老太监的回忆》中记载：“他（光绪帝）自3岁被抱进宫中，身体本不强壮，时常闹病。在府（醇王府）中虽有奶嬷，太后不允许奶嬷进宫。摘下奶来就交范督（总管太监范长禄），范总管性子温和，有婆子气，能哄小孩，然而究竟不及女人。”

幼童对于熟知的环境和亲人有着一种本能的依赖，但慈禧为了使载湉忘记这一切，不顾孩子的心理，粗暴地终止了这一切，致使“他的父母都不敢给他东西吃”（德龄《清宫禁二年记》）。载湉入宫十八天，慈禧便以两宫太后的名义颁布懿旨，规定今后光绪帝“所有左右近侍，止宜老成质朴数人，凡年少轻佻者，概不准其服役”

（《德宗实录》）。所谓"老成质朴之人"，无非是能顺从慈禧的旨意行事的宫中太监，而这些老成质朴的人也确实不折不扣地贯彻慈禧的指示。据德龄《瀛台泣血记》说："当光绪初进宫的时候，太后就嘱咐那一班服侍他的人，像灌输什么军事知识一样的天天跟他说，使他明白了自己已经不是醇亲王福晋的儿子了，他应该永远承认太后是他的母亲，除这个母亲之外，便没有旁的母亲了。"

慈禧希望通过这种潜移默化的方法，在光绪帝小小的心灵中，逐渐树立起她与孩子之间这种所谓的母子关系。

德龄像

在断绝了载湉和父母的亲情之后，慈禧也开始在载湉面前立威严。慈禧想方设法在光绪帝幼小的心中树立威严的形象，强化她的绝对权威。为了能够使光绪帝时时依从自己的主张，光绪帝入宫不久，慈禧就不断地折杀光绪帝心中天子至尊的形象。

《戊戌变法资料》记载："西太后待皇上无不疾声厉色，少年时每日呵斥之声不断，稍不如意，常加鞭挞，或罚令长跪；故积威既久，皇上见西太后如对狮虎，战战兢兢，因此胆为之破。至今每闻锣鼓之声，或闻吆喝之声，或闻雷辄变色云。皇上每日必至西后前跪而请安，唯西后与皇上接洽甚少，不命之起，则不敢起。"

难道还有人胆敢鞭挞或惩罚至高无上的天子？然而这并非耸人听闻。从1903年开始随侍慈禧身边的女官德龄亲眼见证了类似的事情。德龄在《清宫禁二年记》中记载道：光绪帝"一至太后前，则立严肃，若甚惧其将死者然。有时似甚愚蒙"。"其母子间，严厉之甚，岂若吾徒对于父母者耶？"

光绪帝在成长过程中根本体会不到至高无上的帝王、天子所拥有的独断乾坤的尊严和君临天下的霸气。入宫后，每逢太后在养心殿召见或引见臣工时，他都必须到场，正襟危坐。前有群臣跪对，后有皇太后垂帘，对于臣下来说，他是至尊天子，而对于慈禧来说，他只是奉命唯唯的"儿皇帝"，在他的心里永远都有一个挥之不去的绝对权威、绝对的君主——慈禧，自己的"皇爸爸"。

在断亲情、立威严的同时，慈禧还借助传统伦理道德约束光绪帝，对她反复强化孝道教育。

据曾在宫中任职的德龄在其所著的《瀛台泣血记》中说：慈禧为了让光绪帝长大成人后仍然能够顺从她，"特地再三教人去传翁同龢，要他格外侧重孝的教育。除掉把启蒙时所读的《二十四孝》不断地继续讲解之外，《孝经》那部书，也是最注意的"。

慈禧有着无可比拟的权力欲，她不停地强调载湉及其家人必须对她感恩戴德。可是她不明白，感恩是由爱激发个体心灵而产生的共鸣，促使受体产生更深刻的情感体验，萌发他们的感恩心理，增强他们的感恩意识的一种行为，所以她无法意识到自己对别人的所谓恩赐，无情地拆散了人世间最真挚的情感——骨肉亲情，慈禧强行实现的与载湉之间的母子关系是建立在幼儿从小失去家庭的保护与温暖、父母失去骨肉亲情的极度痛苦之上的霸道行为，而不是慈禧所理解的恩惠！但她的信条是别人都得无条件听命于她，无条件服从于她，她觉得这是理所当然的，她不知道这就是专制、这就是霸道，即便她知道，她也觉得那是应该的，对于亲人也绝不例外。

依靠着断绝亲情、树立威严和灌输孝道的办法，慈禧霸道地剥夺了本属于载湉及其家人的家庭温暖，她把小载湉带入宫中，强制地带离了父母，离开温暖幸福的家，走进了陌生的深宫，建立了所谓的母子关系，但她却疏于对小载湉的关心与照顾，她只顾着自己的利益和欲望。

慈禧垂帘听政，虽然忙于朝廷纷繁复杂的政务，但她作为女人，作为母亲呈现出太多的不足，她对儿子，无论是前期的同治帝，还是后期的光绪帝，都是威严有余而关爱不足。慈禧奉行威严教育，她完全不考虑一个孩子有什么感情需要，更不考虑一个还处于幼童期的光绪帝需要什么样特殊的生理与心理照顾和关心。总之，她是一个不称职的母亲，根本不理解孩子在成长过程中最需要的就是"母爱"，在正常"母爱"的滋润下，让成长中的孩子感到生活的美好和人间的温暖。

小载湉入宫前，在醇王府曾经得过重症痢疾，险些丧命。幸亏采用针灸治疗，才得以不死，但身体一直很弱。入宫以后，慈禧把他交给太监全权管理。由于小载湉常常受到慈禧的严斥和惩罚，年龄又太小，照顾他的太监也未免对他心存不敬。

从《翁同龢日记》中所记载的内容看，光绪帝入宫时身体确实很差，瘦弱多病，经常感冒，腹痛头疼。说话结结巴巴，且胆小怕声，雨天打雷，会吓得大喊大叫。一次光绪帝"读（书）时正雷电，以一手拥护，左右而大声，以雨声相乱"。

这样一个性情敏感、体弱多病的小皇帝，他所需要的是母亲般的体贴与关爱、父亲般的依靠和支持。然而，他既没有皇帝应有的尊崇，也没有一个属于幼童所应得到的关心与照顾。

《戊戌政变记》中引述太监寇连材的笔记说道："中国四百兆人中境遇最苦者莫如我皇上（指光绪帝）。盖凡人当孩童时无不有父母以亲爱之，顾复其人，料理其饮食，体慰其寒暖，虽在孤儿，亦必有亲友以抚之也。独皇上五岁（实为不足四岁）登极（基），登极（基）以后，无人敢亲爱之，虽醇邸之福晋，亦不许亲近，盖限于名分也。名分可以亲爱皇上者，唯西后（慈禧）一人。然西后骄奢淫逸，绝不以为念。故皇上伶仃异常，醇邸福晋每言辄涕泣云。"

由此也可知，慈禧的确是狠毒至极、天良泯灭，只为攫取权力而不择手段的女人。那么慈禧为什么会是这样的一个女人呢？是什么样的环境和经历造就了她这样的性格呢？我们有必要来了解一下慈禧的身世之谜。

第四编

祸国殃民慈禧
身世扑朔迷离

慈禧太后像

光绪皇帝载湉像

一

北京出生
其父惠徵

关于慈禧的身世，历来众说纷纭。一般认为慈禧为满洲镶蓝旗人，后抬旗入镶黄旗，其先祖属叶赫部（今吉林省四平市附近），玉牒明确记载是"叶赫那拉氏惠徵之女"，母富察氏。根据叶赫那拉·根正（慈禧太后内侄曾孙）的口述记载，慈禧出生于北京西四牌楼劈柴胡同，今辟才胡同。出生于1835年11月29日，姓叶赫那拉氏，名杏贞。

据《清宫档案》记载：慈禧太后为叶赫那拉氏，满洲镶黄旗人。生于1835年，死于1908年，安徽宁池太广道惠徵之女。咸丰元年大选秀女的时候，被选入后宫，封为兰贵人。因得宠于咸丰帝，四年后又被封为懿嫔。咸丰六年三月二十三日未时，叶赫那拉氏生了同治帝载淳。母因子贵，那拉氏也因此被晋封为懿妃。咸丰七年正月又被加封为懿贵妃。1861年，咸丰帝驾崩承德行宫，同治帝继位，尊封她为圣母皇太后，徽号慈禧。1908年10月22日，慈禧因疾病去世，卒年73岁。

《清史稿·后妃传》上的记载说："孝钦显皇后，叶赫那拉氏，安徽徽宁池太广道惠徵女，咸丰元年，被选入宫，号懿贵人，四年封懿嫔，六年三月庚辰，穆宗生，进懿妃。七年，进懿贵妃，十年，从幸热河。十一年七月，文宗崩，穆宗即位，尚孝贞皇后并尊为皇太后。"

　　从文中的记载我们仅可以看出，慈禧姓叶赫那拉氏，镶黄旗人，父亲为安徽宁池太广道惠徵。除此之外，对于慈禧的童年和出生地等都少有记载了。但这已经是档案中关于慈禧早年的最详细的记载了。由于没有详细的记录，史学家们便通过自己的考证，提出了诸多关于慈禧身世的说法，除出生于北京之外，也有人说她出生在安徽，有人说她出生在呼和浩特；有人说她出生在山西的长治市，有人说她是满族人，也有人说她是汉族人。

慈禧像

　　历史留下的这段空白，给后世想了解她的人带来了许多遗憾和困惑。自清末迄今，围绕她的家世和生平，有种种传说，众说纷纭，莫衷一是。

　　最先考证慈禧身世的资料出版在清末民初之时，恽毓鼎《崇陵传信录》和金梁《四朝佚闻》中有关于慈禧身世的记载。恽毓鼎从光绪二十三年（1897）起充当日讲起居注官。日讲起居注是记载帝王言行的档册，皇帝每天的政事活动，都由日讲起居注官记录下来，按年月日的顺序编辑成册，一般每月 2 册，一年 24 册，用满、汉两种文字记载。起居注官必须每天伴随皇帝左右。恽毓鼎虽然算不上清朝知名的大人物，但是他久任讲官，熟知晚清宫廷内幕和花边新闻。金梁是满洲宗室，民国初年曾参与修纂《清史稿》的工作，熟谙宫廷掌故。他们是怎么记载慈禧身世的呢？

《崇陵传信录》载：慈禧的父亲死于湖南官任上，慈禧与妹妹扶父亲的灵柩归丧，由于穷困至极，连丧服都买不起。船过清江浦（属于今江苏省淮安市）时，正好赶上县令吴棠的一位部下死了，丧船也停泊于此，于是吴棠派人送丧礼 300 两。可阴差阳错的是差官竟将礼金送到了慈禧的船上。差官回来复命，吴棠接到谢帖一看，才知道送错了，遂勃然大怒，命人要索回礼金。

身边的一个幕僚对吴棠说：听说船上的女子是满洲的闺秀，此行也为了进京参加皇宫的选秀，怎么知道她就不能富贵？姑且与她结好，或许她秀女得中，对大人有利。吴棠对幕僚的这个意见颇为赞许：一旦这个女子发迹了，在皇帝身边我不就有个说得上话的人了吗？于是吴棠听从了幕僚的建议，没有索回礼金，而且还送佛送到西，亲自登上慈禧的船去吊丧。

慈禧感激涕零，将吴棠的名帖小心地放在梳妆盒里，并对妹妹说：我们如果他日得志，一定不要忘记这个县官。后慈禧果然发迹，贵为太后时，吴棠官职一路攀升，最后升到四川总督，死于任上。

《四朝佚闻》也载：慈禧的父亲惠徵，是安徽徽宁池太广道的道员（道员，俗称道台，是省以下、府州以上的地方高级行政长官。道员是非正式官称，公文直接以区域名为官名，习惯遂成为定制。道员除由知府升补外，也由京察一等的郎中、御史、编修而升得），由于贪污公款被罢官，死在路上。慈禧奉母亲之命，扶父亲的灵柩归丧，由于家徒四壁，无以为生。恰逢北京有一民俗，有号丧的女子，也叫丧娘，丧家经常雇她们助哀。而慈禧嗓音洪亮，又能歌，又善

吴棠故居

哭，于是就当上了号丧女子，以此糊口。后参加选秀入宫，成为圣母皇太后。

　　以上两种记载，虽然记述慈禧的经历各不相同，有的地方可以说是南辕北辙，但我们不难发现相同之处：惠徵是慈禧的父亲；慈禧以秀女的身份入宫；慈禧入宫之前曾经历家庭的变故，家境艰难，屡经磨难，备尝人世艰辛。从中我们可以意识到：两人一致认为惠徵为父、选秀入宫是慈禧的真实经历。

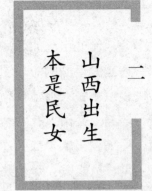

　　上面的传说虽然出现较早，但影响并不大，影响最大的是百年来流传于山西长治县西坡村和上秦村一带关于慈禧童年的传说。

　　根据这个传说叙述，慈禧并不是满洲人，生父也不是惠徵，她原本是长治县西坡村汉族农民王增昌之女，名叫王小慊。

　　1989 年 6 月，长治市郊区（原属长治县）下秦村 77 岁的村民赵发旺带着他和上秦村宋双花、宋六则、宋德文、宋德武等人的联名信，找到长治市地方志办公室。赵发旺说，慈禧是上秦村人。他是慈禧太后的五辈外甥，宋双花、宋六则等人是慈禧的五辈侄孙。他们要求政府帮助澄清。从此，刘奇踏上了慈禧童年的研究之路。佐证材料的不断丰富，愈加增强了刘奇的信心，有关著述也颇见报端。之后，在文化部中国艺术研究院主持召开的"共和国社会主义文学艺术五十年研讨会"上，刘奇撰写的《揭开慈禧童年之谜》，获得一等奖。这篇 7000 余字的论文，集中阐述了慈禧的身世问题。

　　据刘奇考证，1835 年，慈禧出生在山西长治县西坡村一个贫穷的汉族农民家庭，取名"王小慊"。4 岁时，因为家境贫寒，母亲又不幸身亡，无奈的父亲将她卖给上秦村富户宋四元家，改名为宋龄娥。小龄娥天资聪慧，嗓音极好，爱唱小曲，被宋家夫妇视为掌上明珠，7 岁读书，9 岁会双手写字。可是，好景不长，她 11 岁时，宋家遭难，无力继续抚养这个孤女，遂将她转卖给潞安府知府惠徵家做丫头。有一次，龄娥在服侍惠徵夫人富察氏洗脚的时候，看见她的脚底有一颗痣，便说自己的两只脚底都有痣。富察氏一听大惊，认为两脚底都有痣是做皇后的命。于是，不敢再让她做婢女，这成为龄娥命运的转机：惠徵夫人将她收为养女，改姓叶赫那拉，更名玉兰，在后衙中精心培养，又请人教她学习满文、汉文。天性机敏的她有了些文化功底。后来到了咸丰二年（1852），玉兰参加三年一次的选秀女，被选中入宫，从妃嫔一步步升为皇太后。

人们还为这个传说找到了大量的旁证和物证，刘奇在他的论著《解开慈禧童年之谜》一书中，列举了 38 条证据来证明慈禧本来是汉人的说法，如在西坡村王英培家的王家的家谱上"王小慊后来成为慈禧太后"的记载；在西坡村外羊头上的山脚下有慈禧母亲的坟；同时在慈禧的第二故乡上秦村也发现了证据，就是在宋家后人宋六则和宋德文家里发现了祖传的光绪、宣统年间清廷制作的皮夹式清代帝后宗祀谱；在宋六则家中还发现了一封慈禧寄给其堂兄宋禧馀的感谢宋家养育之恩信件残片和慈禧本人的单身照片；在这个村子里还保留着一座叫作"娘娘院"的老房子，据说是慈禧童年的时候住过的，慈禧做了皇太后之后，当地的人们为了纪念，就把这所老房子改名为娘娘院保留下来。

此外，作者还列举了慈禧的一些与长治有关的生活习惯，如慈禧爱吃长治人常吃的萝卜团子、壶关醋、玉米糁粥、沁州黄小米；爱看上党梆子等。这一说法在慈禧的御前女官裕德龄所写的《清宫二年记》中也可以得到印证，它里面曾经记载道慈禧太后说她"喜欢乡村生活，觉得那比起宫里的生活来自然得多了"。

慈禧确实有乡村情结，爱吃长治的地方食品：黄小米、玉米面、壶关醋、萝卜菜；爱看山西地方戏上党梆子；爱唱山西民歌；等等。这些可以作为旁证。

在西坡村王氏家谱上，也确实有"王小慊后来成为慈禧太后"的记录；西坡村外羊头山西麓的荒滩上有所谓慈禧生母的坟；上秦村

山西长治县西坡村人建的慈禧童年展览馆

宋家的土炕里，藏有慈禧给宋家的信等等。这些则成为物证。

但专家学者也对慈禧生于长治的说法提出了一些疑点和不同看法，他们认为，此说太富于传奇色彩，物证中有许多地方值得推敲：如经考证，这段时间，历任潞安府的知府共有七个人，但是没有惠徵。既然惠徵没有在山西潞安府做过官，那么慈禧怎会在潞安被卖到惠徵家呢？

再者，王家从乾隆五十九年一直续到现在的家谱，虽然写着"王小慊后来成为慈禧太后"，但是这份家谱不是原件，而是重新抄写的，这使其史料价值大打折扣。而上秦村宋家的土炕里藏有的慈禧给宋家的书信残片，据说是慈禧娘家后裔宋六则从当年慈禧所住房屋东面的土炕里刨出的，这是支持这种说法的一个关键证据。可残片仅有四十五个字，不仅支离破碎，而且关键部分的一百余字是后补上去的，其与保留在中国第一档案馆中的慈禧亲笔书写的便条比照，可以确认残信不是慈禧手书。

1958 年时，西坡村平了许多坟，20 世纪六七十年代时，该村和全国一样，在"农业学大寨"高潮中也曾到处平坟造地，据"长治说"的说法，"因该墓系慈禧太后生母之墓，得以保存至今"。这就令人十分疑惑，因为自清末以来，慈禧的名声极差，在那个特殊的年代里，许多历史名人的墓被毁被平，怎么会在西坡村独留下慈禧生母的坟？显然，在这些疑点弄清之前，"山西长治说"很难成立。

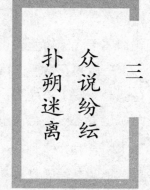

三 众说纷纭扑朔迷离

相对于野史和传说，通常正史更有说服力，慈禧的身世在清史专著中也有零星记载，虽然具体表述不同，但我们还是能够从中把握她身世的脉络。

慈禧，本姓那拉氏，因祖居叶赫（今吉林四平附近），故称叶赫那拉氏。原名不详，正史中没有记载。原因可能有以下两个。

第一，与中国封建社会女人的社会地位有关。在中国封建社会，除了一些特殊的历史阶段女人拥有比较高的地位外，如唐朝，大多数的历史时期，中国的女性深受社会的歧视和压迫，在男人独断乾坤的世界里，女人永远是男人的附属，"夫为妻纲"。所以出嫁以后的女人的名字没有任何意义，丈夫的姓氏加上自己的姓氏就成为公认的称谓，如"钱王氏""邓刘氏"等，闺中小名常被隐去。

第二，为了避讳。历史上与君主或尊者的名字音同、音近的字都要避讳，更不能直呼其名。所以，正史中只有她的尊号，如懿嫔、懿妃、慈禧太后等称谓，而没有名字的记载。

可是，我们却在清末的多种小说笔记中发现，入宫前的慈禧常常被称为"兰""兰儿"或"玉兰"，认为这是她的闺中小字，直到今天依然在文学作品中，甚至相关历史传记中被普遍采用。之所以众口一词，大概源于她被选秀入宫，初封兰贵人。"兰"字十分女性化，自古至今多被采用为女孩儿的名或小字，于是"兰"就从官式名号，变为她的名字。

慈禧属于满洲镶蓝旗，属于八旗中的下五旗。八旗分上三旗、下五旗：上三旗是正黄、镶黄、正蓝（多尔衮时改为正白），归皇帝统领，待遇高，属于王牌军；其余为下五旗，待遇低，属于杂牌军。镶蓝旗即属于下五旗。慈禧出生时她的父亲正在京城的吏部做一个只有八品大小的官——笔帖式，一个文职小官，直到咸丰二年才升为四品的道员。她的家庭出身充其量是一个一般旗籍官员的家庭。

这一说法，在慈禧的娘家后人的回忆中也有所提及，并且他们澄清了史学界的另外一个说法，那就是慈禧的乳名并不是叫玉兰，而是叫作杏儿。之所以会产生这样的说法，主要是因为慈禧曾经被封为兰贵人，慈禧又非常喜欢兰花。所以，后人才会误认为慈禧的小名叫玉兰。实际上慈禧的娘家人都叫她杏儿，学名叫作杏贞。

同时，关于慈禧的娘家在北京的说法，在曾任两代帝师的军机大臣翁同龢的日记中也可以找到佐证。据翁同龢的日记记载同治九年（1870）八月十七日，慈禧的母亲去世。在京城发丧，其母出殡时，"涂车刍灵之盛，盖自来所未有，倾城出观，几若狂矣！沿途祭棚络绎，每座千金，廷臣往吊者皆有籍，李侍郎未往，颇忤意旨"。由此可见，慈禧的母亲死在北京，而且是在她掌握大权之后，这就排除了慈禧自幼丧母、生于贫苦人家的说法。

为了考清慈禧的身世，史学界对慈禧的父亲惠徵的经历也进行了一番考证。关于慈禧的父亲惠徵，历来也有众多不同的说法，有人说他是一位被革职的正黄旗参领，有人说他是一位"挂印归林"的大将军，还有人说他是一位带印脱逃的太广道。这些当然都是为了付托慈禧的身世而出现的传言。根据大内的清宫档案记载：慈禧的父亲惠徵，镶蓝旗人，道光十一年（1831）任吏部笔帖式，道光十四年（1834）考察被定为吏部二等笔帖式。道光十九年（1839）时升为八品笔帖式。道光二十三年（1843）再次考察定为吏部一等笔帖式。二十六年（1846）调任吏部文选司主事。二十八年（1848）、二十九年（1849）被调任为山西归绥道道员。咸丰二年（1852），调任安徽宁池太广道道员。这同《清朝的皇帝》一书中的记述"慈禧的父亲惠徵，父官至安徽徽宁池太广道，时当道光末年，洪杨起事，惠徵守土无方，革职留任，旋即病殁，遗妻一、子女各二，慈禧居长"的记载大体是一致的，因此，慈禧的父亲是安徽徽宁池太广道惠徵应该没有什么疑问。而且从惠徵的履历表可以看出，慈禧出生之时，他还在京城任职，所以慈禧也应该是生在北京城。至于她的父亲惠徵，据说后来死在太广道任上，慈禧当权之后，又追封其父为承恩公，并将母家旗籍依照祖制由下五旗的镶蓝旗提升到上三旗的镶黄旗。承恩公这一职位后来被慈禧的弟弟桂祥承袭。

在肯定慈禧的父亲是惠徵的情况下，从惠徵做官的履历中我们知道他曾在北京、山西、安徽为官，而关于慈禧的出生地，除了北京说之外，还有甘肃兰州说、浙江乍浦说、内蒙古呼和浩特说等多种。

甘肃兰州说的依据主要是史学家发现在甘肃布政使衙门也有一个叫惠徵的笔帖式，但从档案对惠徵的记载来看，他确实是做过笔帖式，但是做的是吏部笔帖式，没有在甘肃布政使衙门做笔帖式。所以这一说法值得怀疑。

慈禧出生在浙江乍浦的说法主要依据的是当地出现的一些传说。说慈禧的父亲惠徵在此做骁骑校，慈禧就是出生在此地。并说慈禧之所以喜欢唱南方的小曲，就是因为从小在南方生活的结果。但是，这一说法同样与档案对惠徵的记载相抵触。

至于说慈禧生在内蒙古呼和浩特市的说法，主要依据是此地有一条街道叫作"落凤街"。并说慈禧和她的父亲曾在此居住。但经史学家考证，慈禧的父亲惠徵确实在此做过归绥道的道员，但那时慈禧已经15岁了，不可能是出生在这儿。惠徵由安徽的后补道台升任归绥兵备道台后，曾带着15岁的女儿在此居住过倒还说得过去。

那慈禧出生在哪里？道光十五年（1835）慈禧出生，依据档案推断，他的父亲惠徵应在京城做笔帖式，如此说来，慈禧应该是在北京出生的。

　　近一时期，一些学者在第一历史档案馆保存的《宫中杂件》第一二四七包中，发现了一份用大红纸写成的"排单"，即清朝皇帝选秀女的名单。其中有咸丰五年（1855）慈禧的妹妹被选为秀女的记录（慈禧的这位妹妹后来成为醇亲王奕譞的福晋，是光绪帝的生母），也进一步证实了她是北京人。相关内容如下：镶蓝旗满洲，恩祥佐领下，原任道员惠徵之女，年十五岁。辛丑七月二十八日戌时生。纳（那）拉氏，原任员外郎吉郎阿之曾孙女，闲散景瑞之孙女，原任副都统惠显之外孙女，住西四牌楼劈柴胡同。

　　档案材料末尾"西四牌楼劈柴胡同"的地址，应是慈禧一家自曾祖父以来的老宅，即慈禧的出生地。按照京师八旗分城居住的规定，乾隆三十五年（1770），镶蓝旗满洲都统衙门在阜城门内嘉寺胡同。劈柴胡同距内嘉寺胡同很近，属于镶蓝旗的慈禧家人理应住在这一带。

北京的牌楼建筑

　　关于慈禧身世的种种说法，乍听起来真让人无所适从，目前来看还是"北京说"的论据更加充分和可信。因为名人笔记或口碑传说虽有一定的参考价值，但认定历史史实，档案和证据更具权威性，更有历史价值和意义。但慈禧太后的身世到底如何，也许还有待于史学界的进一步考证。

第五编

慈禧入宫，清室蒙难

慈禧太后像

光绪皇帝载湉像

一 慈禧入宫 天降祸星

※ 出身低微，旗女选秀

慈禧的一生与晚清的历史相始终，人们都试图从这位赫赫有名的祸国皇太后降临人间的第一站起追根溯源，探寻她的思想、性格形成的脉络和源泉，探寻她成长过程中的偶然和必然，以解开发生在她身上那些给一个民族带来过深刻影响的许多历史之谜。

作为一个小吏之女，慈禧的出身较低，起先她也可说是名不见经传、普通得不能再普通的女子，她怎么就入了后宫成了咸丰帝众多后妃中的一个呢？即使学者发现了她妹妹的选秀排单，也只能作为辅证，因为没有发现能够揭开这些谜团的确凿证据，这就为各种各样扑朔迷离说法的产生提供了条件。

清朝后宫中的女人，上至皇后，下到宫女，都是从旗人女子中挑选出来的。旗人，是清朝独有的。因此，从旗人女子中挑选后宫粉黛的制度，也是清朝独有的。所以，清廷选秀女首先是门第。清朝从顺治时就规定，凡满族八旗人家年满 14 岁至 16 岁的女子，必须参加每三年一次的皇帝选秀女，选中者，留在宫里随侍皇帝成为妃嫔，或被赐给皇室子孙做福晋。未经参加选秀女者，不得嫁人。阅选时，按八旗的顺序，一般七八个人站成一排，由皇帝、皇太后们挑选。被挑选女子的名字，每排写一张单子，留宫中存档，这种名单，在档案中称为"秀女排单"。

清太祖努尔哈赤在统一女真的过程中创立了八旗制度，这套制度是在女真人原来的狩猎组织的基础上建立的，是军政合一的制度，兼有行政、军事、生产等多方面职能。以黄、白、红、蓝四色旗帜为标志，组成镶黄、镶白、镶红、镶蓝、正黄、正白、正红、正蓝八旗。清朝人主中原后，旗人又有八旗和内务府包衣三旗的区别。八旗包括满洲八旗、蒙古八旗和汉军八旗，共24旗，这是清政权赖以统治的主要支柱；内务府包衣三旗则是清皇室的奴隶，二者的政治地位不同。所以，尽管清初将八旗和包衣三旗的女子都称为秀女，但挑选的方法和她们在宫中的地位也有所不同。

八旗秀女，每三年挑选一次，由户部主持，可备皇后妃嫔之选，或者赐婚近支（即三代以内、血缘关系比较密切的）宗室；包衣三旗秀女，每年挑选一次，由内务府主持，其中虽然也有一些人最终被逐渐升为妃嫔，但承担后宫杂役的，都是内务府包衣之女。到了清朝后期，包衣三旗的应选女子就不再称为秀女，而在挑选宫女时，就明确地说"引见包衣三旗使女"了。所以说，能够成为清廷后妃的，主要是八旗秀女。

挑选秀女的目的，除了充实皇帝的后宫，团结八旗的关系，就是为皇室子孙拴婚，或为亲王、郡王和他们的儿子指婚，重要性自不待言。秀女们要走进紫禁城高高的宫墙，也就不那么简单了，必须经过一道道的考察。

首先，要严格审查旗属与年龄，不在旗的想参加选秀，势比登天；在旗的想逃避选秀，也是自讨苦吃。顺治朝规定：凡满、蒙、汉军八旗官员、另户军士、闲散壮丁家中年满14岁至16岁的女子，都必须参加三年一度的备选秀女，17岁以上的女子不再参加。乾隆五年（1740）进一步规定，如果旗人女子在规定的年限之内因种种原因没有参加阅选，下届仍要参加阅选。没有经过阅选的旗人女子，即使到了20多岁也不准私自聘嫁，如有违例，她所在旗的最高行政长官——该旗都统要进行查参，予以惩治。

然而，就在这一规定发布的第二年，闽浙总督德沛上了一道奏折，请求乾隆皇帝允许他年过17岁的儿子恒志与两广总督马尔泰的女儿完婚，但是，马尔泰的这位千金还没有参加过选秀女。

乾隆皇帝像

此事令乾隆皇帝大为恼火，命令德沛立即赶赴京师，当面训饬，同时强调："我朝定例，八旗秀女，必俟选看后方准聘嫁。凡在旗人，理宜敬谨遵行。近见尚有未经选看之秀女聘定许字者，大臣等有奏事之责者，虽系蒙朕恩俞允，究与体制未协。选看八旗秀女，原为王、阿哥等择取福晋；若在未经挑选之前即行结亲许字，非为废弛旧制，并恐无奏事责任之人，或不敢陈奏之人，伊等已行许字之女，朕因不知，另指他人，亦大有关系；且八旗秀女，于十三四岁即行选看，并无耽搁之虞。"

乾隆皇帝生性风流，好近女色，于是他在这里振振有词地说了三条理由：第一，每三年一次的选秀女是为诸王和众皇子挑选妻室，并非是为了给自己充实后宫；第二，一旦因选秀拆散了他人的姻缘，也是因为没有遵守"我朝定制"，违法在先，并非皇家的责任；第三，即使为了选秀等上三年两载，应选秀女也不过十六七岁，不会耽误她的终身。最后，乾隆皇帝命令"户部通行传谕八旗，所有未经选看之秀女，断不可私先结亲，务须遵例于选看后再行结亲聘嫁"。乾隆二十年（1755），再次补充规定：应阅视的秀女，在未受阅选之前私自与宗室王公结亲者，其母家照隐瞒秀女例议处。

那么清朝皇帝选择后妃的标准是什么？至于参选秀女的年龄，根据清宫档案，到清末光绪年间，最小的是 11 岁，大的可达 20 岁。每到准备挑选秀女的时候，先由户部奏报皇帝，奉旨允准后，立即行文八旗都统衙门，由八旗的各级基层长官逐层将适龄女子花名册呈报上来，到八旗都统衙门汇总，最后由户部上报皇帝，皇帝决定选阅日期。因为有病、残疾、相貌丑陋而确实不能入选者，也必须经过逐层具保，申明理由，由都统咨行户部，户部奏明皇帝，获得允准后才能免去应选的义务，听其自行婚嫁。

※ 为人精明，"引阅"入宫

咸丰二年恰逢选秀年，17 岁的慈禧以满籍道员之女的身份参加了选秀。慈禧没有高贵的血统，也没有显赫的门第，但她年轻时的姿色基本还说得过去，据说她是凭借着在一场名为"选秀"的选美"大赛"胜出后，被选入宫的，不过她的姿色并不出众，是不是在选秀时使用了什么机巧办法，无史可考，但以她的心机，那是完全有可能的。

　　通常清宫选秀的程序是这样，参加选秀的秀女们抵达京城后，在入宫应选的前一天，坐在骡车上，由本旗的参领、领催等安排次序，称为"排车"，根据满、蒙、汉排列先后的次序。最前面是宫中后妃的亲戚，其次是以前被选中留了牌子、这次复选的女子，最后是本次新选送的秀女，分别依年龄为序排列，鱼贯衔尾而行，车树双灯，上有"某旗某佐领某某人之女"的标识。日落时分发车，入夜时进入地安门，到神武门外等待宫门开启后下车，在宫中太监的引导下，按顺序进入顺贞门。秀女们乘坐的骡车则从神武门夹道东行而南，出东华门，由崇文门大街北行，经北街市，然后再经地安门来到神武门外，这时，已是第二天中午了。初选完毕的秀女们在神武门外依次登上她们来时所乘坐的骡车，各归其家。这种井然有序的排车法，是嘉庆年间的一位名叫丹巴多尔济的额驸发明的。

　　当应选的秀女们在神武门外走下骡车后，先由户部司官维持秩序，再由太监引入宫中。御花园、体元殿、静怡轩等处，都曾是阅选秀女的场所。一般每天只阅看两个旗，根据各旗参选秀女人数的多少进行搭配。通常是五六人一排，供皇帝或太后选阅，但有时也有三四

清宫秀女

95

人一排，甚至一人一排的。如有被看中者，就留下她的名牌，这叫作留牌子；没有选中的，就撂牌子。然后，留牌子的秀女再定期复选，复选而未留者，也称为撂牌子。经复选再度被选中的秀女，还有两种命运：一是赐予皇室王公或宗室之家；二是留于皇宫之中，随侍皇帝左右，成为后妃的候选人。如果成为后妃的候选人，手续会更为复杂，初次"引阅"之后，屡屡"复看"，有"记名"的，这是被选中留牌子的；有"上记名"的，这是皇帝亲自选中留牌子的。最后，还要经过"留宫住宿"进行考察，在留宫住宿的秀女中选定数人，其余的都撂牌子。

咸丰二年初春，瑞雪残冰包裹的北京还难得见到草长莺飞的早春景色，选自全国各地的 60 位旗籍佳丽早已坐着骡车来到了京城，来自北京西四牌楼劈柴胡同的叶赫那拉姐妹俩也在骡车队伍中紧张地等待着。叶赫那拉·杏贞和叶赫那拉·婉贞后来成为历史上值得浓墨重彩的两个人，杏贞即中外知名的慈禧太后，婉贞即醇亲王福晋、光绪帝的生母，但此时，她们只是来自镶蓝旗的一个四品道员惠徵的女儿。

选秀过程因谨慎而烦琐，由太监经过两次选择。二月初七晚，在各旗参领、领催负责下，运送秀女的车队来到了皇宫的神武门，在太监的引领下到达顺贞门，太监首领在等待着，秀女们按旗籍分组，每组五人、四人不等，一字排开，太监细细审视，容貌端庄秀丽者留下牌子，牌子上书某官某人之女，某旗满洲人或蒙古人，年岁若干。慈禧姐妹和其他 40 多位佳丽留下，其他的由本旗专车载回家，可自行择配。初选通过的还要进行由太监主持的复选，复选时要对绣锦、执帚等基本技艺进行测试，观察其仪容形态，不合格的称撂牌子，出宫回家。慈禧姐妹不知怎么通过了前两关。选秀中真正至关重要的是下一关，皇帝亲自"引阅"，这个时候，慈禧应该很好地利用了自己的聪明，获得了咸丰皇帝的青睐，但她的妹妹却被刷了下来。

清统治者公开的两条标准，一是品德；二是门第。清代册封皇后、妃、嫔的册文中常常见到的是宽仁、孝慈、温恭、淑慎，"诞育名门""祥钟华阀"等等。其中，门第又有着更为重要的作用。众所周知，光绪皇帝的皇后隆裕的相貌奇丑，但她是慈禧皇太后的侄女，因此，她成了皇后。被光绪皇帝视为红颜知己的珍妃入选时，她的父亲是侍郎长叙，祖父是曾任总督的裕泰，伯父是广州将军长善，长善又是大学士桂良的女婿，是恭亲王奕訢的连襟，因此她俩姐妹双双入选为珍、瑾二嫔。

清代从顺治到光绪九朝，选秀女 80 多次，按后来入葬陵寝的后妃统计，共 214 人，她们的命运是各不相同的。慈禧以无德之品性，中人之资质，何以在清宫中混得如鱼得水，进而成为皇帝的宠妃，乃至皇太后的呢？我们必须拨开历史，从蛛丝马迹中还原其真相。

※ 慈禧入宫，杀星来临

咸丰年间修纂的《玉牒》中载："兰贵人那拉氏，道员惠徵之女，咸丰四年甲寅二月封懿嫔。六年丙辰三月，封懿妃。七年丁巳正月封懿贵妃。"

慈禧即将跨进的后宫意味着什么？对于"普天之下，莫非王土。率土之滨，莫非王臣"的君主来说，他的后宫意味着六宫粉黛、三千佳丽、钟鼎玉食，入则黄罗伞盖，出则宝马香车、仆从如云，后宫是他率性而为的乐园。而对于后宫的佳丽来说，这里却并非乐土。因为在这个超级大家庭里，真正的男人只有一个，皇帝的"雨露"有限，不能遍施，而可以"承露"的女人又无所不在，于是人们为了争夺皇帝的性爱而拼杀，拥有了皇帝的性爱就增大了生育皇子的机会，一旦皇子继承了皇位，即可"母以子贵"，成为一国之母。于是后宫的女人们为了获得和巩固皇帝的宠爱，不断上演着一幕幕人间悲剧。

隋文帝皇后为独霸文帝，不让他亲近任何女人，有一次帝后起了矛盾，隋文帝一气之下和一宫女发生了关系，但他没有想到，他的宠幸彻底地害死了那个女人，因为第二天，皇后就带人将那女人活活打死。南宋光宗宠爱皇后李凤娘，可有一次回到宫里后，无意间盛赞某宫女之手粉白异常。令他没有想到的是，就在第二天，光宗居然收到一个盛着这双小手的食篮。这基本就是后宫的生存状态，失败者或惨死，或深居冷宫，用孤独埋葬红颜，无声无息中与草木同腐。

清朝顺治帝在 13 岁时，在母亲与摄政王多尔衮的决定下，迎娶了庄妃侄女博尔济吉特氏为皇后，由于顺治帝不喜欢这桩父母"包办"的婚姻，在顺治十年废掉皇后博尔济吉特氏，将她移出中宫，降为静妃，从一而终的社会准则，不允许她另择他爱，可怜的博尔济吉特氏，只能在冷宫里艰难度日。还不到 20 岁的她，生活已无幸福可言，她的生活状况只能称之为活着，不能用"生活"或"幸福而快乐的生活"来形容。

对于即将进宫的慈禧来说，后宫处处弥漫着浓浓的血腥之气，这一点她不可能毫无所知。慈禧应该清楚地意识到了：在未来的日子里，摆在她面前的道路只有两条：一是竭尽其所能，获得皇帝的宠爱，在夹缝中求得生存；二是听任命运的摆布，很有可能成为后宫倾轧的牺牲品。但所有人都没有想到的是，咸丰帝看上的这位心高气傲的女子慈禧，她一旦打开潘多拉的权欲之盒，就将成为一个杀人不眨眼的魔头了。

二 咸丰喜好女色
慈禧取悦有术

※ 无能咸丰，竟继帝位

咸丰皇帝名爱新觉罗·奕詝，庙号文宗，道光十一年（1831年7月17日）生于北京圆明园，道光帝第四子，母为孝全成皇后钮祜禄氏。

咸丰帝被后人诟称为无远见、无胆识、无才能、无作为的"四无"皇帝，在位期间，内外交困，太平天国起义如火如荼之际，又遭遇英法联军侵略中国，他依靠湘军，抑制住了太平天国起义进一步的扩张。对英法联军的大肆侵略，他也派兵抵抗了，但是最终也是因他的失策和胆小而失败，以签订丧权辱国的《北京条约》告终。面对国库空虚、军伍废弛、吏治腐败、天灾不断、百姓起义此起彼伏、西方列强虎视眈眈的烂摊子，他一筹莫展，于是干脆沉迷声色、纵欲自戕。

咸丰帝年轻时挺聪明，这也是他得以即位的原因，他的父亲道光帝本来生有九个儿子，不料前三个儿子都英年早逝，论年龄和资质，能被选为皇储的阿哥就只有两个，就是四阿哥奕詝和六阿哥奕䜣，并且四阿哥奕詝顺理成章地成了皇长子。由于四阿哥奕詝的母亲孝全成皇后英年早逝，所以奕詝是由六阿哥奕䜣的母亲静妃养育的。

平时小哥俩儿虽然不是一母所生，但关系一直很好。道光帝也很彷徨，不知道奕䜣和奕𬤊哪个更有才干，谁能继承大统。

道光皇帝像

道光帝在位期间，大清帝国的国势正逐渐走向衰败。为了巩固自己的统治，他也曾进行了一些小的改革，处理了一大批贪污官员。帝国在道光皇帝的主持下，逐渐焕发了新的活力，只可惜那该死的鸦片战争爆发，几万里外的小小岛国只开来几艘军舰，便将自大得自称天朝的大清帝国打得满地找牙，顿时将道光帝刚刚燃起的一丝希望彻底浇灭。从此，道光皇帝患上了"西方列强恐惧征"，在坚船利炮的阴影下惶惶不可终日。一晃十年时间过去了，晚年的道光皇帝自知时日无多，在帝国未来继承人的事情上却始终犹豫不决。他对奕詝这个资质一般的儿子并不十分宠爱，反而对从小就聪明伶俐、善于变通的六儿子奕訢偏爱有加。

奕詝有一次骑马的时候不慎摔成了骨折，好了以后却落下了残疾，脚有些跛。无论从智慧和外表来说，奕訢都强于奕詝，道光皇帝内心还是偏爱奕訢。可是按照传统，皇长子如果没有大的错误，皇位就应该传给奕詝，这也让道光皇帝非常烦恼。据说道光皇帝晚年曾经多次将奕訢的名字写在了立储匣的密旨里。

但是奕詝和弟弟奕訢相比，也不是一无是处，至少比奕訢要老成持重得多。这一点可是非常重要，尽管奕訢聪明机智，但是从继承皇位的角度上考虑，那并不是最主要的。所以道光帝就准备用打猎和召见阿哥来观察、斟酌，以选出皇储。

很快，打猎的日子就到了。所有的阿哥都井然有序地来到了木兰打猎场。打猎前，四阿哥奕詝的老师杜受田就对四阿哥奕詝说："阿哥论英武，是比不上六阿哥的，阿哥到了木兰围场万万不可开弓放箭，一定要空手而归。若是皇上问起，你就说现在正值春天，万物复苏，生机盎然，正是动物繁育的季节。若是在此时对它们展开杀戮，岂不是太残忍了吗？"奕詝很信赖杜受田，就牢牢记住了杜受田的话。而六阿哥奕訢的老师却叫奕訢尽力发挥，多打猎物。

打猎正式开始了，奕訢是意气风发地打起猎，并且满载而归。而奕詝却是一箭不发，两手空空。道光帝看到两个儿子形成了鲜明的对比，很是吃惊，便问奕詝原因。奕詝就对道光帝说："皇阿玛，儿臣看到现在正值烟花三月，所有的动物都开始生息繁衍。如来佛就以慈悲为怀，曾割下自己的肉给鹰吃。如若这时，儿臣用冰冷的弓箭将它们一网打尽，太过残忍了。这都是佛祖不愿看到的结果。"道光对四阿哥奕詝的回答很满意，认为他有帝王的仁慈，以及宽大的胸襟，慢慢开始对四阿哥奕詝产生好感。

　　还有一次，道光认为自己时日不多了，便把两个儿子叫到身边来，问他们倘若自己百年之后，如何治理国家？出发前，奕䜣的老师杜受田对奕䜣说："阿哥论口才是比不过六阿哥的，待会儿皇上问你时，你就号啕大哭，说皇上永远不会死去，永远轮不到自己当皇帝！"奕䜣记住了这些话。待到道光帝询问两个阿哥如何治理国家之时，奕䜣讲得头头是道，口若悬河。而轮到奕䜣讲时，奕䜣却泣不成声，抽噎着说："皇阿玛这是什么话？皇阿玛行善积德，得苍天庇佑，永远也不会死去，哪里轮得上吾辈当上皇帝呢？"道光毕竟是一个老人，希望儿女孝顺、关心自己。六阿哥奕䜣滔滔不绝的回答反而让道光帝不高兴了。他觉得奕䜣对国事这么有研究，肯定是巴不得自己早点死，然后他早早登基。而四阿哥奕䜣的回答虽然不如奕䜣的回答有谋略、有方针，但是却体现了对道光帝的爱。道光帝更加喜欢奕䜣了。后来道光帝选择了奕䜣。

　　但也有一种说法是说道光帝本是先立奕䜣，后立奕䜣。这种说法是说，道光经过对奕䜣和奕䜣长时间的观察以后，发现奕䜣确实是比奕䜣有才华、有谋略、有武力，于是下定决心立六阿哥奕䜣为皇太子。由于清朝自雍正帝选立储君以来，就流传着有把已选定的皇太子名字写在一张纸上，放在乾清宫"正大光明"匾额后的习惯。于是，一天晚上，道光帝觉得自己时日不多了，便清理了大堂之内的宫女和太监，自己拿出一张纸，准备写册立储君的"遗诏"了。

　　这时，有个守门的小太监很聪明。他偷偷地看道光帝运笔的姿势，暗自揣摩道光帝写的是什么字，好从中了解一些眉目。结果，他看见道光帝写最后一个字的时候，拉了一个很长的一竖。便琢磨起哪个阿哥的名字的最后一笔是长长的一竖。结果他想到了"奕䜣"。"䜣"字最后一笔就是一竖。他兴高采烈，连忙去通报奕䜣的生母静妃，好领点儿赏。静妃听后也欢天喜地，给了小太监很多赏。然后到处去和别人炫耀："我儿子六阿哥奕䜣特别有才干，都被皇上立为皇储了，我就要当皇太后了。"结果这话一传十、十传百。最终传到了道光帝的耳朵里。道光帝很不高兴，认为自己的秘密竟然被静妃公之于众，一点皇上的威严也没有。便马上改立了皇储，把写上奕䜣名字的遗诏换下来，改写成了奕詝。

其实这个说法很荒谬，由于清代皇室是满族人，所以他们在写一些重要的文件的时候。都既要写满文，又要写汉文。那个小太监怎么知道道光帝写的那一竖是满文中的还是汉文中的。还有，就算静妃得到了音讯，她也不会轻易说出去。因为毕竟她在宫中已经摸爬滚打了二十余年，早就揣摩透了道光帝的性格和锻造了一颗谨慎的心，她很明白其中的利害的。

不管怎样，奕詝都有因母而贵的成分。身为至高无上的皇帝，道光虽有着三千佳人，但他最爱的嫔妃就是四阿哥奕詝的亲生母亲孝全成皇后（静妃）。而道光的宠幸不免让年轻的孝全成皇后心高气傲，没有搞好与婆婆孝和睿皇太后（指道光帝的父亲嘉庆帝的皇后）的婆媳关系，于是还在奕詝很小的时候，其母就被孝和睿皇太后毒死了。但迫于其母皇太后的权力，更为了维护皇家的面子，道光帝一直是敢怒不敢言，不敢追究孝全成皇后的死因。但在他心里，孝全成皇后依然有着很高的地位，奕詝之母孝全成皇后为奕䜣之母静妃所不能及也。孝全成皇后逝世那年，奕詝才10岁。道光帝心痛皇后的死去，把他对孝全成皇后的爱全部倾注到了小小的奕詝身上，所以一直对奕詝疼爱有加。

奕詝长大后，虽然才华、武功方面不如奕䜣，道光也觉察到了。但是，正如康熙帝偏爱太子胤礽一样。明知道有其他的阿哥比自己喜欢的这个阿哥能力强，但是联想到奕詝的母亲，曾经是那么楚楚动人，曾经是那么温柔似水，自然就更加喜爱奕詝。道光本来就对不能为孝全成皇后追查死因，不能保护孝全成皇后而深感歉意。所以道光帝最终选择了奕詝。这个说法合乎情理，但至于真假，还有待考究。

※ 大清内忧外患，咸丰纵情声色

咸丰帝奕詝即位时，清王朝正面临内忧外患的统治危机。道光死前一个月就爆发了太平天国大起义，咸丰帝即位后发展更为迅速，咸丰三年（1853）三月攻克南京建都，与清政府分庭抗礼。咸丰帝对起义的态度很明朗，就是坚决镇压。但太平天国攻城略地，八旗、绿营一败涂地。当太平军从广西向湖南、湖北、江西和南京迅猛进军，清朝的经制兵，不管是八旗还是绿营，都不是对手。领军前去镇压的将领有广西提督向荣、巡抚周天爵、广州副都统乌兰泰、钦差大臣赛向阿、两江总督徐广缙等等，在太平军面前都不堪一击。钦差大臣陆建瀛死于太平军刀下。钦差大臣德兴阿与和春的江北大营、江南大营都连遭摧毁。

但和太平天国一样严重的是西方列强的侵略，他们不停地要求中国开放口岸，并占领中国的国土，此时清政府财政困难。打仗要钱，更何况是对内对外的大仗？咸丰朝财政出现了危机。道光三十年国库存银只有 187 万两，到咸丰三年六月，户部存银只有 22.7 万两，两个月的兵饷都发不出来了。

不过在咸丰帝即位之初，也有番抱负，有振作之象。刚即位即求贤才，林则徐、江忠源、李棠阶等相继保举，罢免了穆彰阿、琦善等人职务，文渊阁大学士耆英别降为五品顶戴。这个时期，他的生活也比较勤谨。

但咸丰皇帝本就是花花公子品性，刚即位的第二年，道光帝的丧期一过，21 岁的咸丰帝按照皇家规矩，迫不及待地进行了他新任皇帝以来的第一次选秀女，堂而皇之的理由是为了延续皇族血脉，充实后宫，实际上，最重要的是满足他这个好色皇帝的性欲，于是慈禧被选入了宫中。

虽然幸运地选秀获得了成功，但这并没有使慈禧立刻改变命运，相对于同时进宫的其他秀女而言，慈禧的好戏还在后头。选秀之后，慈禧和其他 16 位秀女被安排在宫廷各处，慈禧曾被安排在皇家园林圆明园一处比较隐秘之处。

匆匆的几次见面，并不出色的慈禧显然没有给咸丰帝留下多少印象。一连几个月了，她竟连皇帝的面都没见着。皇帝是这后宫中唯一的成年男性，可他六宫粉黛，三千佳丽，出则宝马香车，入则黄罗伞盖，到处仆从如云，如果不是情人眼里出西施，或是惊艳夺目的绝代佳人，成日蜂围蝶绕的皇帝哪能记住一个新晋秀女？后宫妃嫔如林，宫女如云，大家都依附皇帝为生。一朝被宠，平步青云，光宗耀祖；一旦被边缘化，只能眼见"红颜暗老白发新"，后宫争宠之战异常激烈，在这厚墙高院里没人能独善其身，生性好强的慈禧更不想坐以待老。她知道，一个不能凭长相得宠的女子唯有通过聪明的头脑才能逆转局面。

慈禧自幼随父宦游各地，官场的倾轧、角逐，丰富了她生活的阅历；宦海中的钻营、贪婪，使她养成了阴险、狠毒的性格；虽是家中的长女，却并不受父母宠爱，亲情淡漠、缺乏，使她势利和阴毒。在这等级森严的后宫中，只有皇帝和依附于皇帝的人可以呼风唤雨、趾高气扬，其他的都必须夹着尾巴做人，慈禧决定靠自己改变命运。

※ 慈禧主动出击，得封贵人身份

有史料说慈禧入宫不久，其家庭就发生了重大变故。父亲被调任为安徽徽宁池太广道道员，刚上任即遇上太平军顺长江而下，一路势如破竹，安徽巡抚蒋文庆被杀，惠徵押解一万两银子辗转逃到了镇江的丹徒镇，操办粮台，以待援兵。刑部左侍郎李嘉端参劾他临阵逃脱，咸丰帝一怒之下将其解职查办。惠徵惊骇过度，一病不起，于咸丰三年（1853）六月初三日死于镇江。家庭惨遭变故，在形势复杂的后宫，慈禧只能和泪往肚子里吞，现在唯一能改变她命运的只有咸丰帝。

但命运十分眷顾慈禧，慈禧更知机会是人创造的，圆明园本为皇家夏宫，皇帝一年难得去几次，可内忧外患让咸丰帝心烦意乱，干脆躲进圆明园寄情声色。慈禧花钱笼络了身边的宫娥太监，并与咸丰帝身边的宣诏太监安德海搭上了线，决定铤而走险。

一天午后，咸丰帝乘着御辇在圆明园漫无目的地游玩，行至一桐荫深处，清风徐来，传来一腔腔娇脆的江南小调。咸丰帝知道这是新晋秀女的所在，一听这歌曲婉转，便动了风流心思，顺歌而行，来到一处宫殿，见殿内林荫夹道，花气袭人，一女子手摇折扇，细款柳腰，正在引颈高歌，正是慈禧。

圆明园荷花池夏景

　　慈禧早进行了刻意打扮，又是少女怀春之时，女人天生的矜持和对男人的渴望让她娇羞又风骚，咸丰帝一见便喜，当场便与她脱衣交欢，接连几天，咸丰帝都翻下了她的绿头牌，让她陪侍自己。

　　咸丰二年（1852年）五月，秀女决选，咸丰帝收获颇丰，左拥右抱好不得意，后宫又多了四名"贵人"——兰贵人（慈禧）、丽贵人、婉贵人、伊贵人，四名"常在"——容常在、鑫常在、明常在、玫常在。

　　根据清朝的后妃制度，后宫的位号有皇后、皇贵妃、贵妃、妃、嫔、贵人、常在、答应八个等级，贵人只位于第六等。这就意味着进宫后的慈禧必须身处下层，去应对、去挣扎。

　　后宫争宠之战历来云谲波诡，风云突变。咸丰帝好色又多情，后宫佳丽无数，却无固宠，后宫人人自危，夺宠之争更加激烈。后宫等级森严，皇后之下还有一个皇贵妃，两个贵妃，四个妃子，六位嫔，贵人、常在、答应无定数。慈禧要在六宫粉黛中脱颖而出，智慧不可或缺。

后人见到的慈禧照片往往干瘪皱巴、难以入目，但这些照片都是慈禧年近七十岁时留下的，二八年华的慈禧虽称不上美艳，但其容貌还算俊美。西方作家赫德兰在《一个美国人眼中的慈禧太后》一书中略带夸赞地写道：慈禧太后身高中等偏低，但她穿的鞋鞋跟很高，有的高达六英寸，再加上她穿的满族式服装，从双肩垂落下来，所有这些使她看上去浑身透露着帝王气度……她的体形非常完美，走起路来步履轻快，体态优雅，而且单从身体外表来看，她的的确确是一个魅力非凡的女人，与她皇太后的身份非常相称。她的容貌说不上是倾国倾城，但她精力充沛，充满活力，十分令人愉快。她的肤色稍带橄榄色，黑黑的睫毛下是一双漆黑的眼眸，这让她的脸颊光彩照人。在她漆黑的双眸里，时而带着微笑，时而闪过一丝愤怒。

※ 慈禧荼毒后宫，独霸咸丰之宠

受封为兰贵人以后，慈禧并没有成为独宠专房的后宫嫔妃，竞争压力依然极大。后宫与慈禧争宠的仍有不少，以娇丽温顺获宠的云嫔、以柔媚著称的丽贵人和以姿容取胜的玫常在同样深受咸丰帝的宠爱。云嫔武佳氏是咸丰帝称帝前的宠妾，姿容超群，品性温顺，与咸丰帝情谊深厚，咸丰称帝后对她宠眷不衰。丽贵人、玫常在和慈禧同年选秀进宫。丽贵人艳若桃李，最爱撒娇弄嗔，自选秀入宫以来，是咸丰帝的最爱；玫常在徐佳氏因出身低微，颇有心计，总能带给咸丰帝新鲜和刺激，不久晋升为贵人，但她妒忌心重，因而咸丰帝对这位精灵古怪的美人总是又爱又恨。

慈禧每天都花大量的时间将自己装扮得娇俏可人，宫中内外都熏香缭绕，每晚她都希望看到敬事房的太监走入她的房间，给她带来侍寝的好消息，但大多时候，皇帝实在是分身乏术，她只能伫立窗前，听丽贵人或玫常在宫中的莺歌燕舞，暗自垂泪到天亮。如果皇帝偶有临幸，她便心花怒放，使尽浑身解数，让皇帝感受她的渴望和热情。可皇帝真的太忙，她也厌倦了这种反反复复的失望，她需要的是独宠。环视后宫，慈禧不是最美的，也不是最娇媚的，如何才能集三千宠爱于一身？看起来必须好好运用智谋。

慈禧在残酷的后宫竞争中，渐渐变得冷静和成熟。她开始听从宫人建议，每日饮"驻香露"，使自己渐渐玉体溢香；她听从御医建议，用鸡蛋清敷面，让皮肤柔软有弹性；她让近侍从宫外采来人奶，天天用人奶沐浴，不久后通体细滑白嫩，肌肤宛如初生婴儿；用宫中特制的玉容散化妆，使面容珠圆玉润；她还偏爱中国的各种养生秘方。由于保养有方，二十出头的慈禧少了刚入宫时的那份青涩，多了一份成熟女人的风韵和妩媚。

在不断提升女性魅力的同时，刚离开长辈庇护的慈禧表现出了超乎常人的竞争能力。她是天生的翻云覆雨手，在这小小的后宫里，她潜在的政治才能得到充分的练习机会。慈禧用一步步的精心设计，制服他人，赢得皇帝的爱心。这才是她走向成功的要素，以后的历史发展显示了她在后宫的设计。

慈禧发动了身边所有的宫娥太监，散尽钱财，四处贿赂，安插眼线，俨然组成一个宫内小社团，而她就是这个团体的首领。他们刺探情报，于是对咸丰帝每天宠幸的妃嫔了如指掌。

首先，她努力接近皇帝，赢得他的喜欢。这是后宫中所有的嫔妃都想做到的，但又不一定做得好。我们不知道慈禧究竟用了怎样的行为使皇帝喜欢她，但慈禧一向机敏开朗、洞悉人性、善体人意，也许是这些留住了皇帝的心。而玫贵人、徐佳氏，却出现了闪失。玫贵人入宫后初封为常在，因为她颇有姿色，所以不久就晋升为玫贵人。

慈禧对此醋意大发，她指使人陷害宠幸正浓的玫贵人，令咸丰帝误以为玫贵人在慈禧的点心中下毒，咸丰帝一怒之下将她降为常在，二十多天过去后，皇帝仍怒气未消，余恨难解，再次下令把玫常在降为宫女。可咸丰帝对她意犹未尽，几天后再见她时，她楚楚动人的泪眼让他怜香惜玉的柔情倾泻得一塌糊涂，他对她的宠爱有增无减。这让慈禧感觉失败透顶，但她很快收拾心情，等待再次伺机而动。

徐佳氏在一个月内由主子一直降为奴婢，连降三级，但表面上又不敢表现出怨恨和悲伤，只能在夜间以泪洗面，似乎咸丰帝也觉得自己的做法有些过分，所以在八天以后，又恢复了她的常在地位，日子不长又晋升为贵人。

丽贵人一直是个聪明的女人，慈禧的所有伎俩在她面前都不管用，咸丰帝太爱她了，慈禧还需要经验和等待机会。但云嫔比较好对付，慈禧用蛊惑罪陷害云嫔，云嫔被打入冷宫，又气又急，不久后悬梁自尽，结束了生命。

咸丰五年，不知玫贵人做错了什么事，咸丰帝极为恼怒，五月二十四日下令把她降为常在、官女子，一下子又降了两级。官女子实际上就是可以陪皇帝睡觉的宫女，地位极为低下。

虽然能进入后宫的女人都不是泛泛之辈，但慈禧还是技高一着，此时的慈禧虽以机谋渐渐略占上风，但真正的转折还是到了咸丰四年。

当时丽贵人怀上龙种，这事很快传遍宫廷内外，咸丰帝为了保住龙脉，为让丽贵人安心养胎，便不再宠幸她，而是将目光投向了后宫中那群急不可耐的等待临幸的嫔妃们。可此时的咸丰帝被政事扰得心神不宁，聪明又关心政治的慈禧对咸丰产生了很大的吸引力，她很享受这段时光，多年后她炫耀道："我进宫以后，先帝很宠爱我，对其他人几乎都不看一眼。"咸丰四年（1854），慈禧被晋封为懿嫔，在荣华富贵的道路上迈进了一大步。

自从受到帝宠后，笼罩心头的乌云终于散去，就像久旱的树苗忽逢甘霖，慈禧的境遇突然好起来，慈禧也用心伺奉皇帝，虽然咸丰在女人身上的兴趣广泛，喜欢很多女人，但慈禧仿佛学会了女人吸引男人的所有招数，让咸丰对她欲罢不能。

每天晚膳过后，敬事房的太监会端来"膳牌"，牌头漆成绿色，牌正面书写后妃姓名及简单履历，皇帝对谁中意即翻下谁的绿头牌。慈禧每晚都会焚香沐浴，精心地梳洗一番，等待皇帝的召幸。自咸丰四年（1854）以后，大多数时候她都不会失望，敬事房的太监会来传话。慈禧脱光衣物，躺进太监备好的大氅里，收拾停当，太监领旨进来，扛往皇帝的寝宫。

据说这种裸体入宫侍寝的制度是雍正帝以后形成的。传说雍正帝之所以驾崩，是被一侠女所刺，民间传说是扮成宫女的剑客吕四娘所为，所以后来皇帝每次召幸嫔妃都要裸体入宫，以免女人们怀挟利器。太监把慈禧背入皇帝寝宫后，卸去氅衣。慈禧从皇帝的脚端钻入衾中，不免一番云雨。近侍太监照例在寝宫外候两个小时后，高呼时间到，皇帝必须回答，如此反复三遍，按例应把慈禧送到隔壁暖阁入睡，以保持咸丰帝的体力。随侍太监还会问留不留，皇帝如果说"留住"，记档太监便详细记录时日，以便作日后备胎的证据；如果皇帝说"不留"，则立即对该嫔妃施行避孕。咸丰帝的妃嫔都不会采取避孕措施，因为咸丰帝急于获得子嗣。咸丰帝总是会把慈禧整晚留侍身边，直睡到日上三竿。

※ 慈安责罚慈禧，慈禧韬晦以对

咸丰帝的皇后钮祜禄氏，即慈安，比慈禧年轻两岁，但严守礼法宫规，即使到了酷夏也将自己包裹得严严实实，洗浴时不许旁人侍候，人前人后对皇帝都是礼敬有加，咸丰帝对她也十分敬重，然而夫妻生活方面却对她"敬而远之"。

慈禧的狡黠多谋、工于心计令慈安十分不安，她曾劝咸丰帝不要选她入宫，但咸丰帝置若罔闻。慈禧专宠后，咸丰帝"春宵苦短日高起，从此君王不早朝"，皇后虽然历来不受宠爱，但妒忌几乎是女人的天性。皇后毕竟是六宫之主，有规劝皇帝勤政的义务，也有督促妃子守规矩的权力。皇后见几次劝说无效，决定以祖宗法制来威慑咸丰帝，先是派了心腹太监摸清底细，次日清晨，便叫太监在慈禧的储秀宫外诵祖训，咸丰帝一听祖训便披衣起而跪听。时间久了，咸丰帝便不再夜夜专宠慈禧了，但皇后一放松，咸丰又故技重演，皇后又如法炮制，这下惹恼了咸丰帝，对着太监一顿训斥，满腹委屈的太监一倾诉，让皇后颜面扫地，皇后决定亲自出马。

咸丰五年（1855）的一日清晨，皇后亲自到储秀宫外跪诵祖训，吓得咸丰帝立马起身上朝。皇后起驾回坤宁宫，传慈禧同往。慈禧吓得六神无主，身边少了护身符，不得不任凭处置，皇后在宫中对她进行了一顿严厉的训斥，并下令拉出去杖责。咸丰帝上朝后，回想皇后的怒不可遏，根本无心朝政，退朝后急往坤宁宫救美，慈禧这才免了一顿杖责之苦。受了委屈的慈禧回宫后梨花带雨地一阵撒娇，却令咸丰帝更加宠爱备至，早忘了皇后的训诫。

此事之后，慈禧自知自己名位不济，收敛了许多，也懂得了要时常逢迎皇帝之余对皇后也曲意奉承。咸丰帝赏赐了名贵物品，她不时拿来孝敬皇后，变得谦卑有礼，会用甜言蜜语讨好和哄骗皇后，并且她不再日上三竿还和咸丰帝偎在温柔乡里，不但敦促咸丰帝及时处理朝政，她还经常从旁协助。这些转变让皇后的心情变好，也为她的独宠减少了许多阻力。

慈禧虽然以美貌获得了咸丰帝的格外垂爱，但环视后宫，处处都是婀娜多姿的身影，慈禧知道，在众芳吐艳的后宫想要固宠，不善于审时度势，妖媚惑主，很可能就是后宫角逐的牺牲品。冷静奸诈的慈禧决定主动出击，击败群芳，独占鳌头。

而要想在这样的环境里出头，不但要得到皇帝的宠幸，更重要的是，要能为皇帝生下皇子。慈禧知道只凭借着美丽可人、侍应得体并不能确保皇帝的专宠。只有为皇帝生下儿子，才能猎取皇帝的心。子嗣兴旺是龙脉延续的保证，这是皇帝最为渴望的一件事情，更何况此时咸丰帝还没有一儿半女。

※ 慈禧治病产子，毒害其他子嗣

古代的封建皇位继承制的原则是父死子继，立嫡以长，这种原则轻易不可更改。因此，历朝历代皇帝都把生育当成政治大事来抓，尽可能地充实后宫妃嫔，尽可能地生育更多的男性子嗣。对于没有子嗣又想固宠固位的后妃而言，生子也成了她们的最高理想。

　　子嗣的多少往往与王朝的兴衰紧密相连。以清朝为例，皇太极11个儿子、顺治帝8个儿子、康熙帝35个儿子、雍正帝10个儿子、道光帝也有9个儿子，而咸丰帝只有一根独苗，同治帝、光绪帝、宣统帝都没有子嗣，光绪帝、宣统帝都是王族子弟入继大统，同治帝成为皇宫禁院里最后一个长到成年的男孩。

　　咸丰帝是一个子嗣不旺的人，直到咸丰四年（1854），23岁的咸丰帝虽然年富力强，但大婚已经七年，后宫众女却还没有子嗣的迹象，当时宫廷内外"皇上没有生育能力"的流言不胫而走，各股政治势力蠢蠢欲动，咸丰帝更加焦躁不安，求子的强烈欲望充斥宫廷。直到咸丰四年年底，咸丰喜欢的丽嫔怀上身孕，流言才不攻自破，咸丰帝也因此欣喜若狂。可后宫妃嫔各怀鬼胎，丽嫔也是担心被别人加害，怀上龙种后自然处处小心，终于咸丰五年（1855），皇长女荣安固伦公主呱呱坠地。丽贵人生的只是个公主，众妃嫔悬着的心这才放下，大家都还有希望。咸丰帝对这个女儿的宠爱非同一般，第二天即宣布晋封丽嫔为丽妃，并于当年十二月举行了隆重的册妃典礼。

咸丰时期的钱币

　　但皇位是传男不传女的，皇位至今无人继承，咸丰帝和众宫妃一样心急如焚，煞费苦心。谁再拔得生子嗣的头筹，谁就能像再造社稷的功臣一样，功勋卓著，永享富贵。

　　慈禧清楚，要在这后宫中固宠，唯有母凭子贵，可慈禧入宫好几年，宠眷不衰，也未能受孕。慈禧一直有比较严重的痛经，一到经期那几天便苦痛不堪。痛经有可能引起不孕，可慈禧地位低微，不敢随意召太医，而且一旦痛经的毛病外泄，必然会留下把柄，慈禧为此心急如焚。一次，慈禧与咸丰帝正在郎情妾意时，慈禧撒娇说自己常常肠胃不适，有时疼得难以忍受。咸丰帝爱妻心切，很快传来太医诊断，慈禧便暗中告知太医实情，并要他保守秘密，这位太医给她开了一副止痛散瘀、养血调经且有助于怀孕的药方，在保留至今的清代《宫廷医药档案》中记载了诊治时所开的药方：

懿嫔调经丸：香附一两童便炙、苍术一两、赤苓一两、川芎三钱、乌药一两、黄柏三钱酒炒、泽兰一两、丹皮八钱、当归八钱共为细末，水发为丸，绿豆大，每服二钱，白开水空心送服。

这份药方，经当代中医评议，主要是养血调经、行气活血、止痛散淤。足以证明慈禧年轻时患有痛经等妇科疾病。后经不断调治，慈禧"湿饮渐开，胀痛稍减"，坚持诊治，"诸症皆好"，月经不调之病得以痊愈。

慈禧坚持不断服药达一年有余，痛经的症状慢慢消减。咸丰五年（1855）六月，慈禧喜获龙种，其激动的心情难以言表，但她偷偷地不敢声张，只是私下告诉了咸丰帝。咸丰帝得知这个消息，恨不得诏告天下，可慈禧请求他，等她胎儿三个月成形后再公布。咸丰帝为了避免后宫相残，一直偷偷地召御医为慈禧保胎。直到慈禧胎相明显，才人尽皆知。

慈禧自己也格外小心，一定要保证顺利产下龙子。一方面，她利用怀龙种的优势，撒娇任性，牢牢将咸丰帝的心拴在自己身上；另一方面，后宫中母凭子贵，也会子凭母显。皇后是咸丰帝的嫡妻，皇后一旦生子，将来夺储的机会便会很渺茫。慈禧在咸丰帝面前不着痕迹地中伤皇后，致使咸丰帝对皇后更加疏远；慈禧怀孕期间，暗中四处活动，将两位最有竞争实力的妃子拉下了马，云嫔被她以蛊惑罪陷害，自杀而亡；宠幸正隆的丽妃诞下公主后，慈禧便偷偷地在养肤品中下毒，致使丽妃花容失色，咸丰帝见后大倒胃口，便不再喜欢丽妃。

这样一来，咸丰帝所有的重心都在这个即将出生的龙种上，每天他都要数次守在慈禧跟前，聆听孩子的胎动。随着胎儿渐渐长大，到第七个月时，他破例召懿嫔的母亲带两名仆妇提前一个月到宫中细心照料产妇。咸丰六年（1856）正月伊始，大腹便便的慈禧就成了宫中的重头戏。盼子心切的咸丰帝早早地便让太监们筹备懿嫔分娩事宜。

咸丰六年（1856）三月二十三日午时，太监总管韩来玉向咸丰帝奏报：懿嫔巳时就已经坐卧不安。咸丰帝大喜，罢处一切朝政，专门在宫中等待"真龙"诞生。十几分钟后，韩来玉再奏，接生姥姥说懿嫔即将临产。下午二时，韩来玉再报：懿嫔产下阿哥，母子平安，咸丰大喜，下令隆重庆贺。

此时大清国的南部正烽火连天，宫廷内却在张灯结彩，满朝文武额手相庆。咸丰帝更是欣喜若狂，慎重地为新出生的阿哥取名为载淳，这就是后来的同治皇帝。咸丰帝即日宣布：懿嫔加封为懿妃，于当年十二月举行册封典礼。各路接生姥姥、太医、宫娥、太监论功行赏。不几日后，咸丰帝又宣布大赦天下，普天同庆达三天之久。

按照清朝祖制，皇子生下来后，无论嫡庶，都由保姆抱出，由宫内专门的乳母哺乳，而生子的嫔妃安心休养生息。慈禧产后肠胃干燥，御医给她开了回乳生化汤慢慢调养，不久脉息沉缓，身体渐渐康复。载淳一周岁的时候，宫内大肆庆祝，咸丰帝再下谕旨，懿妃晋封为懿贵妃。

但有人怀疑载淳并非慈禧亲生，而是后宫他人所生，或是以女换男。有人说，载淳为咸丰帝后宫一个地位低下的宫女所生，当时慈禧无子，于是偷偷收养，暗中毒死其母亲，咸丰帝得知消息时，慈禧已生子一月有余。咸丰帝信以为真，大喜，为阿哥取名载淳，封懿嫔为懿妃。也有人说慈禧本生了个女儿，宠监安德海勾结老太监汪昌，买通了稳婆刘姥姥，从宫外偷换了个男孩，即载淳。这一计划是安德海一手导演，连慈禧都蒙在鼓里。当然这两种说法都不足为信。慈禧生子的过程备受关注，每一步都兴师动众，并在宫廷资料中留下了详细的记载，要在众目睽睽之下作假不是那么容易的事，在出现强有力的证据之前，应该认为同治帝是慈禧亲生。

载淳的出生再一次巩固了慈禧在后宫的地位，由后宫五级的嫔，而升为四级的妃，这年她24岁，因为没有皇贵妃，慈禧在后宫位居第二，但皇后没有儿子，母凭子贵，慈禧母子实际成了后宫最闪亮的"明星"。

由于生下了皇子载淳，慈禧位置仅次于皇后。按照一般女人的思路与生活轨迹，此时就可以享受这显赫的荣誉，等待儿子继承皇位，做太后。可慈禧不这样想，她不认为她宫中的地位可以高枕无忧，而在妃嫔众多的后宫也并非有子万事足，慈禧虽然是咸丰帝的最宠，可咸丰帝未过而立之年，宫内有十多位妃嫔都有受孕的机会，慈禧还不能掉以轻心。曾经有一个宫女得到咸丰帝的一次垂青后，意外受孕，慈禧立马得到了消息，便暗中设计将其毒害。可百密必有一疏，还是会有漏网之鱼。咸丰八年（1858）二月，玫贵人为咸丰帝生下了皇次子。心花怒放的咸丰帝立即将她晋封为玫嫔，并打算进一步封妃。

面对这个潜在的最大敌手，慈禧毫不手软，她买通玫嫔身边宫娥，在新生儿的食物中掺进了一点儿有毒粉末，皇次子很快夭折。玫嫔出身低微，即使有冤也无处可诉，渐渐心生怨恨，脾气越来越暴躁，咸丰帝觉得她不可理喻，很快对她宠爱全失。

由于慈禧的毒辣，咸丰帝最终子嗣单薄，后来皇宫再也没出生过男孩，载淳成了皇宫里唯一的嫡子，大清皇族就此在继统问题上犯起了难。

而在无情打击了后宫女性对手之后，慈禧开始将毒手伸向了至高的皇权，同时也开始和男人们斗智斗勇。

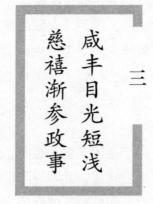

三

咸丰目光短浅
慈禧渐参政事

※ 咸丰厌恶政事，慈禧批阅奏章

咸丰帝时已是清朝晚期，由于承平日久，帝王们早已失去了先祖们的励精图治和雄才伟略。日渐腐朽的政局、日渐萎靡和懒惰的皇帝，给皇权旁落提供了滋养的土壤。懦弱而无能的咸丰帝面对破败的祖宗基业，一味寄情声色，慈禧开始过问政治。

咸丰帝即位之初，从道光帝手上接过来的江山已经是风雨飘摇的封建末世，积贫积弱的政治局面，加上内忧外患不断，国家每况愈下。咸丰帝即位的第八个月，洪秀全在广西金田宣布起义。太平军自出金田后连战连捷，咸丰三年（1853）太平军攻入南京，改南京为天京，定为国都。太平军起义历时十四年，遍及十八个省，东南半壁江山沦入敌手。清兵屡战屡败，战事快报雨片般飞往北京。长江太平军未靖，捻军之乱更是乘势而起，北方 10 多个省点燃星星之火，情势危及京城。内乱未平，外患又起。咸丰帝即位三年后，英法联军又生事端，发动第二次鸦片战争。英法联军占广州，趋天津，突破京城，将百年皇家园林圆明园焚于一炬。

面对如此艰难而复杂的局势，咸丰帝感到力不从心，捉襟见肘。太平军沿长江而下时，清军一溃千里，咸丰帝寝食难安，曾国藩的湘军成了对付太平军的唯一劲旅，但咸丰帝又顾虑重重，一筹莫展，他害怕汉族地主势力坐大，于清廷不利，对湘军有功不赏、有罪必罚，征战各地不给人事、财政大权，致使湘军一再贻误战机。

被英法联军毁坏的圆明园

面对英法联军的肆意挑衅，咸丰帝既没有政治家的韬略，也没有军事家的远谋；既没有抗战到底的决心，也没有讲和的勇气，在和战之间举棋不定。战争爆发前夕，他还在圆明园大肆庆祝他的三十寿辰。当英法联军突破大沽口、攻占天津后，他却束手无策，与嫔妃们在圆明园抱头痛哭，并率领群臣嫔妃"北狩"热河。自咸丰三年（1853）开始，咸丰帝知道大势已去，难以挽回，于是万念俱灰，即位之初的那股励精图治、锐意进取的劲头早已烟消云散。军情奏报总是堆积如山，咸丰帝刚通宵达旦地阅完，第二天又一批奏章堆积案头，大臣们还不时来催问，这让本来瘦弱的咸丰帝心力交瘁。

咸丰帝批览奏章时，时常会携带宠爱的妃嫔同往，以解寂寞和疲乏。但皇后贤德忠厚，不善言辞，对政事从来不赞一词；云嫔、丽贵人、玫常在等不过是艳丽的花瓶，忙于争风吃醋，对政事提不出过多建议；唯有慈禧，她是后宫中唯一一位懂满汉两种语言，并知晓上下近五千年历史的妃嫔，因此她虽然深居后宫，但不少建议都能切中时弊，为其他女人所不及，因此也获得了咸丰帝的认同，还不时有精辟分析、正确对策，有时让咸丰帝都认为她说得极为在理。

慈禧善于察言观色，洞悉人性，清朝皇帝一向不许后宫干政，但咸丰帝是个例外，他对这个善解人意的美人更加宠爱和信任，御览奏章时不时偕她同往。耳濡目染，慈禧对奏章处理也看出了些门道，所有的奏章军机处都会按类分好，并提供处理建议，一般奏报皇帝只需批"知道了"之类的语言，重要的军情奏报皇帝可以选择其中某种建议，也可以批上自己的意见。

专制体制所赋予皇帝的权力是无所不在的，生杀予夺是他的权力，顺治帝不高兴即可废皇后，而贵妃的立与废应是一件十分平常的事情。慈禧要稳固宫中的位置，就必须驾驭皇帝。皇帝是人，他不可避免也有各种各样的习性与缺点，只是看慈禧是不是能充分掌握他的特性并加以利用。

慈禧有一项后宫嫔妃们无人能抵的能力——能读写汉文，这在当时的满族妇女中是极其少见的。因为满族妇女与汉族妇女一样不能入学，文化知识获取的途径十分单一。因此，慈禧是宫中嫔妃中既掌握满语又能读写汉语的"双语"模范。

不但如此，慈禧还会绘花鸟画，她很有天分，在圆明园居住时，"因日习书画以自娱，故后能草书，又能画兰竹"。

恽毓鼎《崇陵传信录》载："西后入宫时，夏日单衣，方校书卷，文宗（咸丰帝）见而幸之。"

自咸丰四年（1854），慈禧成了咸丰帝的心头最爱，咸丰帝知道她书法端正，便让她在奏章上代写一些简易字词，如"知道了""再奏"等等。慢慢地，咸丰帝会在疲惫时犯懒，把简易奏章挑选出来，要慈禧代写，自己从旁指点，慈禧总能做得让他满意。再后来，他对她的信任与日俱增，连指点也免去，自己干脆在一旁闭目养神。此时的他根本没有想到，他正在培养一个恶毒女人从政的能力，一旦时机成熟，她将变得极其危险。

咸丰帝的懒惰和日益繁重的行政任务给了慈禧越来越多的契机。慈禧在行政上本有天分，家庭教育和后天兴趣又让她如虎添翼。

慈禧从4岁开始，父亲就为她请了家庭教师进行课读，学习满文也学习汉文。慈禧自己对文史、诗经、绘画都很喜欢，到6岁就能用满汉两种语言流利地背诵《三字经》《百家姓》《千字文》，包括唐诗宋词了，8岁时开始练习书法，还颇有些心得。不过满族女子学琴棋书画，全不为功名利禄，不过点缀应景，修养性情。慈禧虽然聪明且读书用功，于读书上却天分不高，练了多年，字总是歪七竖八，不成字样。有一次，父亲甚至动怒，拿起戒尺打她的手，把她的手打得肿了好些天，连吃饭都困难。这顿打没有白挨，慈禧于读书习字上更加努力，这为她此后为咸丰帝协理朝政打下了基础。

慈禧的决断能力在少女时期就有表现。慈禧12岁时，祖父因为一桩户部亏空案牵连入狱。飞来横祸让慈禧一家惊恐万状，父亲顿时束手无策。慈禧建议父亲变卖家产，向亲友告贷，想方设法筹款，先救祖父出狱。年幼的慈禧随父亲拜访亲友，上下打点，因为她聪明伶俐，能言善辩，总能说服亲友接济她们，最终花了一年多时间，凑足了资金，赎出了祖父。父亲倍感欣慰，逢人便说：这个女儿，可以当儿子使。亲友也直夸她能干，能当大任。

慈禧入宫后仍然天天以读书、画画自娱。她的草书和兰竹后来在宫中受到追捧。慈禧尤其爱看些历史典籍，自入宫开始，即使是酷夏，一杯凉茶，一把折扇，她独立窗前，坚持不辍阅览前朝典故、近朝人物，渐渐对为政得失有了一些感慨和认知。这在"女子无才便是德"的晚清，在忙着涂唇描红的后宫，慈禧的行为绝对算是惊人之举。

慈禧虽然机敏善变，权力欲极高，但于文化上一直水平不高。保存至今的唯一一份慈禧手书，是一份罢免恭亲王职务的上谕，其部分文字这样写道："种种情形等弊，嗣（似）此重情，何以能办公事！查办虽无实据，是（事）出有因，究属暧昧知（之），难以悬揣。恭亲王从议政以来，妄自尊大，诸多狂傲，以（倚）仗爵高权重，目无君上。看朕冲龄，诸多狭致（挟制），往往谙（暗）始（使）离间，不可细问。"

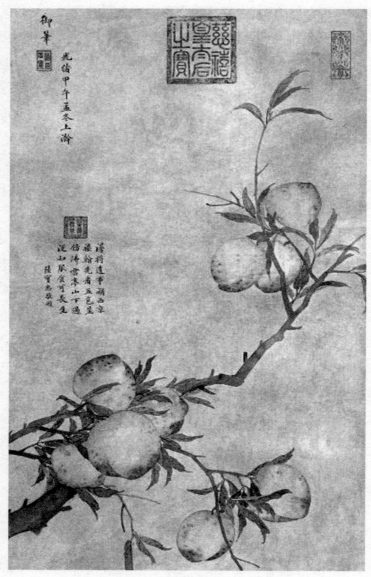

慈禧画作

这份慈禧所起草的共计三百余字上谕中，错别字竟高达十二个，语句亦不甚通顺，足以证明其运用文字的能力不高。咸丰帝逃避现实，寄情声色，对于国事穷于应付。由于慈禧能读写汉文，有些奏章就让慈禧代阅。"时时披览各省章奏，通晓大事。"在披览奏章的时候，慈禧逐渐通晓了国家大事。

不过慈禧写的字还可以，她的楷书是临过帖的。咸丰六年（1856）之前，慈禧虽能批阅一些简单的奏章，但都不过是代笔，咸丰帝虽无能却不昏聩，他只会允许慈禧在自己的眼皮底下做一些无关紧要的琐事。望着日渐破碎的山河，日渐繁重的政务，为了逃避现实，他渐渐沉湎酒色，朝政大事也逐渐被耽误。奏章渐渐堆积如山，他既不愿交给后妃，也不愿交给权臣，最终还得自己亲自出马。如此反复，让他烦不胜烦，于是常常在不耐烦之时，便把奏章交给慈禧处理。

※ 咸丰风流荒淫，国事尽托慈禧

为了躲避朝政和大臣的骚扰，咸丰帝索性住进了圆明园，圆明园本是皇家行宫，皇帝一般三四月才入园，然后八月往热河木兰秋狩。咸丰帝托言因疾颐养，一般正月便入园，终年留在园中，连朝政处理也搬到了这里，慈禧也随皇帝入园居住。在圆明园少了宫中的祖法约束，咸丰帝恣意纵情，玩得不亦乐乎。

清宫祖制满汉不联姻，据载，孝庄太后曾在宫门外竖了块铁牌，上书："敢以小脚女子入此门者斩。"但在顺治、康熙、乾隆等朝，后宫中都有汉族女子的倩影。咸丰帝玩腻了满蒙女子。一个奸佞大臣便阿谀逢迎，暗中挑选了10多名年轻貌美的汉女充盈宫室。咸丰帝把她们安置在圆明园各处的楼台亭馆中，备受宠幸的有"四春娘娘"：牡丹春、海棠春、武陵春、杏花春。她们个个风姿绰约、艳丽超群。

咸丰帝终日拥娇爱翠，莺歌燕舞，把圆明园当作了销魂之所，忙得乐不思蜀。

咸丰帝还钟情于一位寡妇曹氏，山西人，长得秀美娇艳、妩媚动人，一双纤纤细足，配上明珠鞋履，行动处摇曳多姿，咸丰帝对她宠爱备至。他随身携带春药，或宫内随处都放置春药以备不时之需，尤其是圆明园内，处处是他春风一度的如意场。翰林丁文诚有一次被召到圆明园觐见，因为提早到达，小太监将他引至一个偏殿中等候。丁文诚见茶几上白玉盘中有几颗葡萄紫绿硕大，忍不住尝了几颗。几分钟后阳物暴长，他情急生智，卧地喊痛，这才躲过一窘。

咸丰帝日日春宵，只恨时日太短，奏章处理总是一再拖延，大臣们叫苦不迭。圆明园里到处是渴望恩宠的青春女子，咸丰帝只恨分身乏术，这时慈禧的重要性更加凸显出来了，咸丰帝干脆把不甚重要的奏章全部交给慈禧处理，尽可能地节省时间去游园玩乐，但重要奏章不是大臣们三催四请，总是批不下来。慈禧总能在关键时刻为咸丰帝救急，帮助他处理他不想看到的政事。《崇陵传信录》记载了这样一件事："时洪杨乱炽，军书旁午，帝有宵旰劳瘁，以后书法端腴，常命其代笔批答奏章，然胥帝口授，后仅司朱而已。"

南方的太平军兵临武汉时，湖北巡抚几次向朝廷告急，要求增派援兵。武汉是九省通衢之地，扼南北，通东西，地理位置十分重要，当时太平军步步紧逼，清军节节败退，随时有城破的可能，奏章几天都没有批下来，大臣们急得如热锅上的蚂蚁，可咸丰帝与他的嫔妃们还在笙歌燕舞。大学士潘祖荫等干脆跪在圆明园请旨，咸丰帝这才不情愿地审阅奏章，可这时太平军早已将武汉收入囊中，准备沿长江而下，正威逼江西九江。当时八旗、绿营等正规军在太平军面前一触即溃，根本不堪任用，军机处提供的建议都欠妥，咸丰帝也一时没了主意。慈禧早已听说了此事，便到咸丰帝的御书房来。

此时咸丰帝心中烦闷，愁眉不展，坐立不安，慈禧轻轻走过去，为其捶肩揉背，温言宽慰，咸丰帝心中舒展了不少，当然免不了一番抱怨。慈禧静静地听完事情原委，开始向咸丰帝提建议，说大敌当前，要暂时抛弃满汉观念，大胆任用曾国藩的湘军，先躲过这一劫，以后再来剪灭曾国藩的羽翼不迟。

咸丰帝一听如醍醐灌顶，幡然醒悟过来，下旨命湘军前往收复失地，这样，慈禧的角色便从咸丰帝的宠妃开始变为大清帝国的决策者。

曾国藩像

　　军机处奏折则关系军国大事，咸丰帝必须朱批具体指示方略，要皇帝亲自动手。但依慈禧的机敏与聪慧，很快就对朝政运作、君臣分际，了然于胸，这为她以后的执政打下了坚实基础。当第二次鸦片战争向纵深发展的时候，英法联军突破了清军道道防线并攻陷天津后，北京门户洞开，天子之都暴露于侵略军的炮火之下，如何应对这百年未有的变局，是考验一个统治者是否具有雄才大略的关键时刻。我们不妨对比一下咸丰帝与慈禧的表现。

　　《崇陵传信录》记载："英法联军突破了清军道道防线并攻陷天津这日，正逢咸丰帝在圆明园与后妃共宴。酒至一半，军机处奏报：英、法联军已陷天津。咸丰帝顿时痛哭不止，皇后钮祜禄氏与诸嫔妃哭成一团，只有慈禧一人走向前来对痛哭不已的皇帝建议：'事危急，环泣何益。恭亲王素明决，乞上召筹应会之策。'"巨变面前，咸丰帝的懦弱、无主见暴露无遗，在他痛哭与束手无策之间、在寻求逃避国家巨变的危难时刻，慈禧却有着与咸丰帝截然不同的表现，冷静、沉着、敢作敢为。这也说明这时的慈禧已然具备了处理朝政的能力。

　　咸丰帝还是个典型的戏迷，爱看戏爱唱戏，有时甚至自己也粉墨登场。清朝自乾嘉时期以来，常以场面浩大恢宏的宫廷演剧活动来炫耀歌舞升平的太平盛世景象，后将戏曲演出列入朝廷仪典定制，这也造就了京剧的出现和大发展。皇宫内有御用戏班，有时一天三场大戏，咸丰帝看得意犹未尽，还要求嫔妃太监替他演戏，他自己做导演，在一旁看得乐不可支。1860年第二次鸦片战争爆发，英法联军突破天津大沽口时，僧格林沁的部队节节败退，圆明园却在张灯结彩、锣鼓喧天，大臣们与皇室在一起赏戏三日。军机处的大臣们如坐针毡，不时敲敲咸丰帝的边鼓，咸丰帝迫于无奈，急匆匆地作出大致处理意见，便叫慈禧在奏章上酌量施朱。

　　后来英法联军进逼，咸丰帝仓皇逃往热河，躲进避暑山庄。在圆明园被掠夺、焚毁，丧权辱国的《北京条约》签订，国家、百姓陷入空前危难之时，他却"着升平署三拔至热河"先后把京城内府伶人200多名调到避暑山庄来给他演戏。

被英法联军破坏后的圆明园残迹

　　次年七月是咸丰生命的最后时刻，从初一至十五，山庄里唱了11天戏。据升平署档案，当时演出剧目多数是由外间伶人新带进的民间流行的二黄戏。咸丰对此兴趣之浓，表现在当时宫廷按例要演的节令戏，如七夕的《仕女乞巧》、十五日中元节的《佛旨度魔》等都停置不演而换二黄戏，这些对慈禧喜好西皮二黄戏产生了至关重要的影响，也使她亲睹了"外学、宫外艺人之盛"，虽然当时在热河不到一年的时间内，山庄演出的320余出戏目中，属于乱弹的二黄戏等只占三分之一，昆、弋两腔剧占三分之二。

除喜欢看戏外，咸丰帝还爱酒贪杯，一饮即醉，一醉便闹，大耍酒疯，每次喝醉必然迁怒于内侍宫女，甚至宠妃。如果被迁怒的女子能幸免于死，咸丰帝醒后悔悟，对妃嫔则必定宠爱有加，对宫娥太监则大加赏赐，可是不久又醉，故态复萌，弄得后宫人人自危。尤其是英法联军入侵后，他还连醉几天，只是宠幸妃嫔，毒打内侍宫女，不理朝政。慈禧倒经常能幸免于难，因为她聪颖过人，会避锋芒，再则咸丰帝还依靠她处理"麻烦事"呢。咸丰帝酒醒之后，见慈禧的处理得体妥当，下次便又放心再醉。

虽然不可过分夸大慈禧在咸丰朝政中的作用，但不可否认的是，慈禧是咸丰所有的妃嫔中唯一通满汉两种语言的，也是唯一有具体行政经验的，她是后宫中当之无愧的智多星。是凤凰总是要栖上枝头，慈禧缺乏的只是机会，也许此时她对咸丰早已失望，开始想办法为自己创造机会。

四 英法联军入侵 咸丰逃窜避难

　　咸丰帝刚过30岁，清帝国已经千疮百孔，朝廷内外各方势力更迭转换，朝廷以割地赔款来度日，换取短暂的和平，殊不知一场权力争夺的政治大风暴正在悄悄临近。

　　咸丰十年（1860）七月，英法联军屡败清军，兵逼通州。咸丰帝又气又急，同意英使入京换约，但要求使臣递国书时需行跪拜礼。试想马戛尔尼觐见乾隆帝尚且不肯屈膝，英使如今胜券在握，又岂肯称臣？谈判中止，双方再次兵戎相见，北京防线一溃千里，仍在圆明园醉生梦死的咸丰帝听到噩耗，惊慌失措，恨不得立马拔脚便逃，这引起了一些大臣的强烈反对。大学士周培祖冒死质问："国君应与社稷同在，你逃往哪儿？"惇亲王奕誴、恭亲王奕䜣、醇郡王奕譞等宗室抱足苦谏，但恐惧还是战胜了江山社稷和天下子民，咸丰帝走意已决。正当他又羞又恼时，肃顺、端华等大臣支持了他外逃的计划，咸丰帝如找到了依靠，迅即开往热河承德行宫。

　　这样，肃顺就成了外逃热河直到咸丰帝去世期间咸丰帝的肱股大臣。肃顺，清末满洲镶蓝旗人，宗室贵族，爱新觉罗氏，字雨亭，嘉庆二十一年（1816）十月初八出生于郑亲王府，为郑亲王乌尔恭阿第六子，郑献亲王济尔哈朗七世孙。

　　肃顺少时不愿读书，也没有什么谋生的技能，长大后只是以帮人做事为由骗人酒食。"戚党鄙之。而其状貌魁梧，眉目耸拔，见者亦知其必猎功名，而以亡赖，人莫敢近也。"只有同学墨裕怜悯他，时时接济他。一个数九寒冬之日，肃顺只能盘辫御寒，因穷，他只能穿光板皮袄，毛接触皮肤不舒服，于是反穿着，牵着狗走在街上。他如此潦倒，却不在意，依然牵狗，一脸"我是流氓我怕谁"的悠闲，正好与墨裕相遇。墨裕见肃顺如此落魄，不由得皱着眉头问道："君自视似何等人？"肃顺说："一个流氓无赖罢了。"

墨裕问说："你觉得做流氓无赖很光荣吗？"肃顺说："就靠着无所顾忌的德行吃饭了，所以只会耍流氓装无赖啊。"

墨裕见他说得在理，又欣赏他，之后便以闲散宗室的名义，为肃顺求得一职。

咸丰初年，经异母兄郑亲王端华和怡亲王载垣的推荐，"入内廷供奉"。不久，就成为咸丰帝最为依靠的核心力量，被授予户部尚书（相当于今财政部部长）协办大学士，御前大臣，署领侍卫内大臣、内务府大臣。肃顺凭借什么获得咸丰帝的信任和赏识呢？

肃顺自幼机敏多谋，敢于任事。入朝以后，他善于揣摩咸丰帝的想法。皇帝最希望大臣忠孝，因此他每每与皇帝谈论天下大事的时候，一定直抒胸臆，表现出"言无不尽"的忠诚，得到了咸丰帝的赏识。

道光年间，肃顺考封三等辅国将军，授委散秩大臣、奉宸苑卿。咸丰帝即位，擢内阁学士，兼副都统、护军统领、銮仪使。咸丰四年（1854），授御前侍卫，迁工部侍郎，历礼部、户部。咸丰七年（1857），擢左都御史、理藩院尚书，兼都统。英法联军入侵广州，肃顺反对恭亲王主和。咸丰八年（1858），调礼部尚书，仍管理藩院事，又调户部。咸丰九年（1859），力谏咸丰帝将受贿科场主考、军机大臣、文渊阁大学士柏葰斩立决。肃顺监斩，自此以后，"司文衡者懔懔畏法，科场清肃"。

咸丰十年（1860）5月，太平军攻陷苏常，肃顺力主重用汉族官僚地主胡林翼、曾国藩、左宗棠，用湘军镇压太平天国。咸丰帝准备调湖北巡抚胡林翼为两江总督，肃顺认为："胡林翼在湖北措注尽善，未可挪动，不如用曾国藩督两江，则上下游俱得人矣。"其为人时而极具远见，时而又鼠目寸光。如他看出慈禧之野心，建议咸丰杀之，可谓眼光独到，但英法联军来犯之时，他力劝咸丰帝置国际公约于不顾，绑架外交使节巴夏礼，却是鼠目寸光之举。

胡林翼像

1860年9月，清政府和英法联军谈判，谈判过程中，驻防通州的蒙古科尔沁亲王僧格林沁突然接到上谕，令其逮捕英国公使巴夏礼，并押解进京。这种公然逮捕外国使节的做法不仅在中国这个礼仪之邦过去从未有过，也是一起严重违反国际公约外交事件。最终此事导致了通州谈判的破裂，英法联军兵临北京，火烧圆明园。咸丰帝为什么会在谈判过程中突然命令僧格林沁逮捕外国使臣呢？据说这是肃顺向咸丰帝上过一道密折，提出了挟夷使以退夷兵的做法，即在通州谈判过程中派兵扣押英法使臣，迫使联军退兵。这种严重无视国际公约的做法，不仅遭到了恭亲王等大臣的强烈反对，也导致了第二次鸦片战争的扩大化。而逮捕巴夏礼是肃顺上的这道密折所致还是另有原因，这恐怕又是一个有待解开的历史谜题了。

　　为解决清政府财政困难，肃顺主张发纸币、铸大钱，增加通货，促进市场经济。肃顺最早提出应停止对旗人的供养，相传肃顺鄙视满人，常说"咱们旗人浑蛋多""满人糊涂不通，不能为国家出力，唯知要钱耳！"但对汉人十分尊重，说"汉人是得罪不得的，他们那支笔厉害得很"，因而他的身边笼络了一批有才干的汉臣。其用人不因民族，唯贤是尚，提拔重用郭嵩焘、尹耕云、王闿运、高心夔、曾国藩、胡林翼、左宗棠等汉族人才，"平时与座客谈论，常心折曾文正公之识量，故文忠公之才略"。

　　肃顺对外国侵略者疑惧颇深，想要维持"天朝"尊严，对侵略者的过高要求不肯应允，甚至起而抗争。第二次鸦片战争中，肃顺参与对外交涉的决策。1857年英法联军入侵广州时，在咸丰帝面前，"（奕）䜣主和，（肃）顺主战，哄于御前不能决"。

　　肃顺是一个比较有争议的人物。《清史稿》对他颇多微词。但是近来研究发现肃顺有许多作为值得赞赏。铁腕吏治整肃官场政风。果断处理"戊午科场案"、户部宝钞案，"求起积弊于衰靡之世"。对外英法联军态度强硬，1859年，清政府与俄使伊格纳切夫在北京谈判，他对俄国主官伊格纳提耶夫签订《瑷珲条约》的贪婪要求也给予痛斥，把未经批准互换的《瑷珲条约》文本，"掷于桌上"，宣布这是"一纸空文，毫无意义"，史评其"才识在满大臣中实无其比"。

　　肃顺以刚毅果断著称，历任御前大臣、总管内务府大臣、户部尚书、协办大学士等职。深受咸丰帝的信任和重用，与其兄郑亲王端华及怡亲王载垣相互倚重，煊赫一时。

　　还在英法联军刚刚突破通州防线时，咸丰帝被远处传来的隆隆炮声吓得惊慌失措，他一直深居皇宫，何曾见过这阵势？于是下令"北狩热河"。因为事出突然，一些嫔妃无车可坐，咸丰帝也顾不得往日温情了，下令将她们滞留圆明园，英法联军入园时，她们全部投水自尽。

　　逃难的过程中，因为条件艰苦，主管大臣肃顺成了众矢之的。咸丰帝向热河逃难的第一天，晚饭只吃到了烧饼、老米膳、粳米粥等粗粮，到第二天早上才喝到一点猪肉片汤。连平常吃惯山珍海味的皇帝都吃不到好东西，别人可想而知，大家只能喝豆浆。不当家自然不知柴米贵，一向娇生惯养的嫔妃们见条件艰苦，一味迁怒于肃顺。嫔妃们纷纷猜测，肃顺本人花天酒地，却只给皇后供应素菜。慈禧入宫近十年，早已习惯了锦衣玉食，何曾受过这种颠沛流离的苦，因为坐的车太不舒服，要求换辆好点的，肃顺骑在马上严肃地说，现在兵荒马乱，什么时候了，有一辆车就不容易了。

承德避暑山庄景色

好不容易到了热河承德避暑山庄，咸丰帝还是又惊又怕，夙夜忧叹，难以入眠，更加沉湎声色，加上体质孱弱，渐渐病入膏肓。北京城的战事已经尘埃落定，上百年皇家园林毁于一旦，祖宗基业在他手中变得支离破碎，咸丰帝肝胆俱裂却无计可施，他不愿回转京城面对满目疮痍，宁愿背负骂名继续留在热河纵情声乐，在天昏地暗中享受他人生最后的疯狂。

庸主在位，必出权臣。咸丰帝无心政事，热河的大权把持在以肃顺为首的权臣手中，于是肃顺俨然成了帝国第一重臣。

130

五

肃顺慈禧斗法
慈禧弄巧成拙

　　战事刚定，热河物资缺乏，咸丰帝和随之而来的妃嫔每日清汤寡水，必然日久生厌，后宫妃嫔把所有积怨全部发泄到肃顺身上。为了维持皇家礼仪，咸丰帝的膳食依然维持 20 多个菜的宏大场面，皇后曾建议咸丰帝削减，咸丰帝本不情愿，最终勉强答应，肃顺等人却将其驳回，这引起了皇后的不满。

　　咸丰帝还令肃顺等大举修葺热河，搜罗娼优，每日声色歌舞，身体自然每况愈下。后宫嫔妃把这一切罪责归于肃顺，指责他是为了蒙蔽圣听，好把持热河朝政。三人成虎，流言累积，肃顺成为后宫的矛头所向。

　　慈禧在咸丰帝疏于朝政的时候，帮助皇帝批阅奏章，甚至有时以她的建议和主张影响皇帝的决策，这一违反祖制和家法的行为，必然引起朝中拥有实权的军机大臣和御前大臣的不满。于是以肃顺为首的权臣们开始注意慈禧，并向咸丰帝进谏防止这个女人干预朝政。

　　在古代，女人干政向来被视为"牝鸡司晨"，牝鸡即母鸡，司晨打鸣是公鸡的事，如果母鸡为之，就说明是母鸡在做不该做的事。如有"母鸡司里，唯家之索"这句话，大意是母鸡不必为早晨打鸣。如果母鸡为早晨而打鸣，那么这个家就要败落。这里是以母鸡比作女性，是说女性不应代替男子主事，否则就会使事情弄糟。女人更不能

参与国事，否则就会祸乱国家，历史上的吕后、贾南风、武则天早已给出证明。

慈禧自咸丰二年选秀入宫，无论是调经生子，还是帮助皇帝批阅奏章，她的种种努力只有一个目的，那就是享有权力带来的尊严和快乐。当她由嫔一步步升为贵妃的时候，当她帮助咸丰帝朱批奏疏的时候，她才真正领略了至高无上的权力能使千万人或喜或忧的魔力，也许正是从此开始，她有了掌政的想法。

在热河行宫，肃顺弄权揽政也引来了许多冲突，于是同样野心勃勃的慈禧成为了他的重要对手。英法联军侵华时，肃顺等力主逃往热河，慈禧表示反对；《北京条约》签订后，慈禧劝说咸丰帝早返京城，而肃顺坚持继续留在热河疗养；咸丰帝此时重病在榻，慈禧又力劝咸丰帝召肃顺的宿敌恭亲王至热河。肃顺和奕訢基本是政敌，于是又因之视慈禧为眼中钉，便也常在咸丰帝跟前说慈禧的不是。

慈禧在不露声色、谈笑风生间已将至高无上的皇帝牢牢掌握在自己手中，名分上成为后宫中仅次于皇后钮祜禄氏的第二位重量级人物，但实际却比皇后更有分量。与忠厚、质朴的皇后截然不同的是，慈禧对于前殿男人间权势之争夺、大局之掌控有着更为敏锐的感觉和判断，她不断地将在后宫与嫔妃争斗的经验渗透到太和殿那属于男人一统天下的世界中。

慈禧有着自己所独具的性格和能力，那就是工于心计、自私自利、阴险狠毒、敢作敢为，这是一般女人都不具备的素质，即便肃顺与之相比，也只能屈居下风。

肃顺和慈禧究竟谁是谁非，无论是只为慈禧辩解的清宫档案，还是心向肃顺的某些民间野史，都没有十足证据在这些细节上明辨是非，但无可辩驳的是，一向弄权揽政的肃顺遇到了嗜权如命的慈禧，一场殊死搏斗是在所难免的。

还在刚去承德行宫之时，一个阳光明媚的春日，咸丰帝与众妃嫔泛舟湖上。慈禧见咸丰帝兴致很高，想到自来承德以后咸丰帝对自己的种种猜疑和冷落，决计在皇帝面前表现一下自己，希望能弥补嫌隙。慈禧称自己曾生活于南方，有过驾船经验，一定要亲自操桨划船，咸丰帝玩兴正浓，立马答应。不料，慈禧撑篙不稳，船只发生侧翻，咸丰帝不慎跌落水中，湖上顿时一片慌乱。慈禧弄巧成拙，一时也慌了心神，不知如何应对。幸亏侍卫眼疾手快，很快将其救起，咸丰帝不但湿了衣服，还跌伤了脚，灌了几口水，弄得狼狈不堪，在众大臣妃嫔面前丢了面子，难免迁怒于慈禧，于是慈禧邀功不成反闯祸。

自热河开始，咸丰帝不再让慈禧处理奏章；自落水事件后，连慈禧提出的参政建议，咸丰帝也怀疑是别有用心。咸丰帝曾私下里对皇后说过，慈禧有干政的迹象，野心勃勃，不得不防。见咸丰帝起了嫌疑，肃顺觉得有机可乘，不失时机地落井下石，提醒咸丰帝努尔哈赤时期那个"叶赫灭清"的预言，目的是想借咸丰帝之手铲除这个潜在的最大政敌。

六

『叶赫灭清』预言
慈禧是否应谶

※ 叶赫灭族之仇，族女灭清以报

大清的历史至今仍有许多未解之谜，"叶赫灭清"预言便是其中之一。相传努尔哈赤灭叶赫部时，叶赫部首领临终前扬言，叶赫那拉同努尔哈赤不共戴天，只要叶赫那拉家族还剩一个女人，也要报仇雪恨。

20 世纪 80 年代中期，电影《火烧圆明园》风靡中国大陆。该影片以宿命论的观点，将大清的衰亡，特别是列强入侵和圆明园被焚，归咎于慈禧的专权及腐败；而又将慈禧的专权，溯源于慈禧的叶赫那拉家族与大清帝的爱新觉罗家族的历史宿怨。电影的开场白，便推出这样一段话："她（幼年慈禧）的祖姓叶赫那拉。那拉的原意是太阳，叶赫的原意是河边。这个家族的祖先布扬古同清太祖努尔哈赤曾经有过一场会战，布扬古让努尔哈赤杀死之前，曾经对天发誓：'即使叶赫那拉家族只剩下一个女人，都要报仇雪恨。叶赫那拉同努尔哈赤不共戴天！'"

努尔哈赤灭叶赫部的事发生在明万历四十七年（1619）。当时，大明国将关外东北各民族通称为"女真"。努尔哈赤属于建州女真的爱新觉罗家族。叶赫那拉家族所在的叶赫部属于海西女真，是海西女真四大部族之一，并曾成为东北女真中势力最强大的一支。建州的爱新觉罗家族同叶赫部的叶赫那拉家族有着复杂的世代姻亲关系，努尔哈赤的生母就是叶赫那拉家族血统，努尔哈赤还娶了数个叶赫那拉家族的美女做妻妾，其中一位叶赫那拉妃子生下了皇太极。晚明时女真各部族之间经常相互征伐，叶赫那拉家族统治的叶赫部同爱新觉罗家族统治的建州部都想伐灭女真各部称霸东北，两个部族之间明争暗斗，时战时和，联姻实际上也只是一种斗争谋略。晚明时，智勇双全的努尔哈赤所战披靡，迅速兼并了除叶赫部以外的东北女真各部势力，并于明万历四十四年（1616）春正月称帝，建元天命，定国号为"金"（史称"后金"，以别于宋时的金国）。

后金天命三年（1618 年，明万历四十六年）四月十三日，努尔哈赤誓师伐明，向大明国正式宣战，随后发兵连克大明关外数城。受挫的大明国决定发动一场大规模的围剿战争，企图一举消灭后金政权。

努尔哈赤像

大明从浙江、江西、四川等地调遣军队驰援辽东，并争取到叶赫部及朝鲜国出兵相助，于明万历四十七年（1619）二月，以数十万大军兵分四路围剿后金。努尔哈赤面对强敌毫不畏惧，在萨尔浒同大明军展开决战。努尔哈赤集中兵力，采用声东击西、各个击破战术，经数日驰战，以少胜多地先后逐个击败大明的四路围剿大军，取得了辉煌的胜利，并从此结束了大明控制东北的历史。

努尔哈赤取得萨尔浒战役大捷后，以叶赫部助明攻己为由，于同年八月发大兵攻克叶赫部首领世居的叶赫东、西二城，结束了叶赫部统治的历史，完成了统一女真的历程。努尔哈赤灭叶赫部时，叶赫那拉家族的两个首领金台石、布扬古共同统治着叶赫，并分别居住在叶赫部的两座势成犄角的城市东城和西城。两位首领均在本城被破后被杀。叶赫灭清预言相传就是其中一位首领临终前发出的誓言。

清亡之后，人们总以叶赫那拉氏慈禧太后专权令晚清几代爱新觉罗皇帝全成傀儡并均无子继统，以及大清帝国最后一位皇后叶赫那拉氏隆裕皇太后签署清帝退位诏书宣告大清亡国的事实，去印证叶赫灭清预言的"灵验"。

※ 金台石预言，慈禧助实现

2006年，吉林省四平市出版了《话说四平》一书，收录了近年来四平当地文艺工作者收集、编写的一些民间故事、传说。四平是叶赫那拉家族的祖居地，该书有两篇传说故事分别写到叶赫部被努尔哈赤剿灭时叶赫部首领发出过毒誓。在《叶赫贝勒宁死不降的呐喊》一篇中写道："金台石三次拒降……面对努尔哈赤，叶赫贝勒金台石大呼：'我叶赫那拉，就算只剩下一个女人也要报仇！'努尔哈赤只好让人把金台石勒死了。"在《门出叶赫那拉的三皇后》一篇中写道："当年清太祖努尔哈赤攻打叶赫时，杀戮甚惨，叶赫部首领金台石在临死前曾说：'叶赫部就是只剩下一个女子，也要灭亡大清！'"

2006年，北京故宫图书馆馆长向斯在其新出版的《女人慈禧》一书中，也以《引子：先祖神秘誓言》开篇，将全书从这则叶赫部首领的毒誓提起，然后再去展开慈禧的一生故事。向斯在《引子：先祖神秘誓言》下提到了三则"有关史料"，写道：《清光绪帝外传》称：叶赫部长布扬古，临终前愤然留下遗言：吾子孙，虽存一女子，亦必覆满洲！因此，清朝祖制规定：宫闱不选叶赫女子。《慈禧太后演义》称：叶赫金台石，临刑前厉声说：我生前不能存叶赫，死后有知，定不使叶赫绝种！无论传下一子一女，总要报仇雪恨！

第三本是一部名叫《瀛台泣血记》的书，又名《光绪秘记》。作者德龄（约1884—1944），女，汉军正白旗人，为裕庚之女。幼时与妹容龄随父母宦居欧洲多年，1903年初回国，姊妹俩同入清朝宫廷，为慈禧太后贴身女官。1905年因父亡出宫。后与美国驻沪副领事结婚，随夫去美。1927年至1935年曾回国小住。抗日战争时期，在美参加"中国之夜"等募款活动。后在加拿大遭遇车祸致死。德龄生前以其在清宫之所见所闻，用英文写成《清宫二年记》《御香缥缈记》《瀛台泣血记》等书，被译成中文出版后，在国内曾经轰动一时，对了解清朝末期历史有一定的参考价值。在《光绪秘记》一书中，德龄写道：

在历史上可以看到不少起初觉得毫无价值的诅咒，到后来竟会极神秘地应验起来。叶赫那拉和清廷皇室嫡系间的仇恨，其起因也是由于一句很空泛的诅咒，但后来是应验得多么灵异啊！究竟这一句诅咒是在什么时候说的，现在也没有确切的日子可以查考了，只知道是在满清入关以后的初期发生的。老佛爷，我们的皇太后慈禧，就是叶赫那拉这一族的人；因为叶赫那拉这一族的人向来是被认为不忠于皇室的危险分子，所以她老人家贵为皇太后，实在是万分不孚众望的事。满洲人向来有所谓九旗子弟的区分，这些区分是皇族，白旗——帝王以下的武将们；正黄旗——高级军官们；蓝旗——朝廷中的普通官员；以及赤旗——全是一些普通阶级的人民与士兵。叶赫那拉的一族是属于正黄旗里头的，正黄旗人的声势固然比较别旗的人要高一些，而他们的强悍不驯也是众所共知的事实；在他们的中间，尤其要算叶赫那拉的一族野心最大。

当 1644 年满清入关之后，有一年，突然发生了一件企图危害皇室的阴谋，它的主谋者就是叶赫那拉族的一个人。他想扩张他自己一族的权势，用武力篡夺皇位。这件事在普通人看来，当然是叶赫那拉一族的人的叛变，但是在几个熟悉满洲历史的人的心目中，这也是一种冤冤相报的因果关系。

原来最初的时候，叶赫那拉是满洲各部落中最高贵的一族，他们本来是始终处于领袖的地位的，但是后来满清皇室的一系突然强盛起来了，竟把他们硬生生地压到了下面去，一直到进关来打平天下，这叶赫那拉的一族便永远做了皇室一系的奴隶；可是他们心理上是万分不甘的，而皇室方面，对于他们也未免觉得很不放心，所以后来一听到这个阴谋不轨的人是属于叶赫那拉一族的，便立刻信以为真了。

可是这个人自己却极口的否认，无奈大家都不相信他，终于把他逮捕了起来，不久就宣判他企图谋反属实，并且决定处以最残酷的火刑。当他被押赴刑场的时候，他还是一路不断地高喊着冤枉。无情之火终于在他脚底下燃烧起来了，他用着最后的一口气，在烈焰中发出极惨厉的声音来，宣布了他复仇的誓言："有一天，叶赫那拉的子孙是一定要向清室的子孙算账的，到那时候，他们就不能不落在我们的手掌里了！这个报应是他们一定要受到的！"

这誓言从此便深深地印入了每一个满洲人的脑海里。而他们这一族的人，从此也就不能再在朝廷上占到重要的地位了。因为依照当时的习惯，只要一族的人里头有一个人做了什么不名誉的事情，那么合族的人就要一起给人家轻视了，甚至后代的子孙，也永远不能洗尽这个耻辱……

叶赫那拉一族的前途就这样断送了，他们可以毋庸再希望别的一族的人能够尊敬他们；大家都相信他们所做的事必然对皇室不利的。

咸丰当初纳慈禧太后为兰贵妃的时节，大家都知道她是叶赫那拉一族的人，不过因为当初咸丰只是收她做一个妃子，所以大家都没有想到。当然，那时候是绝对不会有人想得到这个名位极平常的妃子，后来竟会变成统治全国的皇太后的。及至后来她生了同治，才渐渐有人先后记起了那个被烧死的叶赫那拉人在临死时所宣布的复仇的誓言，他们忧虑这句誓言也许会应验起来。到咸丰一死慈禧以皇太后的资格实行垂帘听政的时候，大家已经无话可说了，深信那几句誓言是完全应验了。他们觉得叶赫那拉一族的人，迟早定要对他们开始报复，而他们也只有无可抵抗地承受了。

那么慈禧本人对于她祖宗所说的这几句誓言，究竟有什么感想呢？这是很难说的。便是她的所以能够做到皇太后的地位，是否的确因为受了这几句誓言的神秘的影响，也没有人敢说得定。她自从进宫以后，便始终不曾提起过叶赫那拉这四个字，也没有跟哪一个人谈论过叶赫那拉一族和皇室结怨的事；但从她的行动来看，她的确在有意无意地实现着叶赫一族的诅咒谶言。

七

咸丰欲杀慈禧
皇后仁慈相救

　　咸丰帝对慈禧也并非没有戒心，但慈禧做事太隐蔽，所以咸丰并没有想到慈禧会做什么出格的事，所以并没有对慈禧作出合理的处置。

　　有一次，咸丰帝卧病在榻，肃顺侍立一旁。咸丰帝谈到对慈禧最近作为的种种不满时，肃顺劝咸丰帝效仿"钩弋夫人故事"，将慈禧杀害。

　　钩弋夫人是汉武帝晚年的宠姬，汉昭帝刘弗陵的生母。姓赵，生卒年不详，西汉齐国河间武垣县人（今河北省沧州市肃宁县窝北乡垣城南村人，另一说为河北省阜城县娘娘庙村人），传说她天生丽质，但却握拳不能伸展，汉武帝有一次巡狩过河间时，"望气者言此有奇女"，于是下令召见。果然如望气者所言，一会儿的工夫，随行官员就找到一位年轻漂亮的女子前来觐见，此女天生双手握成拳状已十多年，但依然不能伸开。武帝唤此女过来，见其双手果真是紧握拳状，武帝伸出双手将这女子手轻轻一掰，少女的手便被分开，在手掌心里还紧紧地握着一只小玉钩。随后，武帝命人将此女扶入随行的辎车，封为"拳夫人"，将其带回皇宫，后被封为婕妤，即赵婕妤，居住于甘泉宫中，她的宫殿被命名为钩弋宫，所以也称"钩弋夫人"。汉武帝太始三年（前94年），赵婕妤生子，取名弗陵，号钩弋子，即为汉昭帝。据说弗陵和上古尧帝一样是怀胎十四月而生，于是称其所生之门为尧母门。

早在征和二年（前91年）时，发生了著名的"巫蛊之祸"。皇后卫子夫、太子刘据因受苏文、江充、韩说等人诬陷不能自明而起兵，兵败后自杀。之后武帝一直没有立太子。

武帝一生有6个儿子，次子齐怀王刘闳早逝，"巫蛊之祸"后，可以继承皇位的共有4人。燕王刘旦在刘据死后上书自请入京，希望立为太子，武帝大怒，削其三县。广陵王刘胥为人骄奢，好倡乐逸游，为武帝所不喜。昌邑王刘髆是李夫人之子，李广利的外甥。李广利和丞相刘屈氂是儿女亲家，公元前90年，二人一起策划谋立刘髆为太子，事发后李广利投降匈奴，刘屈氂被腰斩。公元前88年正月，即汉武帝去世的前一年，刘髆去世。刘弗陵作为最为年幼的儿子，"壮大多知"，极像武帝少年之时，值得期待。武帝有心立之，却因其年稚母少，恐女主颛恣以乱国家，犹豫不决。

褚少孙在《史记》里补记道：武帝在甘泉宫让人画了一张周公背成王朝见大臣的图，并赐给奉车都尉霍光，于是左右大臣知晓武帝预立少子为太子。数日之后武帝斥责钩弋，钩弋褪下簪珥连连叩头，汉武帝高声命令左右将钩弋夫人带走。钩弋夫人不解，回头用乞求的目光希望在汉武帝的神情里寻找到答案。汉武帝坚定地对她说："快走，你不能活！"武帝命人将其拉走送到掖庭（掖庭即后宫）狱，之后钩弋夫人被赐死于云阳宫。使者夜间抬棺将其下葬，并把她的住处封掉。

事情过后，汉武帝问左右人："外面如何看待我杀钩弋夫人的事情？"左右人回禀："人们都说，既然立她的儿子为皇嗣，又何必杀了他的母亲？"汉武帝长叹道："这是无奈却必做之举啊，哪里是你们这些庸人所能明白的。以往国家之所以出现动荡，多半是因为主少母壮！女人主政，恣意而为，不能禁止。难道你们没有听说过高祖死，吕后专权，为害一时吗？杀其我亦不忍，此虽不义之举，但前车之鉴，我不得不先去掉母后擅权的隐患啊。"

后元二年（前 87）春，武帝在弥留之际立刘弗陵为太子。拜奉车都尉霍光为大司马大将军。四天后武帝驾崩，年仅 8 岁的刘弗陵即位，是为汉昭帝。

由此开始到了南北朝时，立子杀母竟成为惯例，如北魏，后宫产子将为储贰，其母皆赐死。史官认为，汉武帝立子杀母是出于为国家安定的力量权衡，北魏当成制度是矫枉过正。

但杀戮都是血腥和可怕的，历代后宫女人最怕听到钩弋夫人的故事，现在慈禧得知咸丰帝有仿效汉武帝杀钩弋夫人之事，便吓得整日忧惧难安。

皇后慈安生性善良，不忍让慈禧母子分离，便主动回避，让慈禧日夜抱着儿子在咸丰帝病榻前哭泣，以求得咸丰帝的同情。却不想慈安的仁慈，却在后来让慈禧要了慈安的命。

慈禧的求情让咸丰帝烦躁不已，他看着昔日的宠妃，回想起往日的种种柔情，想到她为皇室诞下唯一的子嗣；他又看了看年幼的儿子，小载淳一副泪眼婆娑的样子，咸丰帝忍不住一阵心痛，不忍心儿子失去生母；或许病中的咸丰帝也意识到汉武帝即使杀母留子，避免了母后专权，却无法避免丞相霍光专政，这一定是汉武帝下决心除掉钩弋夫人时不曾预料到的。咸丰帝了解肃顺一意孤行的特点，所以他也担心，慈禧一死，刚愎自用的肃顺会像清初的鳌拜那样专权擅政，他需要富有谋略的慈禧来制衡肃顺等权臣，所以把此事搁了下来，这让慈禧逃过一死，却给之后的中国历史带来了巨大的负面影响。

第六编

咸丰驾崩承德
慈禧发动政变

慈禧太后像

光绪皇帝载湉像

一 咸丰驾崩 八臣辅命

中国的封建历史社会基本是男人执政的，但也有不少时期是女人在执政。大凡女人掌政，常常是因为两个原因：

第一，皇帝无力处理朝政。汉盈帝时候，吕后强势，盈帝屈居其下，天下实际为吕后掌握；晋惠帝时候，因惠帝有痴呆症，大权由皇后贾南风把持；唐高宗时候，因高宗体弱，武则天便代其来处理朝政，后又在高宗死后称帝，自建武周政权。

第二，上一代皇帝死后，即位的皇帝年龄幼小，便由其母后辅政。如辽圣宗即位时年龄太小，母亲萧太后辅政，萧太后名萧绰，契丹名燕燕，辽朝皇太后，著名女政治家，辽景宗耶律贤的皇后。她是辽大臣萧思温的女儿，聪慧、美丽，有谋断。景宗即位时体弱多病，由她来辅佐。她选用贤德，励精图治，使衰落的辽朝呈现出全新的景象。983 年，年幼的圣宗耶律隆绪即皇帝位，年仅 30 岁的萧太后执政，在圣宗年间，辽朝君臣一心，使辽朝进入鼎盛，这与萧太后是分不开的。萧太后不仅治国有方，还用兵有道，在景宗时，宋朝大军逼近北京。她指挥三军，赏罚分明，任用"战神"耶律休哥为大将，为辽朝在高梁河之战的胜利立下汗马功劳。辽朝历代皇帝都对萧太后评价极高。1009 年，太后去世，时年 57 岁。圣宗以天子之礼安葬萧太后，并表彰她对辽朝作出的伟大贡献。由于聪明干练，知人善任，萧太后帮助辽圣宗成就了辽的强大。

萧太后像

中国历史上历朝历代几乎都有太后辅助小皇帝执政的事情，清朝也一样，当年清帝刚入关时，孝庄皇太后扶植儿子顺治帝即位，为此不惜下嫁摄政王多尔衮，顺治帝死后，孝庄又扶持了孙子康熙即位并顺利执政，可以说，在顺治和康熙前期，大清朝的执政者就是孝庄皇太后。那么，慈禧有这样的机会吗？从表面来看，慈禧似乎暂时没有这样的机会与可能。虽然她拥有咸丰帝唯一的儿子载淳，且儿子年龄尚小，但咸丰帝诞育皇儿的时候只有 26 岁，正值青壮年，尽管从咸丰六年（1856）皇帝就"身倦体弱"，不时卧病，身体绝不能用硕健来形容，可也能正常处理朝政。依据常理，没有特殊的情况出现，慈禧在很长一段时间里都不具有参政、议政的机会，更不具备走向权力巅峰的条件。但慈禧是何等狡诈，她比谁都清楚她的丈夫咸丰帝是身处忧患之中，却无所作为、风流成性的天子。咸丰帝在位的 11 年里，没有一天是平安无事的，内忧外患无一日不在。咸丰帝即位不久，咸丰元年（1851）元月就爆发了太平天国农民起义。虽然他竭尽全力地镇压，可太平军却一路攻城略地，并在南京建立了太平天国。要不是太平军出现内讧，咸丰帝还真难获得喘息的机会。正在咸丰帝镇压太平天国之时，英、法两国于咸丰六年（1856）再次对华宣战，史称"第二次鸦片战争"，战争步步升级，它时时掣肘着年轻皇帝的对外决策，使他陷于无所适从的境地。

国家内忧外患，咸丰帝却无所作为，是因为他没有迎接挑战的勇气，也不具备力挽狂澜的能力。咸丰帝没有政治家的韬略和军事家的远谋。面对英法联军的肆意挑衅，咸丰帝没有抗战到底的决心，也没有讲和以图后进的计策，而是在战和之间举棋不定。当战争爆发前夕，咸丰帝却在圆明园庆祝他的三十寿辰：在正大光明殿接受百官朝贺；在同乐园连演四天庆寿大戏。当英法联军突破大沽口、攻占天津后，他却束手无策，与嫔妃们在圆明园抱头痛哭。最后，索性将烂摊子留给恭亲王奕䜣，自己率领朝臣及嫔妃逃至承德避暑山庄。

国家的内忧外患，并没有激励起咸丰帝的斗志，咸丰帝风流成性，他沉溺女色、不思进取。慈禧非常清楚咸丰帝一直纵情声色，使本已羸弱的身体更加每况愈下，不但面呈黄色，而且屡咳不止。御医建议常饮鹿血，既可以治病，又可以壮阳。为此，圆明园里饲养了许多鹿，每天都为咸丰帝取血。然而逃亡承德后，咸丰帝不去筹划如何振兴国家，而是纵情女色、嗜酒如命，更加肆无忌惮地寻欢作乐。慈禧知道，以咸丰帝目前的生活状态和身体状况，他的生命不会维持太久。也许在此时，她便为咸丰死后的将来做好了打算。

咸丰帝到承德未及半年就病倒了，咸丰十一年（1861）时，他大多时间都缠绵病榻，但只要偶有好转，他便饮酒、宠幸妃嫔、大肆赏戏。他总是要玩得尽兴而眠，想到国事繁多，时局难以预测，他内心狂躁，无法宁静，只能用酒精、鸦片来麻醉自己。

七月十四日，咸丰帝病情刚有起色，他便传热河官员一同到烟波殿赏戏，戏到深夜，他仍然意犹未尽，可此时他早已多日未曾进食，身体虚弱得如风中枯叶。两天后，咸丰帝终于油尽灯枯。咸丰十一年七月十六日（1861 年 8 月 21 日）午饭刚过，咸丰帝便晕厥过去，直到深夜才悠悠醒转，神智虽然还算清醒，但力气全无，他知道自己大限将近，身后事必须作出安排，可他连举笔的力气都没有了。晚饭后，他召见了自己最信任的八大臣，面授遗旨，将独子载淳立为皇太子，任命八大臣为顾命大臣。载垣等请咸丰帝用朱笔亲自誊写，以示郑重，弥留之际的咸丰帝不能握笔，便命辅臣承写：

其一，皇长子（载淳）立为皇太子；

其二，派载垣、端华、景寿、肃顺、穆荫、匡源、杜翰、焦佑瀛尽心辅弼，赞襄一切政务。

这份大行皇帝的"遗诏"确定了未来一段时间里的政权体制：小皇帝继立，八大臣"赞襄一切政务"的辅政体系。

八位顾命大臣的领袖人物是肃顺，另七人为怡亲王载垣、郑亲王端华、驸马景寿、兵部尚书穆荫、户部左侍郎军机大臣匡源、帝师杜受田之子工部侍郎杜翰、太仆寺少卿代草御诏焦佑瀛。下面除前面介绍过的肃顺之外分别简单介绍如下。

载垣：载垣为康熙第十三子怡亲王允祥五世孙，袭亲王爵。道光时，任御前大臣，受顾命。咸丰继位，为宗人府宗正，领侍卫内大臣。扈从咸丰逃难到承德避暑山庄。同端华、肃顺相结，资深位重，权势日涨。

端华：清开国奠基者舒尔哈齐之子、郑亲王济尔哈朗之后，乌尔恭阿子，丰讷亨孙。道光年间袭郑亲王爵，授御前大臣。道光帝死，受顾命。咸丰继位后，为领侍卫内大臣。扈从咸丰逃难到承德避暑山庄。端华与弟肃顺同朝用事。

景寿：景寿为一等公、工部尚书博启图子，满洲镶黄旗人。其先祖为一等诚嘉毅勇公明瑞，乾隆时进攻缅甸得胜而受封，世袭罔替。三传至景庆，死。弟景寿袭封。景寿为御前大臣、道光二十四年（1844），赐头品顶戴，在上书房读书，二十五年（1845）娶道光帝第六女寿恩固伦公主，后袭封一等诚嘉毅勇公。咸丰五年（1854）七月荐受蒙古都统，六年正月授御前大臣，赐用紫缰，寻授领侍卫内大臣。

穆荫：满洲正白旗人，字清轩，托和络氏。原是官学生，后考授内阁中书，充军机章京，迁侍读。咸丰元年，命以五品京堂候补，在军机大臣上学习行走。寻除国子监祭酒，故事，非科甲不与斯职，部臣执奏，特旨仍授之。历光禄寺卿、内阁学士，兼副都统。三年，粤匪扰河南、直隶，京师戒严，命偕僧格林沁、花沙纳、达洪阿办理京旗各营巡防事宜。迁礼部侍郎，署左翼总兵，寻调刑部。八年，擢理藩院尚书，兼都统，调兵部。1860 年，英法联军占领天津，兵部尚书穆荫与怡亲王载垣授命为钦差大臣，赴通州与英法联军和谈。谈判失败，清政府扣押英法谈判代表巴夏礼等 39 人，导致英法联军进逼北京。穆荫钦差大臣职务被撤，与咸丰逃往热河，躲进避暑山庄。

匡源：道光进士，军机大臣，字本如，号鹤泉，胶州人。出生于书香人家，自幼聪敏好学，才年思敏捷，认真刻苦。13 岁考秀才，文采卓异，擅诗文，号为神童。他少有大志，传世他题"世人多白眼，吾独上青云"诗句以自勉。24 岁中举人，34 岁成为皇太子的老师，还是一位有名的书画家。

杜翰：咸丰师傅杜受田之子。因咸丰感激师傅杜受田，授其子杜翰为军机大臣。翰力驳董元醇请两宫太后垂帘听政之议，受到肃顺等赞赏。

焦佑瀛：字桂樵，天津人，军机章京、军机大臣。清道光十九年（1839）举人，才华出众。咸丰十年（1860）九月，焦佑瀛正奉命在天津静海一带治团练，被召从幸热河。因他文笔敏捷，才干超群，又颇有见识，经肃顺推荐，是年十月，命在军机大臣上学习行走，为"挑帘军机"，实任军机大臣，当时皇帝诏书多出其手。

上述咸丰临终顾命、赞襄政务的八位大臣中，主要为两部分人：载垣、端华、肃顺、景寿四人为宗室贵族、军功贵族；穆荫、匡源、杜翰、焦佑瀛四人为军机大臣。

当时军机大臣共有五人，其中文祥兼户部左侍郎（尚书为肃顺兼），因上言力阻"北狩"而被留在北京，是军机大臣中唯一被排除

149

在赞襄政务大臣之外者。

咸丰任命顾命八大臣之后，八臣离开时，已是次日子时。咸丰帝喘上一口气来，觉得疲惫不堪，御医示意让他休息一下，所有人退到殿外等候。这是一个不眠夜，行宫内整夜灯火通明，后妃们不敢惊扰圣驾，在自己寝宫内焦急地等待召见，大臣们侍立在外殿，一步也不敢离开。

次日清晨，咸丰帝喝了些流食，状态稍有好转，立马召见了皇后。此刻，他才真正感觉到自己最信任的人是皇后慈安，他有些后悔往日对皇后的冷落，他真希望唯一的子嗣能是皇后亲生。皇后生性善良稳重，而慈禧足智多谋、心地毒辣，将来难免母以子贵，咸丰帝担心慈禧会对皇后不利、对江山社稷不利，将来说不定像吕后、武后一样女主临朝，大权独揽，他郑重地将一份手谕交给泪痕满面的皇后，再三叮嘱皇后："此后她如能安分守己，则罢；否则你可出示此诏，命廷臣传朕的遗命除掉她。"

后来慈禧揽权不幸被咸丰帝言中，只是这份密诏最终没能成为慈安太后的护身符，反成了她的催命符。狡诈多变的慈禧在慈安生病时，表演了"割肉作药引"的一出戏，感动得老实的慈安当面将遗诏烧掉。阴险毒辣的慈禧表面上对慈安感泣不已，实际上已起杀机，遂借向慈安进献点心之机，暗下毒药加以谋杀。

慈禧一样不信任肃顺等八大臣，肃顺刚愎自用，容不得异己势力，将来大权独揽，难免只手遮天，像鳌拜一样存有异心。为了防止权臣擅权，咸丰帝另外还交了一枚"御赏"印章给慈安。随后咸丰帝召见了一直等在宫门外的慈禧。慈禧抱着儿子小心翼翼地走到咸丰帝的病榻前，儿子载淳还不能理解眼前的一切，但他被行宫内悲戚的氛围感染了，闪着眼泪搂住父亲，用他的童言稚语安慰父亲。咸丰帝更加伤感，瘦弱的脸不时流下两行清泪。慈禧只是在一旁默默地流泪，咸丰帝将"同道堂"印章交给儿子载淳，暂时由生母慈禧保管，又很隐晦地叮嘱她不得效仿武则天，应安分守己，辅助幼帝。

慈禧对咸丰帝的警告几乎充耳不闻，她明白授予"同道堂"印章等于赋予她大权，她表面悲戚，内心狂喜，她要利用这枚印章为自己母子赢得更大的生存空间。咸丰帝规定，顾命大臣拟旨后要请两位太后盖上"御赏"和"同道堂"印章方能生效，但他没有明确彼此权力的大小。咸丰帝希望顾命大臣与两宫太后彼此制约，权力权衡，既避免权臣只手遮天，又防止后宫专政，年幼的皇帝平安长大后能顺利地接管政权。

安排停当后已到了次日午时，咸丰帝不免感到饥饿，想喝冰糖燕窝，却剧咳不止，又想喝些鹿血，太监飞奔出去取，咸丰帝有些无奈，他等的鹿血还在路上，他便无力地闭上了眼睛，再也不能睁开，年仅30岁的咸丰帝奕詝在烟波致爽殿驾鹤西去，顿时殿内哭声震天。当时载淳年仅6岁，慈安皇后25岁，慈禧27岁，热河行宫的行政大权落入了八位顾命大臣之手。

顾命八大臣虽然权力很大，但并不能单独左右天下，咸丰皇帝临终前的这一任命并没能正确平衡主要政治力量之间的关系，从而导致辛酉政变的发生，出现了皇太后"垂帘听政"的局面，让慈禧非常彻底地把中国拖入了深渊之中。

埋葬咸丰皇帝的定陵

咸丰皇帝临死前的安排确定了未来一段时间里的政权体制，就是慈禧的儿子载淳继立、八大臣"赞襄一切政务"的辅政体系。这一套漏洞百出的政权体制与顺治时期的"摄政王制度"以及康熙朝的"四大臣"辅政制度有何区别呢？其不足之处在哪里呢？下面简单介绍。

清太宗皇太极死后，豪格为长子，但皇太极的兄弟多尔衮势力较大，不同意豪格即位，于是多尔衮联合孝庄皇后，共举孝庄皇后的儿子福临即位，就是顺治皇帝。顺治时期，多尔衮原为辅政王之一，但他通过排除异己，自己成了大权独揽的摄政王，那就是他直接代表皇帝摄理政务，也就意味着多尔衮是那个阶段的无冕之王，为了笼络多尔衮，并保护儿子福临，维护其皇位，孝庄皇太后不惜以身下嫁多尔衮，终于维护了清初的政局稳定。

顺治帝死后，年幼的康熙即位，顺治帝安排了苏克萨哈、索尼、遏必隆、鳌拜四大臣辅政，康熙朝的四大臣辅弼制度是从旁辅佐皇帝处理政务，但由于人数较少，所以形成鳌拜一人专权的格局，好在有孝庄太皇太后暗中运筹平衡，鳌拜未能独掌大权，后康熙突然擒之，终结了鳌拜专权的局面。

可能在咸丰帝看来，摄政王制度的危险性更高，因为他自己也知道弟弟奕䜣的才干比他这个皇帝还要高，倘若托孤委政于奕䜣，不敢保证奕䜣不会取而代之，所以咸丰帝没有采用摄政王制度，而是效仿康熙朝采用了大臣辅弼制度，只是人数上由四人变为八人，希望能通过多人的互相牵制，杜绝"鳌拜式"专权的出现。

　　同时，咸丰帝鉴于康熙时期四辅臣觊觎皇权，致使大权旁落，将两枚随身印章"御赏"与"同道堂"分别授予皇后慈安和小皇帝载淳，载淳的印章由皇贵妃慈禧代用，作为皇权的象征。在皇帝年幼尚不能亲政时，由皇帝下达的谕旨，经皇后和小皇帝的同意后，开始时加盖皇后持有的"御赏"印；文末则钤印皇帝拥有的"同道堂"印，以解决皇后不能书写汉文，而皇帝又太小不能正常处理朝政的问题。

　　小皇帝只有6岁，无法正常处理政务，他的母亲慈禧理所当然地挺身而出，代表小皇帝执行保管钤印的职责。这就意味着在咸丰帝弥留之际，出于对皇权的长久考虑，还是把慈禧纳入到皇权的核心中来。慈禧通晓汉文，熟知一切朝政运作，皇后有她协助就会如虎添翼；八大辅臣虽然对慈禧颇有芥蒂，但在情在理他们都无法公然反对。于是，在朝政的运作上就形成了两宫太后代政和八大臣辅政兼而有之的体制。

　　由此可见，咸丰帝临终时人事安排的错误，就在于其没有重视帝胤势力和帝后势力，却只重视了军机大臣的权力，确是极为偏颇的想法。在咸丰死时，其父道光帝的9个儿子中健在的还有五阿哥敦亲王奕誴、六阿哥恭亲王奕䜣、七阿哥醇郡王奕譞、八阿哥钟郡王奕詥、九阿哥孚郡王奕譓等。在咸丰死时恭亲王奕䜣30岁、醇郡王奕譞20岁，都年富力强，是不可小视的帝胤势力。

　　大敌当前，咸丰皇帝和军机大臣、御前大臣、内务府大臣等，多逃到避暑山庄，几乎没有一个人身临前线。而恭亲王奕䜣、醇郡王奕譞都是空有爵位的闲散亲王、郡王，既不是大学士，也不是军机大臣，更不是御前大臣，却要挺身在第一线，处理那么一个烂摊子。诸位兄弟本来就对咸丰登上皇位心怀不满，且被免掉军机大臣、宗人府宗令、八旗都统，要往承德奔丧又遭到拒绝，特别是他作为咸丰皇帝的血亲而未列入"御赏""同道堂"章顾命大臣，于情于理，都不妥当。旧怨新恨，汇聚一起。况且，恭亲王奕訢不是孤立的一个人，他同诸位兄弟——没有官职的醇郡王奕譞等联合起来，同帝后势力联合起来，同朝中顾命大臣以外的势力联合起来，那将成为清朝一股强大的政治势力。

帝后势力方面，主要是6岁的同治皇帝和两宫太后——东太后慈安和西太后慈禧。他们虽是孤儿寡母，在帝制时代却是皇权的核心。咸丰在临终之前，特制"御赏""同道堂"两颗印章，作为日后颁布诏谕的符信。就是说，奏折"经赞襄大臣拟旨缮进，俟皇太后、皇上阅后，上用'御赏'下用'同道堂'二印，以为凭信"。这两颗印章，"御赏"之章，为印起；"同道堂"之章，为印讫（结束）。将"御赏"章，交皇后钮祜禄氏收掌；而将"同道堂"章交皇太子载淳收掌，因载淳年幼，"同道堂"章实际上是由其生母懿贵妃掌管。咸丰的旨意是在他死后，由皇后钮祜禄氏、懿贵妃叶赫那拉氏与八大臣联合执政，避免出现八大臣专权的局面，也避免出现皇后钮祜禄氏与懿贵妃叶赫那拉氏专权的局面。皇后钮祜禄氏与懿贵妃叶赫那拉氏的实权在八大臣之上，因为她们均有对于八大臣所决策军政大事不予盖章的否决权。显然，如果皇后钮祜禄氏与懿贵妃叶赫那拉氏不加盖"御赏"和"同道堂"这两颗起、讫之章，那么八位赞襄政务大臣是发不出"诏书"和"谕旨"的，赞襄政务八大臣之议决均不能生效。

相反，由内臣拟旨而不经过顾命八大臣同意，加盖"御赏"与"同道堂"两章即能生效。因此，帝后势力是朝廷中最为重要的政治势力。在对待顾命大臣的态度上，帝后一方同帝胤一方的利益是共同的，他们联合起来共同对付顾命八大臣。在朝臣、帝胤、帝后三个政治集团的政治力量对比上，显然帝胤势力与帝后势力占有优势。

赞襄政务八位大臣的共同特点是：满洲贵族（宗室贵族、军功贵族、八旗贵族）与军机大臣结合。从表面上看，这是一个权力平衡的结构，其实不然。因为咸丰没有把帝胤贵族的势力纳入到"赞襄政务"的权力系统内。比如说，用恭亲王奕訢"摄政"或"议政"

"御赏"和"同道堂"印

或"辅政"或"赞襄"，后来情况会不一样。当时奕䜣 30 岁、慈禧 27 岁，咸丰可能吸取了睿亲王多尔衮摄政引起叔嫂、叔侄矛盾的教训。从后来慈禧一度重用奕䜣来看，这种结合是难以避免的。如果单从人数看，"赞襄政务"大臣 8 个人；两宫太后和同治帝再和帝胤贵族的奕䜣、奕谭才 5 个人，且帝、后为孤儿寡母。然而，两宫太后与同治帝再和帝胤贵族奕䜣诸兄弟等，却代表两个强大政治集团、两股强大政治势力。

因此，咸丰"赞襄政务"八大臣的安排，犯下一个致命的错误，就是没有将朝廷三股政治势力加以平衡，特别是咸丰对慈禧与奕䜣两人的政治潜能、对权力失衡形成的政治危局，认识不够，估计不足。其结果是：帝后势力同帝胤势力结合，发动宫廷政变即"辛酉政变"，摧毁了"赞襄政务"八大臣集团，代之以慈禧太后与恭亲王奕䜣联合主政，继而出现慈禧太后专权的局面。这是咸丰生前根本没有预料到的。赞襄政务八大臣在"辛酉政变"中，政治力量对比不占优势，其失败根本原因就在这里。

咸丰帝一生庸碌无为，也可说他从始至终都没有精明过，连他的临终托孤都漏洞百出：一是没有充分认识到慈禧的政治能力；二是忽略了最为重要的一股势力——以恭亲王为首的宗室势力；三是完全漠视了一个重要事实，慈禧拥有挟天子以令诸侯的天然权力。在强手如云的皇权斗争中，一招即可置敌于死地，何况是如此重要的硬伤。

咸丰帝在生命的最后关头精心设计的权力分配方案，让慈禧躲过了成为钩弋夫人的悲惨结局，并成功跻身统治集团的核心。咸丰帝的临终托孤，几乎注定了将会被慈禧掌权的失败结局。

然而，以肃顺为首的赞襄八大臣能够甘心于平稳的权力过渡吗？慈禧又将如何面对这样的挑战？

历史上著名的辛酉政变即将登场，它将咸丰帝临终前的安排彻底颠覆，慈禧将在今后的中国政治舞台上纵横捭阖 47 年，以她为主角的时代即将拉开帷幕，中国历史将掀起它最屈辱、最消极、也最无可奈何的一页。

三 慈禧韬晦待机 示弱以博同情

咸丰帝以为两位皇后和皇帝为一方，八位辅政大臣为一方，通过多方牵制，达到权力的制衡，确保皇权不会旁落，但这种安排，最大的漏洞就是野心最大的慈禧，掌握权力的优势也最大。她作为咸丰帝唯一皇儿载淳的母亲，既是咸丰帝的遗孀，又是新皇帝的亲生母亲，那么她就可以凭借皇太后的身份来辅佐幼帝，操纵皇权。但也正因为如此，朝廷中权臣们以百倍的警惕防范慈禧任何攫取权力的企图。肃顺等人就将她视为专权的最大障碍。

而对于慈禧在后宫逐渐参与朝政活动，并偶有决策方面的上佳表现，肃顺更不能见容，他不能允许有人同他一样影响着皇帝的决策，尤其是他不能允许一个"无知"的女人在皇帝面前指手画脚。

慈禧知道与肃顺这样强大的对手抗衡，要想立于不败之地，就必须比对手更强大、更狡猾，而当时慈禧年仅 27 岁，17 岁即被选秀入宫的她，十年间深居皇宫，难有与外界接触的机会，没有任何根基或同党能帮助她与肃顺在权力场上角逐。慈禧曾将希望寄托在咸丰帝的偏爱上，为此她施展了所有的心机和魅力来吸引咸丰帝的注意。可这种命悬一线的依赖是最不可靠的，还险些由于肃顺的倾轧而成为第二个钩弋夫人。

咸丰帝在承德抱病卧床期间，一直筹划着未来权力的安排。他曾

慈禧像

担心自己死后，由于儿子年幼而出现母亲慈禧擅政的局面。"帝晚年颇不满意于慈禧，以其机巧奸诈，将来必以母后擅权破坏祖训。平时从容与肃顺密谋，欲以钩弋夫人例待之。"此举虽未成行，但为了达到整垮对方的目的，肃顺和慈禧彼此中伤，斗争已到了你死我活的激烈程度，在后宫中逐渐失宠的慈禧在政治上已渐显颓势，甚至一度有了性命之忧，她必须反戈一击，争取主动。

此时的避暑山庄，对于慈禧来说是危机四伏，强敌肃顺控制着避暑山庄的一切事务，深居后宫的她，没有任何外在的力量可以借助，整日面对的就是病恹恹的皇帝与贴身的奴才。如何才能躲避随时到来的杀身之祸？

慈禧清楚地意识到，在热河行宫，与被授予全权行在（皇帝在紫禁城以外的驻跸之地）事的肃顺明火执仗地争斗，其结果只能落得个以卵击石的下场。于是，慈禧采取以退为进的策略，回避肃顺的锋芒与挑衅，不与他争一日之短长。

首先，对肃顺鼓动咸丰帝效仿钩弋夫人典故杀掉自己的事情，慈禧佯做不知。因为一旦让对手了解她已经知道了内情，势必引起他们的警觉，反而打草惊蛇，给自己带来更多的祸患。

其次，对于肃顺处处为难自己，甚至克扣宫份也一忍再忍。宫份就是皇宫中按照嫔妃等级按月分发银钱及物品。在清宫膳档中记载，避难热河的咸丰帝陆续收到了各地进贡的物品，如鹿肉、黄羊、熏肉及卤虾等物品，分赏时，总管此事的肃顺每次都有皇后的份，可经常不给身为贵妃的慈禧，而当时慈禧是仅次于皇后的宫中二号人物。对于肃顺的公然挑衅，慈禧也忍下了，因为她在盘算着如何一击制胜。

慈禧在回避肃顺锋芒的同时，常常以无助的形象出现在大家的面前，只是为了向人们传递一个信号：我没有野心，我只是6岁皇儿的母亲，以此博得人们的同情。

四 双方首次交锋 慈禧小胜一场

　　咸丰帝遗命对皇权的最后安排可谓用心良苦，然而其不成功的一面还不只是这样的安排并不能平衡各方势力，另一面就是咸丰帝对于谕旨的拟订、呈览、修改、颁发等一系列问题没有留下任何安排意见。当两宫皇太后和八位赞襄政务大臣的名位相继确定以后，首要解决的是如何确定双方的权责，如何分工合作。慈禧非常清楚，谕旨是皇权的象征，谁掌握了谕旨拟订和颁布的权力，谁就控制了最高的权力——皇权。她知道对于朝政运作了如指掌的肃顺不会放弃操控的欲望和企图，她必须从容应对。

　　咸丰帝逝世后的第三天，为了尽快恢复朝廷政务的正常运作，慈禧、慈安两位皇太后共同召见八位辅政大臣，商议有关谕旨的拟订、颁发及疏章上奏和官吏任免等最为紧要的事项安排的处理方法。以肃顺为首的八大臣，提出了早已准备好的条陈："谕旨由大臣拟订，太后但钤印，弗得改易，章疏不呈内览。"

　　这就是说：一、皇帝的谕旨由王大臣拟订；二、皇后只管钤印，不得改动；三、臣下的奏折一律不进呈皇太后阅看。

　　清朝入关以来，谕旨必须由皇帝亲拟或口授；全国各地的奏折到京后，由内阁票拟，呈交皇帝御览。皇帝逐件朱批后再交下去，由相关部门办理。这是皇帝神圣不可侵犯的权力，臣下如有伪造谕旨或擅动朱笔批示奏折，将处以抄家灭门之罪。对于肃顺等人的意见，慈禧一眼就看出这是一件极其严重的"侵权"行为。她知道肃顺等人根本没有把她们孤儿寡母放在眼里，她清楚此时肃顺等人的心理是：不出宫门的年轻寡妇和幼稚的小儿不会有什么见识和能耐，没有皇帝撑腰，你们只能任其摆布、俯首听命。

在这里，虑事不周的肃顺在判断上犯了一个严重错误，他完全低估了慈禧对于事务分寸的把握能力和对于事态发展的驾驭能力。其实慈禧自从进宫以来，她朝思暮想、全力以赴的就是等儿子成为皇帝后，自己成为皇太后。当梦已成真、前途大有可为的时候，肃顺等人却要把它夺走，这岂是她能够接受的？

咸丰在世的最后几年里，慈禧在侍应咸丰帝处理章疏诏旨时已学会如何处理政务，也对朝中制度了如指掌。

在肃顺等人提出条陈以后，慈禧便不徐不急地从咸丰帝的安排说起。首先，她表示皇帝的遗诏是派顾命八大臣"赞襄一切政务"，赞襄就是从旁参赞襄助皇帝处理政务，而不是像顺治朝多尔衮为摄政王一样，直接代皇帝处理政务。其次，如今皇帝虽然年幼，不能担纲政务，但咸丰帝生前已作出安排，用"御赏"和"同道堂"二印代皇帝行使权力，并非将皇权全部委托给八大臣。今天八大臣的意见，不仅违反祖制，而且置先帝遗命于不顾，更置他所赐予两宫太后御印于不顾。如此，你们不是在藐视皇权吗？

慈禧的一番阐释，不仅条理明晰，而且简明扼要，处处站在一个"理"上，让人不能不服、不敢不服。谁也没有想到年轻的慈禧竟有如此的表现，连平素跋扈骄横的肃顺也一时无以应对，而其他七人更是愣在当场、面面相觑。慈禧见状，心中暗喜，适时地提出了自己的主张：我意，今后章疏奏折依旧先行呈览，谕旨则由赞襄政务的八大臣拟进，经两宫皇太后和皇帝阅后，加盖两印以为凭信。所有一切应用朱笔处，均以此代之。

至于官员的任免，慈禧完全依从了八大臣的建议，各省督抚等要缺由八大臣提名，请两宫太后裁决；其他人员任命则用掣签（抽签）

方法选定。这样一来，清朝的最高决定权，便统统集中到了两宫太后的手中，而由于慈安的善良和无知，也可以说，与朝臣的首次论对中，慈禧在只言片语之间，已将天下大权收拢到了自己手中。

于是，八大臣和皇太后之间这场没有硝烟的较量，以两宫太后的胜利而收场。

热河承德行宫

小胜一场后，慈禧太后胆子也变大了，便有了垂帘听政的打算。

载淳继位后，尊先帝皇后钮祜禄氏为慈安太后，尊自己的生母懿贵妃为慈禧太后。以慈禧之阴险，及其贪权又野心勃勃之心，垂帘听政是其必然要争取的。所以她刚刚坐上圣母皇太后的宝座，就迫不及待地揽权。慈禧先让人建议，因为皇帝年幼，无法处理朝政，所以要由两宫皇太后"垂帘听政"，实际上是要掌握实权。

慈禧明目张胆的要权行为自然而然遭到了辅政八大臣的坚决抵制，载垣等以"本朝未有皇太后垂帘"的理由加以反对，给慈禧揽权的欲火泼了一盆冷水。

经过这次交锋，慈禧意识到自己驾驭皇权之路将会受到肃顺等人的阻拦，因此必须击败他们。但在承德避暑山庄，是在八大臣势力的控制之中，自己随时都会遇到意想不到的非难。目前摆在她面前的道路只有两条：要么忍辱负重，一任肃顺等人摆布，坐视皇权被臣下僭越；要么必须在肃顺等人凭借遗诏所赋予的顾命权力肆意妄为的时候针锋相对。忍辱负重不是慈禧的性格，有胆有识、不择手段才是真正的慈禧。她决定要想尽一切办法，清除她通向权力道路上的障碍。

然而，环顾周围，慈禧不由得心生悲凉，可以说此时的她孤立无依。皇帝只有 6 岁，还是一个需要她日日照顾的孩童，不足以为依；慈安皇太后虽然是咸丰帝的中宫皇后，凡事理应以她为主，可是慈安忠厚仁慈，不事张扬，"见大臣讷讷如无语者"，不识汉字，每有奏折必由慈禧亲自来读并讲给她听，有时竟然一个月也不曾决定一事，她只能是慈禧宫中的姐妹，而不能成为她与肃顺一党斗争的中坚和依靠；虽然自己的妹妹与妹夫醇亲王奕𫍯也随驾来到热河，然而奕𫍯是权力核心之外的人物，没有什么势力与影响，妹妹偶尔到宫中探望她，也只能传递一些无关紧要的信息。她要突破肃顺一党的重围，必须寻求热河以外的帮助。这时，她想到了远在北京的恭亲王奕䜣。

恭亲王奕䜣是道光帝第六子，从小才智过人，人们一直认为与咸丰帝相比，他是当年皇位继承的更好人选。

奕䜣幼年师从卓秉恬、贾桢，聪明好学。道光三十年（1850）以宣宗遗诏封恭亲王。咸丰朝期间，奕䜣的政治地位并不很重要，咸丰三年（1853）在军机大臣上行走。四年连封都统、右宗正、宗令。五年其母孝静成皇后去世，奕䜣为其母争封号，被免去军机大臣、宗令、都统，七年才恢复他的都统，九年又授内大臣（侍卫处次长官）。十年英法联军进攻北京，咸丰帝逃往承德，奕䜣临危受命，担任议和大臣。

九月十五、十六两日，奕䜣分别与英使、法使签订《中英北京条约》与《中法北京条约》，挽救了清皇朝的命运。他主持议和以及进行的大量的善后事宜赢得了西方对他的好感，为他以后的外交活动创造了条件。在议和期间他笼络文祥（户部侍郎）、桂良（文华殿大学士）、宝鋆（总管内务府大臣）、胜保（副都统），形成了一个新的政治集团。这是他通过议和捞到的政治资本。

咸丰十年十二月初一，奕䜣、文祥、桂良上《通筹夷务全局酌拟章程六条折》，分析了各列强国特点，认为太平天国和捻军是心腹之患，英、俄是肢体之患，应以灭内患为先，然后对付俄国和英国。

这媚外之策为后来借师助剿，镇压太平天国奠定了理论基础。根据他的观察，他认为外国人并非"性同犬羊"，英国"并不利我土地人民，犹可以信义笼络"。清政府把列强只当作"肢体之患"，认为"可以信义笼络"。折子还提出要成立总理各国事务衙门；设南北口岸管理大臣；添各口关税；要求将军督抚办理国外事件互相关照，避免歧误；要求广东、上海各派两名懂外语的人到京以备询问；将各国商情和报纸汇集总理处。十二月十日，总理各国事务衙门设立，出现了军机处以外的另一中枢政府机构。自此，清朝有了专门的外事机构，使清代的外交产生重大突破。衙门还领导了后来的洋务运动。

相对于奕䜣，被道光帝左挑右选的接班人咸丰皇帝奕詝却是一个极不成器的皇帝，任上基本无所作为。慈禧入宫十年，对于自己丈夫咸丰帝忧患无为、风流成性的特点了如指掌，她清楚奕䜣在才智上的练达和活跃，以及在皇位继承过程中两兄弟的暗中角逐，一直是咸丰帝心中抹不去的阴影和时时发作的隐忧，虽然咸丰帝一度任命奕䜣在军机处行走，但咸丰帝无法大度地包容周围人对于奕䜣的认可与爱戴。慈禧知道，正是由于康慈皇太后——奕䜣的生母不慎所做的一件事情，咸丰帝就迁怒于奕䜣，不仅开去了奕䜣一切职务，而且还明令奕䜣去"上书房读书"，不给予奕䜣参与国家大事的机会。

在王闿运所著的《祺祥故事》中，记载了咸丰帝与奕䜣反目的经过：咸丰五年夏间，已被册封为贵太妃的康慈贵妃病重，咸丰帝、恭亲王这对兄弟时常探问。某日，咸丰帝前去问安，太妃睡得迷迷瞪瞪，以为是儿子恭亲王，就说："你怎么又来了？能给你的，我都给了。他性情不测，莫生嫌疑就好。"咸丰帝发现她说错了话，立即喊了声"额娘"，太妃定睛一看，原来是皇上，不是恭王，随即转身装睡，不再言语。自此，咸丰不得不琢磨这几句话的意思，对恭亲王生了嫌疑。

又有一天，咸丰帝赴已病重的太妃处问安，恰逢恭亲王从内出来，咸丰帝问病情如何，恭亲王哭着跪下说怕是没治了，就等着上皇太后封号，方能瞑目。咸丰帝面无表情，只是"哦"了两声，再没表示。谁料恭亲王随后就到军机处，命令臣僚准备了册封典礼。承办官员拿着封典方案来找皇帝，咸丰帝大为气愤，但不好明着拒绝，勉强同意了封号，尊皇贵太妃为康慈皇太后。不久，康慈皇太后去世。一周后，诏令恭亲王罢职军机，回上书房读书。皇太后的丧仪也被大大减损，据称是秉遵遗诏执行。咸丰帝和恭亲王的密切关系也到此为止。

　　咸丰帝去世后，精明能干的奕䜣成为实力派人物，他是慈禧推翻八大臣辅政格局所必须依靠的人物，慈禧虽然没有更多的机会与奕䜣接触，但对奕䜣的能力还是略知一二。她知道奕䜣的魄力与才干，完全在咸丰帝之上。对于这位小叔子，她由衷地赏识。因此，在英法联军攻陷天津后，她向咸丰帝力荐奕䜣。而在咸丰帝逃至避暑山庄后，奕䜣更是不负众望，在奉命收拾北京残局的过程中，将一切事情摆布得井井有条。

奕䜣像

　　在以慈禧为主的两宫皇太后与肃顺一党对峙的时候，奕䜣的力量就成为重要的政治砝码，谁能争取恭亲王，谁就能掌控大局。慈禧知道与奕䜣合作的条件，无非就是委以重任，而慈禧眼下的迫切需要就是打败专权的肃顺一党，孤儿寡妇，能够垂帘就是大胜利，暂时分权给恭亲王，实在不是过分的条件。不能予则不能取，吝于名则失于实，这种"大智慧"慈禧是具备的。

　　慈禧坚信奕䜣一定能担此大任。可如何能够将"橄榄枝"送交到奕䜣手里？从肃顺一党严密控制之下的热河送信去北京，对于慈禧来说居然成了一件高精尖的"科研任务"。在稗官野史中有一个颇富戏剧性的传说。

　　慈禧为了能在极端秘密的情况下与奕䜣取得联系，在紧要关头，极大地展示了非凡的想象力与智慧。她在众人不注意的情况下，制造了一件看起来极其平常的后宫事件。她授意宠监安德海与慈安最宠信的宫女双喜发生严重的争执。为了表示对慈安太后的敬重，她严惩了安德海，并命敬事房首领太监将他遣送回京，派在"大扫处"当差，以示惩戒。

　　安德海，人称"小安子"，祖籍河北省南皮县，其祖父时迁居河北青县汤庄子村。10岁时自宫进入皇宫，充内廷太监。由于他办事机敏，因此深得慈禧太后欢心，成为慈禧太后身边备受宠信的大红人。史书称他：能够讲读《论语》《孟子》诸经；艺术精巧，知书能文。他最大的能耐就是善于察言观色，阿谀奉承不露一丝痕迹，以忠心获得咸丰皇帝的喜爱，以柔媚赢得西太后的欢心，一生深得西太后的宠爱和器重。

　　安德海回京以后，先到主管部门——内务府报到，可一开口就要见主管内务府的大臣宝鋆。内务府的主事早就知道安德海是慈禧的"红人"，不敢怠慢，急忙把他送到宝府。宝鋆得报，安德海由热河被押解回京，且声称要见内务府大臣，知道此事非同小可，立即召见。安德海叩见后，取出缝在贴身内衣兜里加盖着"御赏"和"同道堂"印的慈禧亲笔信：

两宫太后同谕恭亲王，着即设法，火速驰来行在（热河），以备筹咨大事。密之！特谕。

真实过程是否如此，今天我们已经无从查考，但慈禧一定是以极其秘密的方式将信息从热河传递到北京，这一点符合历史的真实。

有一点是可信的，那就是慈禧克服了难以想象的信息封锁，将热河的政治状况和两宫的真实意图完全传递给了恭亲王。

应该说，恭亲王对于咸丰帝在遗诏中将他完全排除出统治集团的核心就满腹狐疑，并心生不满，他不知道按照遗诏中所安排的赞襄大臣辅政的方向走下去，自己能否还有施展抱负的机会。因为他知道肃顺跋扈异常，依肃顺的做人原则和办事方针一定会竭力排挤自己。他何尝不想如先王多尔衮一样，挺身而出，放手一搏。而恰在此时，两宫太后希望与恭亲王联合扳倒肃顺，这样一致的目标，使得叔嫂一拍即合。

慈禧察人心之明，从其选择和达知恭亲王奕䜣这件事上，便能一窥究竟。

第二天一早，安德海就匆匆别去，回到了承德，奕䜣立即向承德行宫发了要求奔丧的折子。

顾命大臣肃顺接到奕䜣要求奔丧的奏折后，立刻找载垣、端华等研究对策。肃顺认为恭亲王奕䜣是借奔丧为口实，实际上是来向他们示威、夺权，必须阻止他的行动。最后借口京师重地，留守重臣，一刻也不得离开，拒绝了奕䜣要求奔丧的请求。

原来，在咸丰帝病重期间，奕䜣曾屡次奏请来热河探望哥哥，但肃顺不愿给他们兄弟提供重归于好的机会，因为他担心如此会对自己显赫的权势构成威胁。咸丰帝死后，虽然肃顺勉强把奕䜣列在"恭理丧仪大臣"的名单之列（皇帝治丧委员会），但在列入名单的五位京中官员，除了与肃顺关系密切的吏部尚书陈孚恩奉命"星速赶往"热河，其他四人"均毋庸赶赴热河"。

如果说奕䜣未被列入八位赞襄大臣之列，犹可认为是咸丰帝的遗命，但连以恭理丧仪大臣的身份都不能到热河去吊祭哥哥，这实在是肃顺等人骄愎妄为。由此可见，肃顺之所以骄，是因为他倚仗遗诏，目中无人；之所以愎，是因为他一向刚愎自用、跋扈异常，不能容忍奕䜣分得他丝毫权力。

慈禧知道奕䜣此次来热河将会颇费周折，因为肃顺等人曾千方百计地阻挠奕䜣来此。等了几日，诡计多端的慈禧见肃顺不让奕䜣来承德，立即与皇后商量了一番，最后下了一道密诏，盖了"御赏"和"同道堂"印章，再次派安德海星夜兼程进京，召奕䜣速来承德共商除肃顺大计。安德海马不停蹄，立即将密诏送达京城，奕䜣接到密诏后，立即动身，打着奔丧的旗号，于八月初一日来到承德行宫。

太监安德海像

169

　　咸丰十一年的八月初一，奕䜣赶到了咸丰帝的灵堂。他悲痛地祭奠了哥哥，史载其"伏地大恸，声彻殿陛；旁人无不下泪"。祭奠一结束，慈禧就迫不及待地下令要单独召见奕䜣。

　　按照清朝的制度，一般情况下恭亲王奕䜣晋谒两宫太后的行为，是有一定困难的。清制：王公亲贵谒见后妃，等闲不得见面。一般来说，只有在皇太后或皇帝万寿节（过生日），或者新春元旦，诸王才可以在率领福晋入宫恭贺时得见一面。在热河，两宫太后召见赞襄大臣是因为有咸丰帝的遗命，为了代小皇帝咨商国事。此次，为了掩人耳目，慈禧"以探问京城被劫后情况"为由，要求单独召见。

　　薛福成《庸庵笔记》记载了这次会面：两宫太后要求单独召见亲王，肃顺等企图阻拦。咸丰帝的师傅杜受田之子"侍郎杜翰倡言于众，谓叔嫂当避嫌。且先帝宾天，皇太后居丧，尤不宜召见亲王。肃顺拊掌称善曰：'真不愧杜文正公之子矣！'然究迫于公论，而太后召见恭亲王之意亦甚决。太监数次传旨出宫，恭亲王乃请端华同进见。端华目视肃顺，肃顺笑曰：'老六，汝与两宫叔嫂耳，何必我辈陪哉！'王乃得一人独见"。就这样，两宫皇太后才得以单独召见奕䜣。

　　这次叔嫂之间的会面，可以称得上当时最高层次首脑之间的首次会晤，其内容与宫廷"政变"有关，因此正史自无详细记载。我们只能根据零星史料和时人笔记中透露出的内容，对这次"峰会"做一番推测：此次会面共计两个小时，详细商议政变的细节，主要有：政变的地点，奕䜣认为热河是八大臣所控制的特区，不宜在热河发难，"非还京不可"，必须迅速启銮回京；外国人对于政变所能采取的态度；确定政变拟旨的人选，这个人既要绝对可靠，又要笔力雄健，双方一致的意见是醇亲王奕譞，他既是奕䜣的弟弟、慈禧的妹夫；慈禧还对回銮时间、抵京的时间及车驾与梓宫护卫人员之间的联系等细节，以及京中如何迎接梓宫、捉拿八大臣等过程都与奕䜣进行了详细的商议。

经过此番交谈，奕䜣这位自诩为文武双全、见过大世面、又有丰富外交经验的亲王，不得不对自己仅有 27 岁的嫂子刮目相看，慈禧的聪慧机敏、工于心计、敢作敢为的品性，使他相信他们的合作一定可以完成这一扭转乾坤的大业。

两宫太后与恭亲王在承德的这次费尽心机的"见面"，在事实上形成了一个内以西太后为首、外由恭亲王主持的坚固联盟。这个联盟的宗旨就是与肃顺为首的顾命八臣相抗衡，并最终通过政变的方式，废黜咸丰皇帝临终前确立在清朝祖制基础上的顾命大臣辅政制度，代之以皇太后垂帘、恭亲王议政的全新制度。

奕䜣与慈禧的这次会面极其严重地改写了历史，使中国在未来 50 余年中皇权和后权独霸，中国开始以慈禧独裁政治的局面进入屈辱历史之中。

他们建立的这个联盟是当时政治环境下的必然产物，它完全建立在皇太后与恭亲王之间的相互利用的基础上——皇太后以给予恭亲王极大的执政权力为条件，换取他对严重违反清朝"祖宗家法"的垂帘听政的必不可少的支持；恭亲王则借助皇太后和皇太后控制下的皇帝不可替代的最高地位，达到打倒肃顺、重掌朝纲的目的。

事实证明，这样的条件交换无论对西太后还是奕䜣而言，实际上都是迫于当时的政治形势和各自的政治需求，迫不得已采取的一个"权宜之计"。

　　奕䜣与慈禧商议了政变的整体计划以后，就启程回京着手准备，而肃顺等顾命八大臣压根儿就没看重小叔和嫂子的这次见面会，他们此时也乐得奕䜣早日离开热河，免得这位王爷跟他们要权。所以，在肃顺严密控制的热河行宫，一个旨在推翻肃顺一党的政变计划就在他们的眼皮子底下商议完成。八月初七日，奕䜣启程回京，这样，政变计划在了无痕迹的操作下启动了。

　　身为皇太后的慈禧当然知道，按清朝祖制，后妃、宫监不得参与国家大事。要不是咸丰帝遗诏给予她代小皇帝掌管"同道堂"印玺的机会，她根本没有参与朝政的正当理由。而以肃顺为首的顾命八大臣则不然，他们是钦定辅佐幼帝的集体，具有政治上的合法性。原则上来说，除非到小皇帝长大成人，八大臣仍然贪恋权力，不归政于皇帝，那才是过街的老鼠，"人人得而诛之"。否则，在此之前，任何人侵犯、剥夺八大臣的辅政权力，都是抗旨犯上，应当视为"乱臣贼子"。然而，政治是肮脏的，政治又是屈服于武力的，翻手为云，覆手为雨，强者往往主宰政局的发展走向。

　　政治权力的合法性、正当性也不是一成不变的，而是可以随时赋予的。成王败寇的原则，不但适用于改朝换代，也适用于宫廷政变。慈禧清楚她必须成功，才能改写历史。可是此时，她所能够控制的唯

热河承德行宫

一的力量，也是最大的王牌却只有小皇帝载淳。要实现"挟天子以令诸侯"的目的，能够依赖的同盟力量只有恭亲王，而这是不够的。虽然恭亲王可以借助掌管总理各国事务衙门、全面负责外交事务的机会，调动与之相关的一些文武大臣，但要想与势力强大的肃顺等八大臣进行殊死的较量，她还必须扩大群众基础。那些不满肃顺"铁腕"统治的"苦大仇深"的满汉官员很自然地成为慈禧要争取的同盟力量，这样，大学士周祖培就进入了慈禧的视线。

周祖培，字淑滋，号芝台，安徽金寨牛食畈人，1793 年生。他幼而凝重，质敏好学，其父课之尤严。少年从其堂侄文启（太学生、府学司训）发蒙，继受业于名师魏茂林。

周祖培是他父亲纳的小妾生的。他亲娘死时，大娘说按祖上规矩，小妾出身的人不准从中门出棺。这时抬棺的人都准备好了，却不能出门，无不焦急万分。当时，周祖培年龄虽然不大，却已十分聪明，他跪在他大娘面前，问："俺娘是妾，不能开中门出棺是礼仪，

173

我将来死了能从中门出棺吗?"他大娘说:"你是周家的正宗儿子,当然能呀。"周祖培一听,就起身到堂屋,趴在装殓他娘的棺材盖上说:"抬,只当抬我!"众人就势把棺材抬出了中门。他大娘看了,也只好干瞪着两眼没话说。

20岁前,周祖培即补县学生。嘉庆二十三年,26岁的周祖培中河南举人。二十四年联捷进士选庶吉士。二十五年(1820)授翰林院编修(正七品)。自此步入青云,官游长达42年,经历了满清仁宗(嘉庆)、宣宗(道光)、文宗(咸丰)、穆宗(同治)四个朝代。其中,大致可分四个阶段:

嘉庆二十五年至道光二十一年(1841)的16年(除去丁父母忧6年),主要为儒官,由正七品升至正三品。先后由编修任顺天府试同考官、云南正考官、国史馆协修、国子监司业、司局洗马、文渊阁校理、日讲起居注、翰林院侍讲、右春坊右庶子(正五品)、协同内阁批本、汉书教习、陕甘学政、侍讲学士(从四品)、詹事府詹事(正三品)、文渊阁直阁事。

道光二十二年至三十年(1842—1850)的9年,由儒官步入礼、工两部,官至正二品。先后由稽查左翼宗学任内阁学士兼礼部侍郎、礼部右侍郎(正二品)、工部右侍郎兼钱法堂事务、会试副总裁、刑部左侍郎、浙江正考官、实录馆副总裁兼经筵讲官。

咸丰元年(1851)至九年(1859)的9年,长官五部,官为从一品(中因案件降三级,旋复原职)。由刑部尚书任实录馆总裁、会试正总裁、都察院左副都御史、吏部左侍郎、左都御史、兵部尚书、顺天府尹、工部尚书、太子少保、吏部尚书、督五城团防、协办大学士、户部尚书、武英殿总裁、顺天乡试正考官。

咸丰十年(1860)至同治六年(1867)的8年,官居正一品。先后任会试正总裁、留京办事大臣、体仁阁大学士(正一品)管理户部与刑部、恭理丧仪大臣、实录馆稿本总裁、文渊阁领阁事、管理三库事务、教习庶吉士、太子太保。

周祖培从嘉庆朝就进入翰林院,不仅勤于政事,尤其善于文墨。

历经整个道光朝，由于笔墨出众，曾被委以《宣宗实录》（即道光帝的实录）副主编的重任。他也曾出任户部汉尚书，掌管天下钱粮赋税，略相当于今天的财政部部长。在他就任户部汉尚书时，肃顺为户部满尚书。清朝入关以后，为保证满族具有绝对的统治地位和足够的统治力量与统治基础，在各个政府部门的职位中，都安排满汉两个官员，以满族官员为先。他与肃顺是同僚，且年长肃顺20多岁，可肃顺专横跋扈，根本没有把他这个汉尚书放在眼里。

肃顺为人轻狂武断，又好看人笑话，工作中不失时机地奚落与排挤同僚更是家常便饭。某日，僚属将汉尚书周祖培已经批阅过的部分文件交肃顺审核时，肃顺佯做不知，故意问道："是谁批阅的文件呀？"部下小声告知："是周中堂批阅的。"肃顺破口大骂："呸！这帮混混，就会吃干饭，哪里懂得公事！"于是将公文拟稿"尽加红勒帛"，就是用红笔涂抹不合适的文句，表示严厉批评，连周祖培表示"同意"的批示也一并加上"红勒帛"。

肃顺是个不爱读书的人，对汉学造诣颇深的周祖培他也敢如此粗野地奚落，足以证明肃顺为人的跋扈。慑于肃顺的淫威，周祖培"默然忍受，弗敢校也"，终日提心吊胆，难安于位。后来终于找了个机会，跑到内阁躲避起来，宁肯放弃有权有利的肥缺，甘愿做一个有名无实的大学士。

咸丰皇帝为避英法联军的攻打而仓皇逃往热河行宫时，周祖培率领一班朝士谏留未允，被授命为留京办事大臣并拜为体仁阁大学士，此时正委以料理朝廷的重任，实掌宰相之权，正是慈禧可利用的朝中大臣。

慈禧知道，历朝历代都很忌讳女主临朝的"垂帘"。自己要由幕后走到台前，代小皇帝临朝执政，首先，必须有吹鼓手为自己鼓噪，做好舆论上的准备，让朝野上下形成一种太后垂帘的舆论气氛。由谁来带头制造这种舆论是至关重要的，这个人既能体会权力争夺的微妙之处，又能不露声色地引导舆论，还要不暴露夺权计划。毫无疑问，选择合适的人是对慈禧运筹能力的严峻考验。

在慈禧的授意下，奕䜣与协办大学士周祖培积极配合，四处物色合适人选。周祖培将他的得意门生——山东道监察御史董元醇推上了前台。

董元醇，河南洛阳人，咸丰二年（1852）二甲十一名进士，授翰林，咸丰十年改授山东道御史。大学士周祖培是他咸丰二年会试时的阅卷总裁，按当时官场的规矩，董元醇就算是周祖培的门生。

前面讲过，周祖培在与肃顺同掌刑部的时候，肃顺很瞧不起周祖培，几乎到了一点面子都不给的地步，让周祖培以堂堂"相国"之尊而颜面丢尽，却又毫无办法。因而从感情上来讲，周祖培可以说与肃顺已经到了不共戴天的地步。实行垂帘听政在周祖培看来，无疑是扳倒肃顺、一抒胸中恶气的绝好时机。所以当皇太后与恭亲王都露出有垂帘听政的意思时，周祖培以"宰相"之尊，上串下联，活动得非常积极。一方面请他的家庭教师李慈铭收集历代女主临朝的先例，为当今皇太后垂帘听政寻找历史依据；另一方面与他的门生故吏以及那些平时受到肃顺打压排挤的朝中大臣们广通声气，制造朝野支持垂帘听政的政治氛围。董元醇这个"第一枪"的折子就是在他指使下产生的。身处宰辅之位，为泄一己私愤而置国家大局于不顾，书生意气误国，于此可见一斑。

董元醇不负恩师重托，以《奏请皇太后权理朝政并另简亲王辅政》奏折吹响了太后垂帘的第一声号角。找一个没什么名望的董元醇来开这个头，正是慈禧与奕䜣的深谋远虑。第一，由董元醇吹响号角，表面看来与北京的奕䜣和热河的太后没有关系，使政变计划得以在极其秘密的状态下进行，不打草惊蛇。第二，由一个小人物抛出这样一个奏折，可以不露声色地试探肃顺一党对此事的反应，可攻可守。如果可以向纵深发展，北京随即进行舆论配合。第三，董元醇不是要害人物，一旦被肃顺等人揪住不放，可以为了政变的大局而舍卒保车。

董元醇的折子主要有以下三个方面的内容：

第一，明确提出请皇太后垂帘听政。因为皇太后垂帘听政违背清朝祖制，所以，他首先以"事贵从权"来为自己违背祖制的主张开脱。他对"事贵从权"的解释是，"虽我朝向无太后垂帘之仪，而审时度势，不得不为此通权达变之举，此所谓事贵从权也"。意思是说，如今皇帝年幼不能亲理大政，情况特殊，应该明降谕旨，"请皇太后权理朝政"，一切政务皆由皇太后"斟酌尽善"，并且"左右不得干预"，从而使得"人心益知敬畏"，让文武臣工不敢稍肆蒙蔽。等皇帝长大后再"亲裁政务，躬理万机"，那时候皇太后归政而"以天下养"。

第二，要求在现有辅政八臣之外，再另行于亲王中加派一二人，与八大臣一起"同心辅弼一切事务"。这当然也是违背大行皇帝临终遗嘱的。所以，董元醇又用"理宜守经"四字来辩解，说"自古帝王莫不以亲亲尊贤为急务，此千古不易之经也"。认为这样一来就可以"庶、亲、贤并用"，达到"既无专擅之患，亦无偏任之嫌"的效果。他这里所说的"庶"是指怡亲王载垣和郑亲王端华，"亲"当然是指嗣皇帝的胞叔恭亲王奕䜣，"贤"当是指肃顺了。这一条表面看起来是一个让顾命八臣与恭亲王都"皆大欢喜"的建议，实际上只不过是为奕䜣秉政张目罢了。同时隐然直指顾命八臣有"专擅之患"，难怪八大臣要火冒三丈了。

第三，建议为嗣皇帝添派一位师傅"以扩圣聪"。这一条看似冠冕堂皇且无关紧要，实际上则是为亲近奕䜣的文臣们提供一条接近嗣皇帝的途径，从而达到影响和掌控嗣皇帝的目的。

以上三条，其核心内容其实就是请皇太后垂帘听政的同时，另行派奕䜣参与辅政。说穿了就是欲以"皇太后垂帘于上，恭亲王辅政于下"，代替现行的八大臣"赞襄政务"体制。显然，对于自以为已经控制政局的顾命八臣来讲，这些主张不但根本不会被他们采纳，而且还理所当然地要遭到他们的坚决反对。

早在咸丰皇帝驾崩之初，肃顺等八臣就与皇太后进行了长达四天的艰苦谈判，达成了包括奏折呈皇太后"御览"在内的几条妥协条件，实际上当时就已经变相形成了一个"垂帘与辅政兼而有之"的体制。因为他们清楚地知道，如果不与太后进行有条件的合作，他们必将难以合法有效地行使手中的权力。并且在目空一切的肃顺眼中看来，两宫太后终究不过是女流之辈，而且其中东太后还是出了名的忠厚老实，剩下西太后一个人再怎么厉害，处于深宫之中，总也是孤掌难鸣，断无自己控制不了之理，更何况自己还有大行皇帝遗命在身，占有绝对的政治优势。

而此时恭亲王奕䜣之所以能与西太后达成前面的默契，多少也有和肃顺一样的考虑在内。在对待西太后的问题上，奕䜣与肃顺都犯了一个同样的错误，那就是太小看这个女人了。等他们意识到这个错误的时候，都已经为时晚矣。

八

慈禧强行听政
八臣罢政以对

　　董元醇的这个折子递上去后，因其公然在太后垂帘的前提下，更提出让恭亲王参与辅政，这就让肃顺等人断难接受。虽然董元醇说是让奕訢与八大臣"同心辅弼"，但明眼人不难看出，这实在只是个障眼法而已。因为一旦奕訢加入辅政行列，则以他皇帝亲叔父的身份，于情于理都应该列于首位，势必顺理成章地成了顾命八臣的"领导"。这无异于是让顾命八臣尤其是肃顺将已到手的权力拱手让人。而从董元醇上这个折子的时机，以及他与周祖培的关系、周祖培与恭亲王和肃顺的关系，还有这个折子本身透露出的信息等种种迹象分析，肃顺不难得出结论，此时两宫太后与恭亲王之间，已经有了相当深的默契。因此，一贯雷厉风行的肃顺断然决定，对这个折子进行全力还击，在"以儆效尤"的同时，达到彻底打消恭亲王等人的"政治幻想"，从而进一步巩固自己既得权力的效果。

　　在咸丰帝的遗命中，肃顺等顾命八臣的权力极大，他们甚至可以先于皇帝和皇太后看到臣工的所有章奏，这在历史上是很少见的。当顾命八臣在看到董元醇这道奏折后，并没有立即作出非常举措，只是按先前与皇太后约定的"规矩"，将这道奏折和当天的其他奏折一起，呈两宫皇太后御览而已。当然，他们既已知道这道奏折的内容，并充分了解它的严重性，则此时必然已有一番应对的策划。之所以这样做，很明显的一个目的，就是试探两宫太后对这道奏折的态度，同时也在无形中给没有政治经验的皇太后出了一道不小的难题。

让顾命八臣始料不及的是，反倒是皇太后看过这个奏折之后，采取了一个在他们看来非同一般的举措。按常规，凡头一天"呈览"的奏折，皇帝（此处当然是指皇太后了）在批阅之后或朱笔批示，或等第二天召见军机大臣商议后再做处理。但无论如何，也要赶在第二天早晨召见军机之前将原折发给军机处，以便军机大臣事先知道内容，好预先商定好处理意见，于召见垂询时有所准备。

不过清朝的皇帝常会把一些自己认为或内容敏感，或此时尚不便处置的奏折截留下来不发给军机处，以表示对这个奏折不予处理或暂不处理，这有个专门的术语叫作"留中"。而在军机处，凡被"留中"的奏折就叫"淹了"，意思是这道奏折好像被扔进了大海里，不必去探寻下落，军机处当然也不必为此去负任何责任。这样的做法，在皇帝自然是一种特权，在臣下却难免会产生皇帝对所"淹"奏折到底是什么态度的各种揣摩。

西太后对董元醇的这道奏折的态度，就是给"淹了"。这其实也反映了她的高明之处，因为她也想反过来看看顾命八臣对这道奏折是什么态度，而且这个举动无疑使得她变被动为主动，狠狠"将"了顾命大臣一"军"。

没几天，肃顺等人就坐不住了，因为这道奏折的内容太敏感了，皇太后"淹了"它，无疑是在暗示太后对董元醇的提议多少不无兴趣，可能是恪于"祖宗家法"和顾命八臣的权威才不置可否。因此，如果不对董元醇这道奏折作出明确严厉的处置，大小臣工就不难揣摩出皇太后的意思，此后"效尤"者必众，一旦形成风气，则顾命八臣就难以控制局面了。

于是，他们在略作商议后，肃顺决定在这天"见面"时，无论如何也要对董元醇的奏折作出斩钉截铁的处置，为此不惜给两宫太后尤其是西太后一点颜色瞧瞧。

不料召见时肃顺刚提出这事，西太后就先声夺人，宣布两宫太后全盘接受董元醇的建议。命令将董元醇所请的太后垂帘权理朝政等事宜，立即交王公大臣会议决定，还要求这个会议同时要开出简派亲王参与辅政，以及给嗣皇帝添派师傅的具体名单，等候皇太后裁决。肃顺等人这时才明白，原来太后不只是"淹了"这道奏折那么简单，而且还要打他们一个措手不及，不等顾命八臣有所表示，西太后就要军机处按上述意思拟旨。

怡亲王载垣大概觉得自己以首席顾命大臣的身份，此时应该对太后的懿旨有所辩驳，却被肃顺制止了。于是，八人假装"奉旨"，退出殿外再议。再议的结果，是决定对皇太后的懿旨完全不予理会，按既定宗旨另起炉灶，拟旨"痛驳"董元醇。

一般来讲，军机大臣负责御前"承旨"，而草拟谕旨则是军机章京（军机大臣的助手）根据军机大臣转述所承之旨的内容写就，交由军机大臣审查润饰后，再呈皇帝裁定颁行。所以顾命八臣立即找了个值班军机章京叫吴兆麟的来，由八大臣完全按他们自己的意见"述旨"，命他草拟。吴兆麟虽然是吃这碗饭的，却毕竟是局外人，所以他拟的旨在肃顺看来有些不痛不痒，远不够严厉，达不到"痛驳"的效果。于是，肃顺决定把这份旨稿弃而不用，并点名要"麻翁"焦佑瀛亲自动手。焦佑瀛本来就是军机章京出身，拟旨在行，加上此时要讨好肃顺，所以格外卖力，按肃顺的意思洋洋洒洒，一挥而就。

焦佑瀛拟的旨稿，径直以"我朝圣圣相承，向无皇太后垂帘之理"这顶大帽子开头，索性将此前顾命八臣与皇太后之间已经达成的"顾命与垂帘兼而有之"的权力分配协议一笔勾销。以坚决的语气表示，"朕以冲龄，仰受皇考大行皇帝付托之重，御极之初，何敢更易祖宗旧制？"同时强调，"且皇考特派怡亲王载垣等赞襄政务，一切事件，应行降旨者，经该王大臣等缮拟进呈后，必经朕钤用图章始行颁发。"其实这不但是公开否认了八大臣与太后之间的协议，还抨击了慈禧不该用皇帝印章的行为，这样一来，皇太后连做个"橡皮图章"的资格也被完全否定掉了。并据此断然驳斥董元醇"奏请皇太后权理朝政，甚属非是！"

关于董元醇奏请于亲王中简派一二人参与辅政一节，则以"伏念皇考于七月十六日子时召载垣等八人，令其尽心辅弼，朕仰体圣心，自有深意，又何敢轻易增添？"而董元醇"必欲于亲王中另行简派，是诚何心？"所以"所奏尤不可行"，没有一点商量的余地。同时严肃指出，"以上两端，关系甚重，非臣下所得妄议！"也就是说，以后谁也不准再提垂帘听政与另选亲王辅政这两件事。

西太后当然能料到肃顺不会就这样乖乖地就范，因为起码这不是她所了解的肃顺的性格。但当八大臣将焦佑瀛执笔所拟的"上谕"旨稿呈给两宫皇太后"御览"时，西太后还是吓了一跳。吓一跳的主要原因，是因为她根本不会想到肃顺等人竟然会公然地"矫诏"。不但把自己以皇太后之尊当面交代的话完全不当回事，而且还拟了这样一道与自己的原意背道而驰甚至公然假借自己6岁儿子的名义训斥自己"甚属非是"的"上谕"。

这样一来，这次两宫皇太后偕同嗣皇帝与顾命八臣"见面"的情形就可想而知了：两宫太后理所当然地拒绝承认这道"上谕"，而顾命八臣则胁迫两宫必须在"上谕"旨稿上加盖印章，双方陷入十分激烈的争吵。

因为八臣所拟的上谕，与先前两宫当面交代的意思大相径庭，所以西太后一见面就径直问："这道上谕，是谁让这么写的？"

怡亲王载垣乃顾命八臣之首，所以照例应该由他来回奏。但这个话实在不好回，因此只好答非所问："回圣母皇太后的话，是奴才等共同拟定的。"

西太后又问："你们拟得好！我问你们几个，什么叫'上谕'？"

这话问得厉害，以载垣的才智，不可能作出什么有力的狡辩，唯有老老实实地回奏："皇上说的话就叫'上谕'。"

这下让西太后抓住把柄，她指了指偎依在旁边东太后跟前的嗣皇帝，说："皇帝才6岁，6岁的皇帝会说什么话？谁来替他说话？"

肃顺眼看载垣招架不了，忍不住越次回奏："回圣母皇太后的话，正为了皇上年幼，不能亲裁大政，所以大行皇帝才派定奴才几个赞襄皇上。"这个话谁都听得懂，就是应该由他们几个来替皇帝说话，没有皇太后置喙的份儿。

话说到这个份上，肃顺的意思已经很明白，在他那里，皇太后垂帘听政已成妄想，而且隐隐然再度将此前双方已经达成的权力分配协议全盘推翻。

不过肃顺到底义正词严，所以西太后不但无可辩驳也无可奈何，只好退一步转移到另一个话题："那我问你，董元醇奏请简派近支亲王跟你们几个一起办事，也错了吗？"她这句话的意思，就算你们说垂帘听政不合祖宗家法与大行皇帝的遗命，但要嗣皇帝的亲叔父一起秉政，总无可厚非吧？

西太后这话问得十分厉害，厉害就厉害在她抓住董元醇奏折上的"理宜守经"一条。如董元醇所说，"自古帝王莫不以亲亲尊贤为急务"，奕䜣是小皇帝的嫡亲叔父，若要"亲亲"，则无论如何也不能没有他参与辅政。载垣、端华、肃顺等以"疏潢宗室"的身份，此时自然不好回答，否则就有"揽权"的嫌疑了。所以杜翰觉得自己能说，他是咸丰皇帝的师傅杜受田的儿子，杜受田助咸丰皇帝与奕䜣夺位有功，所以他的身份自然与众不同，他站出来说道："回圣母皇太后的话，臣等奉大行皇帝的遗命，赞襄一切政务！皇太后若听信人言，臣等不能奉诏！"他这话说得斩钉截铁，"不能奉诏"云云，俨然抗旨，论律已属大逆；而"皇太后听信人言"云云，则直指恭亲王与皇太后有所勾结。难怪日后事败论罪，杜翰的这句话成了顾命八臣"悖逆"的铁证之一。

到了这个地步，双方已无转圜的余地。西太后就是再强悍十倍，当此情势，也不能不顾自己皇太后的身份，与大臣相骂于殿庭之上。所以在僵持片刻之后，由"老实人"的东太后出来"打圆场"，其实也就是没话找话："不管怎么说，给皇帝添派师傅，总是应该办的吧？"

肃顺趁此机会赶紧接茬，其实他的意思也是想化解僵局，可惜不能见好就收："母后皇太后说的是。奴才等也不是不想办这件事，只是给皇上添派师傅，启沃圣聪，所关匪细，容不得半点疏忽。如今又是在行在，仓促之间如果所派非人，耽误了皇上，奴才等虽万死也不能辞其咎。况且如今皇上方当启蒙，一位师傅也足够了。等回銮以后，奴才等商议妥当，自当另行请旨，那时候就好从容办理了。"

话虽说得婉转，但到底还是给拒绝了。西太后觉得实在是忍无可忍，大声训斥："连给皇帝派个师傅都不行，你们八个也太跋扈了，你们眼里还有皇帝跟太后吗？"

肃顺气往上冲，同时也觉得应该借此"教训"一下这位极难对付的皇太后，所以立即声色俱厉地回敬道："回圣母皇太后的话，奴才等亲承大行皇帝临终付托，辅弼皇上，赞襄一切政务，本来就不能听命于太后。"他这话说得本已足以让所有在场的人目瞪口呆了，但肃顺说得兴起，觉得还不"过瘾"，所以略想了想，索性再加了一句："就是此前请太后看折子，其实也是多余的事！"

肃顺的声音响彻殿庭，犹如平地风雷一般，使得气氛骤然紧张。两宫太后气得不能说话。而长于深宫之中的6岁皇帝，更是哪里见过这个阵势？突然吓得大哭起来，将一泡尿撒在了东太后的身上。

肃顺等人的"悖逆无人臣之礼"，至此已表现得淋漓尽致。应该说，御前会议出现这种局面，是两宫太后和八大臣都没料到的。双方的这次"见面"，就这样在君臣间惶惶然的气氛中草草结束了。而双方几天前才刚刚勉强建立起来的合作关系，也同时在这惶惶然的气氛中彻底破裂了。从此，在皇太后与顾命大臣之间，对抗完全代替了妥协。

君臣之间一番撕破脸面的激烈争吵除了加深彼此之间的敌意以外，并没有解决任何问题。到第三天（八月十二日）早晨，双方对峙的情况进一步恶化，两宫太后不但依然拒绝在顾命八臣拟定的痛驳董元醇的旨稿上盖章，而且还拒绝再与八人"见面"。只是将头一天送上去的其他奏折和上谕发给军机处，却独缺"痛驳"的那道旨稿。此时肃顺对两宫太后尤其是西太后的态度已不只是不满，简直是恼怒至极。于是，经过与其他七位会议以后，肃顺断然决定采取一个更为极端的措施，来逼迫西太后就范，那就是顾命八臣集体罢工，中枢大臣一旦"撂挑子"，就意味着整个中枢部门都陷入彻底瘫痪的状态。

清朝自有军机处以来，还从来没有发生过类似严重的政治事件。肃顺这个举措极其厉害，也极其狠毒，好比死死地掐住了两宫太后的脖子一般。一时之间，上自皇太后皇帝，下至文武臣僚，乃至两宫太后身边的太监宫女和政府的小吏杂役，莫不人心惶惶，整个承德避暑山庄似乎都笼罩在一片"山雨欲来风满楼"的阴霾之中。两宫皇太后与顾命八臣之间不可调和的矛盾，也旋即公之于众。

慈安心善良，她觉得这样下去不行，便劝解慈禧，而慈禧在做了一番反复权衡之后，也终于作出了痛苦的让步。

慈禧之所以能成功掌控清朝的最高权力达 47 年之久，就在于她在任何复杂的情况下，都能对自己的权力极限有准确而清醒的判断，并能把握好自己绝不去试图超越这个极限。以慈禧后来嚣张跋扈的品性来看她此时的忍耐，就可以想象这时的她是非常痛苦的，可是她也知道这样的忍耐不但让她在位居弱势的情况下保护了自己，而且还让她争得了朝野上下十分难得的同情。因为谁都看见了肃顺现在是如何跋扈不臣的，是如何欺负深宫中的孤儿寡母的。包括有些本来站在肃顺立场上反对垂帘的大臣，此时的态度也不由得会产生一些微妙的变化。此时西太后所抱定的宗旨，就是"一切等回京后再说"。所以到了十五日中午，两宫太后终于向顾命八臣妥协了。她们按八大臣的意见，在那道"痛驳"的旨稿上盖了图章，并发交下来。至此，由董元醇奏折引起的、两宫太后与顾命八臣间持续三天的公开对峙终于结束了。

肃顺等顾命八臣以为他们胜利了，以为从此以后，再也没有人来挑战他们的绝对权威了。于是，他们"笑声彻远近"，沉浸在一片胜利的喜悦之中，全然不知杀身之祸正在向他们步步紧逼。

　　肃顺等顾命八臣在"痛驳"董元醇一事上，采用非常极端的举措占了上风，他们有些忘乎所以了，以为皇太后与恭亲王"也不过如此"。其实董元醇的那道奏折不过是奕䜣一派"投石问路"的一个小小步骤而已，目的是为了试探肃顺等人的反应。现在肃顺等人作出这般"狮子搏兔用全力"的举动，不但显示出他们对垂帘听政的极度恐惧，也将他们的外强中干、色厉内荏暴露无遗。因此，在恭亲王看来，肃顺等人才是"也不过如此"。

　　当然，恭亲王一派的动作不仅远不止此，而且紧锣密鼓，让顾命八臣应接不暇。就在恭亲王离开承德的当天还发生了另外一件事，顾命八臣收到了兵部侍郎胜保"吁恳兼程北上，叩谒梓宫"的奏折。胜保跟恭亲王一样，表面上是想到大行皇帝的灵前一尽臣子的忠孝之道，其实另有目的。以他握有兵权的身份，此举无疑是公然对八大臣敲山震虎，炫耀武力，示威的意思非常明显。而且胜保在上奏折的同时，就已经从他的防地"兼程北上"了，根本不在乎承德方面是否批准自己的请求。

　　胜保的骄横跋扈不在肃顺之下，他带兵时处处学汉朝的周亚夫和雍正年间的年羹尧，常说些什么"军中但闻有将军令，不知有天子诏"之类的话。此前他甚至还公然扬言要率军"清君侧"，所以肃顺

恭王府内古建筑

不敢跟他公然翻脸，只好来个顺水推舟，"准其前来行在"。

这一切，其实都在奕䜣的掌握之中。而慈禧太后又提出尽快恭奉大行皇帝梓宫回銮，以便能及早在太和殿举行嗣皇帝登基大典，使"大位不至久虚"，从而能安定天下人心、稳定朝野大局。虽然肃顺的得力干将如侍郎黄宗汉等人清醒地意识到，如果此时仓促回京，局面将对顾命八臣很不利，希望肃顺能设法继续推延。但此时的肃顺，因为有恃无恐，而且仗着"痛驳"董元醇的余威，完全一副"老子天不怕地不怕，看谁敢把老子怎么着"的"愣头青"态度，同意了西太后的要求。

于是，在八月十三日明发上谕：定于九月初九日甲子卯时，在紫禁城太和殿举行嗣皇帝登基大典。第二天再发上谕：定于九月二十三日辰时，嗣皇帝亲率护驾诸臣，"恭奉皇考大行皇帝梓宫回京"。

这两件大事的日期确定了，对于两宫太后和恭亲王来讲，顾命八臣彻底失败的日期也就同时确定了，只是顾命八臣自己不知道而已。

当然，顾命八臣也并非完全没有任何布置：八月十八日，肃顺等就拟定了回銮的具体安排。由载垣、端华等人护送两宫皇太后和嗣皇帝，在辞别大行皇帝梓宫后，抄近道先行回京，以便梓宫回京后嗣皇帝能在东华门跪迎灵驾。而大行皇帝的梓宫，则由肃顺亲自护送，"从容回京"，以昭郑重。

顾命八臣这样安排的目的，一是考虑到万一回京之后，皇太后与奕䜣有什么非常的举动，则顾命八臣最坏也不至于被同时一网打尽；再就是有意将皇太后、皇帝与大行皇帝的遗体隔离开来，并由肃顺亲自控制着大行皇帝的遗体。在他的分析，皇太后与奕䜣纵使事先有什么"异谋"，也断不能成功。当年清圣祖康熙驾崩于畅春园，诸皇子争夺大位十分激烈，而世宗雍正所以能顺利即位并迅速掌控局势，使得他那些满心不服的兄弟不得不就范，其中很重要的一个原因，就在于雍正皇帝牢牢地控制住了大行皇帝康熙的遗体。

肃顺认为所有事情都安排妥当之后，还做了一件让两宫皇太后皆大欢喜的事情。咸丰十一年九月初一日，内阁奉上谕，恭上两宫皇太后徽号（也称尊号）：母后皇太后（嗣皇帝的嫡母"东太后"）徽号为"慈安皇太后"，圣母皇太后（嗣皇帝的生母"西太后"）徽号为"慈禧皇太后"。以内阁名义对这两个徽号的解释是，"慈为福本，共欣仁惠之滂流，安乃寿征，永卜康强之叶吉；绵慈晖于天上，化日方长，延禧祉于宫中，祥云普荫"。

至此，臣民也就正式开始分别以"慈安""慈禧"来称呼两宫太后了。

这个时候，顾命八臣与两宫太后的关系表面上似乎也大大地缓和了。而肃顺大概也意识到自己先前的那出"集体罢工"的戏唱得太过火了，使得内外臣工都知道自己与皇太后公然决裂，对自己非常不利，想趁此机会有所弥补，从而再制造一个两宫太后与顾命八臣其实是上下一心、精诚团结的政治假象，以迷惑天下臣民。于是他走了一着自认为"绝妙"的好棋。可惜他生不逢时，遇到慈禧太后这样一个几乎天生就非常高明的政治家，以至于他的这着得意的"妙棋"在慈禧太后面前竟然变成了一着臭不可闻的"臭棋"。而且因为这一着走错，最终导致满盘皆输。

　　肃顺自以为得意的这着棋是，先于九月初四日发一道上谕："端华调补工部尚书，并补授步军统领。行在步军统领，亦着端华暂行署理。"这本身就是自己封自己的官，主要目的是为了巩固并扩大自己一派的权力，主要是将卫戍的兵权抓在手里。但肃顺的意思尚不止于此，他还想借此假惺惺地向两宫皇太后表功，从而进一步获得皇太后对他们几个在这段时间以来工作的公开肯定和表扬。

　　因此，在第二天与两宫太后"见面"时，他和载垣、端华三人采取了一个"以退为进"的策略，向两宫太后当面奏称，自己三人自入受顾命以来，所兼领的差使实在太多，简直就是日理万机，因此恳请皇太后将自己三人所兼领的各项差使"酌量改派"，以减轻自己的工作负担。话虽说得婉转好听，但意思却十分明白，无非是要皇太后公开下诏肯定并表扬他们的工作。如果按照从前皇帝处理类似问题的惯例，他们三个的脸皮既已厚到这个地步，皇太后一定是要他们拟发一道明发上谕，不仅要对他们大肆表彰，而且要"温旨慰留"，并在上谕的末尾一定要加上这样一句语气坚决的话："载垣、端华、肃顺等毋庸固辞。钦此。"

　　按肃顺的算盘，这样一来，上谕煌煌，布告天下。天下臣民就会无不相信两宫皇太后对顾命八臣信任甚深，倚重甚深。从此以后，既不会再有人说他们八位揽权，也多少可以向外界厘清关于皇太后与顾命八臣不和的"传言"，从而制造出一副两宫太后与顾命八臣上下一心、和衷共济的假象。

　　谁知肃顺的这套把戏却被慈禧太后一眼看穿。她不但不上当，反而假装"不懂规矩"，不按牌理出牌，一点都不跟他们三个"客气"，顺水推舟地"着照所请"，完全批准了他们的"请求"：面谕"载垣著开銮仪卫、上虞备用处事务；端华著开步军统领缺；肃顺著开管理理藩院并向导处事务"。慈禧太后的这着"将计就计"不但让肃顺等人后悔不已，而且也让他们吃惊不已——他们根本没料到这个处于深宫之中的年轻寡妇，竟然会有这样厉害的政治手段。

　　现在肃顺等人此举一出，就已经不是"偷鸡不成蚀把米"那么简单了，因为他们蚀得实在太多了。首先，步军统领下面管辖两镇总兵，担负保卫京师的重任，等于今天的卫戍区司令，"一呼即可集两万兵"，可谓是极重要的兵权。这也正是肃顺三人为什么要自己给封自己这个官的缘故。现在没了这份兵权，顾命八臣就成了真正的赤手空拳，唯有傻呵呵任人宰割了。而这个职务随即被慈禧太后委派给了她的妹夫醇郡王奕谟了。

再就是銮仪卫掌管皇帝的仪仗车驾，一旦发生政变，如果将銮仪卫抓在手里，就能摆得住场面，示臣工以"天命"所在，自己处于"正统"的一方，对方则理所当然地成了"叛逆"。

而管理理藩院事务则是专门负责与蒙古王公打交道。在清朝，蒙古王公对朝廷的影响非常大。如果当政者没有蒙古王公的支持，简直就是一件不可想象的事情。

向导处则专门负责皇帝出巡时"打前站"的工作。没有这个差使，难怪后来回銮时护送梓宫在后的肃顺，对前方尤其是北京发生的事情懵然不知。甚至连北京的政变已经发动，先回京的载垣、端华已经被捕，两宫太后逮捕自己的命令已经发出这样严重的情况也一无所知，终至于他自己还在睡梦中就成了阶下囚。

慈禧迅速返京
演戏以博同情

十

九月的热河行宫，天气逐渐转冷，预定皇驾回銮的日期很快就到了。九月二十三日一早，根据事先议定的程序，两宫皇太后率嗣皇帝，在大行皇帝梓宫前行完奠酒礼，就由载垣、端华等扈从，匆匆从间道先回北京。剩下肃顺、醇王奕谡、陈孚恩等护送梓宫在后面缓缓而行。顾命八臣此时已无可调之兵，所以承担沿途警戒护卫的军队，表面看起来有好几支，其实最关键的还是醇郡王刚刚从端华手里接掌过来的步军和胜保控制的部队。

九月二十九日，两宫皇太后和嗣皇帝安然抵达北京德胜门。奕䜣率"留京"的王公大臣和文武百官出城迎接。这里不妨比较一下承德的去回日期，去年（咸丰十年，1860 年）秋天，英法联军打到通州，咸丰皇帝从圆明园仓皇逃往承德，如丧家狗般逃命之时，当然越快越好，但尚且花了八天时间才走完这段路途，而此时在后无追兵、相对从容的情况下，两宫太后与嗣皇帝居然只用了六天时间就赶完这段路程，可见慈禧太后对拿下顾命八臣，进而垂帘听政，是多么的心急如焚。

而就在入京这一天，还没有等进入紫禁城，慈禧太后就迫不及待地紧急召见恭亲王奕䜣、大学士桂良、贾桢、周祖培和唯一留京的军机大臣文祥等重臣。在慈禧太后的煽情感染下，两宫皇太后一齐对着这帮重臣痛哭流涕，历数顾命八臣如何的跋扈不臣，如何的欺负孤儿寡母。慈禧的天才表演让听者无不动容，觉得她们母子太过可怜，肃顺八人又实在太过可恶。

本来就与肃顺有"不共戴天"之仇，并因此一直积极活动"倒肃"的周祖培，此时一副"君辱臣死"、义愤填膺的样子，以堂堂"相国"之尊，竟然顾不得御前奏对的仪制，径直打断皇太后的话，说："皇太后何不重治其罪？"

慈禧太后演了半天戏，其实要的就是他这句话，便立即装作不懂而且可怜的样子问："他们既是大行皇帝的顾命大臣，又是赞襄政务王大臣，也可以治他们的罪吗？"周祖培心中早有谋划，自然备有办法，说："皇太后可先降旨解除他们的职务，就可以治他们的罪了。"慈禧太后再次正中下怀，心里叫了一声好，马上点头称善。

于是，第二天（咸丰十一年九月三十日，西历 1861 年 11 月 2 日），一场改变清王朝乃至整个中国未来命运的政变，就正式上演了。

十一 辛酉政变上演 奕䜣逮捕肃顺

咸丰十一年九月三十日（1861 年 11 月 2 日），载垣、端华等七个顾命大臣刚回到紫禁城隆宗门内的军机处"值庐"时，正好碰见恭亲王奕䜣带领周祖培等一大帮重臣来到宫廷。载垣、端华等意识到非比寻常，不能坐视不管，所以立即将他们拦住。载垣以顾命大臣之首的身份说道："此乃大清宫禁重地，外廷臣子，不得擅入。六叔这是干什么？"

按照爱新觉罗宗室的排行，载垣比奕䜣小一辈，所以称他为"六叔"。可这位"六叔"却并不买他这个"侄儿"的账，只是冷冰冰回答他四个字："奉旨觐见。"联系到这两天异乎寻常的氛围，载垣此时已知道奕䜣乃有备而来，事态已是十分严重。但他勉强还能保持自己亲王重臣的派头，故作镇静地说："六叔这不是开玩笑吗？我朝列祖列宗的家法，皇太后不能召见外臣，您老想必也是知道的。"他抬出"祖宗家法"这顶大帽子，奕䜣自知理亏，所以冷笑不答。局面一时就僵住了。

正在这时，有宫内太监适时地出现，郑重传谕召见奕䜣等人。载垣此时已然气急败坏，再也顾不得自己的仪制身份，一把抓住传谕太监的衣领，厉声喝问："浑蛋，你给本王说清楚，你传的到底是皇上的'上谕'，还是太后的'懿旨'？"

因为皇帝才6岁，自然不会传什么"上谕"，但若说传的乃是皇太后的懿旨，则就明显违反祖制。所以载垣情急之下，也算是问在点子上。可惜现在已于事无补。

眼见那太监惶惶然不知所措，于是载垣一把摔开太监，转身再次向奕䜣等重申："恭六叔，我朝列祖列宗家法森严，皇太后不得召见外臣，否则与垂帘听政有什么分别？"端华也用手指着奕䜣，重复载垣的话警告说："外廷臣子，不得擅入宫禁！恭老六，你可别犯糊涂。"奕䜣不屑地说道："这些话，你们几位还是留着明儿个给皇太后当面说去吧。"语毕，立即带领诸重臣，撇开呆若木鸡的顾命大臣，扬长入内。

也许到了此时此刻，气急败坏的顾命大臣们才发现，原来自己认为已经坚如磐石的地位与权势，事到临头却竟然如此的不堪一击。无计可施而又心有不甘之余，只好一齐回到军机值庐静观其变。

这个时候，束手无策的载垣等人，肯定意识到必须马上给扈从梓宫在后缓缓而行的肃顺传递信息。但为时已晚，条件已经不允许了，因为整个京师的局势都已经完全被皇太后和恭亲王掌控了。他们自己已成砧板上的鱼肉，已经回天无力。

由于一切早已布置妥当，所以奕䜣等诸重臣与皇太后的此次见面，虽然阵容庞大，却只不过是"走程序"而已。慈禧太后再次开始表演，她对着这帮重臣痛哭流涕，历数肃顺等顾命八臣在承德飞扬跋扈、矫诏揽权的种种罪状。在获得诸重臣的一致支持后，立即颁布四道事先早已拟好的上谕，主要内容如下。

一、谕内阁及王大臣等：妥议皇太后亲裁大政并另简近支亲王辅政事宜具奏；

二、谕内阁：解除赞襄政务王大臣职务，并派恭亲王奕䜣等会议皇太后垂帘听政事宜；

三、谕：将怡亲王载垣、郑亲王端华等革去爵职，交宗人府会同大学士、六部、九卿、翰、詹、科、道，严行议罪；

四、特谕：睿亲王仁寿、醇郡王奕譞，将扈从梓宫的肃顺立即革

194

去爵职，并即行逮捕，押解来京。与载垣、端华同交宗人府，会同大学士、六部、九卿、翰、詹、科、道，严行议罪。

清代二品官服图案

奕䜣等人在御前承旨出来后，径直来到军机处。载垣等在屋里远远望见他们，知道来者不善，但他们并不甘心自己的失败，所以也不甘示弱地迎了出来。此刻已是图穷匕见。

奕䜣在顾命大臣面前站定，铁青着脸宣谕："上谕。载垣、端华、景寿、穆荫、匡源、杜翰、焦佑瀛接旨！"眼见事情已经到了"不可为"的绝地，载垣反倒冷静些了。他昂然而立，冷笑着说："七月十六日早有明发谕旨，自大行皇帝宾天时起，凡上谕须均经我们几个在御前承旨拟定，如今我们几个都不曾在御前承旨，六叔的这道上谕，却从何而出？"端华则依旧气势汹汹地威胁说："恭老六，你乃是宣宗成皇帝的皇子，大行皇帝的胞弟，如今大行皇帝尸骨未寒，你们叔嫂就敢公然串通一气'乱命''矫诏'，你们忠孝何在？天良何在？又何以仰对宣宗成皇帝和大行皇帝的在天之灵？"

所谓的"乱命"，是指皇帝在非正常的情况下发出的、或不符皇帝本意、或违背情理逻辑的命令。而"乱命"是臣下所能拒绝执行

的。而所谓"矫诏",则是我们通常所说的"假传圣旨"。不管是蒙蔽、胁迫皇帝下发"乱命"者,还是"矫诏"者,论律都是造反的罪名。只要能坐实一条,奕䜣都是吃不消的。

奕䜣此时也没工夫去跟他们逗口舌之利。眼见载垣、端华并无丝毫奉诏就范的意思。为了免生事端,早有布置的奕䜣便不跟他们废话,甚至连上谕也不跟他们宣读,只吩咐侍卫将载垣、端华二人拿下。

早就在隆宗门内准备好的侍卫一拥而上。载垣、端华大喝:"我等乃大行皇帝顾命的赞襄政务王大臣,没有大行皇帝的遗命,哪个敢拿?"众侍卫早被恭亲王收买,也不理会他们,三下五除二地就将两人褫夺衣冠,拥出隆宗门。载垣、端华回头还想找寻自己的随从,却早已被驱散了。就这样,这两位世袭罔替的"铁帽子王爷",顷刻之间,就从权力的顶峰跌入谷底,被押进宗人府关押起来。

这边,奕䜣回过头来再问穆荫等其他五个顾命大臣,奉不奉诏?他们几位既群龙无首,也就唯有乖乖就范,规规矩矩地跪下来,仔细听奕䜣宣读完上谕,然后再规规矩矩地回家闭门待罪。

同一天,按照事先的默契,武英殿大学士贾桢、体仁阁大学士周祖培、户部尚书沈兆霖、刑部尚书赵光等人联名上疏,正式以书面的形式,公开吁请皇太后"亲操政权以振纲纪",而且是"不居垂帘之虚名,而收听政之实效"。于是,朝野上下,普遍支持垂帘的声势,几乎在瞬间形成。

恭亲王当众宣读的这道上谕,是这次政变的决定性文件,对清朝,乃至整个中国近代史都有至关重要的影响,全文如下:内阁奉上谕:上年海疆不靖,京师戒严。总由在事之王大臣等筹划乖方所致。载垣等复不能静心和议,徒诱捕英国使臣,以塞己责,以致失信于各国。淀园(圆明园)被扰,我皇考巡幸热河,实圣心不得以之苦衷也。嗣经总理各国事务衙门王大臣等,将各国应办事宜,妥为经理,都城内外,安谧如常。

皇考屡召王大臣等议回銮之旨,而载垣、端华、肃顺朋比为奸,

196

总以外国情形反复，力排众议。皇考宵旰勤劳，更兼口外严寒，以致圣体违和，竟于本年七月十七日龙驭上宾。朕呼地抢天，五内如焚，追思载垣等从前蒙蔽之罪，非朕一人痛恨，实天下臣民所痛恨者也。

朕御极之初，即欲重治其罪。唯思伊等系顾命之臣，故暂行宽免，以观后效。孰意八月十一日，朕召载垣等八人，因御史董元醇敬陈管见一折，内称皇太后暂时权理朝政，俟数年后朕能亲裁庶务，再行归政；又请于亲王中简派一二人，令其辅政；又请于大臣中简派一二人充朕师傅之任。以上三端，深合朕意。虽我朝向无皇太后垂帘之仪，朕受皇考大行皇帝付托之重，唯以国计民生为念，岂能拘守常例？此所谓事贵从权。特面谕载垣等着照所请传旨。

该王大臣等奏对时，哓哓置辩，已无人臣之礼。拟旨时又阳奉阴违，擅自改写作为朕旨颁行，是诚何心？且载垣等每以不敢专擅为词，此非专擅之实迹乎？

总因朕冲岁，皇太后不能深悉国事，任伊等欺蒙，能尽欺天下乎？此皆伊等辜负皇考深恩。若再事姑容，何以仰对在天之灵？载垣、端华、肃顺著即解任！景寿、穆荫、匡源、杜翰、焦佑瀛着退出军机处。派恭亲王会同大学士、六部、九卿、翰、詹、科、道，将伊等应得之咎，分别轻重，按律秉公具奏。至皇太后应如何垂帘之仪，一并具奏。特谕！

这是这场政变中第一道重要的上谕。这道上谕虽然只是将顾命八臣解职，但因为垂帘听政本身就没有法理基础，所以不得不长篇大论地给八臣罗织罪状，以示"朕"实在有"不得已"的苦衷。因为，不如此则不能挣脱祖制的束缚，不能挣脱祖制的束缚则不能解除八臣之职，不能解其职则不能治其罪，不能治其罪则根本就谈不到垂帘。

这么长的圣谕，不可能很快写成，所以，这是恭亲王奕䜣和周祖培等人早就写好的，面见慈禧之时，应该早就揣在衣兜里了。

其实根据周祖培的建议，奕䜣身上同时还有的另外一道上谕，就直截了当得多了——那是专门为载垣、端华、肃顺三个"主犯""量身定做"的。奕䜣先前之所以能干脆地将载垣、端华两人直接"拿问"，正是以这第二道上谕作为依据。只是因二人有"抗旨"的迹象，为了免生事端，奕䜣才没有当场宣读。

至此，政变的关键一步，也就是推翻顾命制度的主要程序实际上已经完成。接下来就应该"上演"另外一个重头戏——逮捕顾命八臣的主脑人物、正护送梓宫在途的肃顺了。

其时肃顺与睿亲王仁寿、醇郡王奕譞等人，正护送咸丰皇帝的梓宫行至密云县，距离北京仅有一百余里。如前所述，由于之前的一系列自误，此时的肃顺完全不知北京已经发生极其严重的政变，他所代表的顾命辅政制度已被皇太后与恭亲王等人联手彻底推翻，包括他在内的顾命八大臣已被解职，他本人和他的同党怡亲王载垣、郑亲王端华已被革去爵职，载垣、端华已锒铛入狱，甚至逮捕他的上谕也已由北京快马发出等重要情况。

事实上当逮捕肃顺的上谕递到密云的时候，已经是半夜。肃顺还拥着他的两个小妾酣睡正甜呢（国丧期间护送梓宫而私带妾侍，是为不忠不孝，乃是"大逆不道"的罪名，光凭这一条肃顺也是个死罪。所以这后来理所当然地成了肃顺的"大罪"之一，但这是不是奕䜣或慈禧故意让人给他安排的，也不好查明）。根据奕䜣的部署，负责此次逮捕行动的正是与肃顺一同护送梓宫的睿亲王仁寿和醇郡王奕譞二人。

年轻的醇亲王奕譞接到命他逮捕肃顺的上谕时，高兴得不得了。因为这不但是他拿肃顺一出胸中恶气的好时候，也是他有生以来第一次有机会"大显身手"的好时候。于是，他兴致勃勃地立即会同睿王仁寿，兴师动众地带领大队人马，将肃顺的驻地严严实实地包围起来。其实肃顺的七个同党既已一网成擒，加上他此前所犯的一系列策略性错误，此刻肃顺早就成了赤手空拳的"光杆司令"一个。何况奕䜣已做了十分周密的布置，现在肃顺和先前的载垣、端华等人一样，已经成了地地道道的瓮中之鳖。所以逮捕肃顺虽然是政变中重要的一个步骤，但已是绝无悬念之事，奕譞大可不必大动干戈，闹得鸡犬不宁、草木皆兵的样子。

　　奕譞气势汹汹地破门而入，将肃顺从睡梦中叫起来。肃顺此刻虽然已经到了穷途末路，但仍然不改他桀骜不驯的本色，镇定而傲然地听着比他还要紧张的奕譞结结巴巴地宣完上谕后，才变得跟载垣、端华一样，不但拒不奉诏，称此乃"乱命""矫诏"，而且还像一头疯了的狮子一样，大肆咆哮，甚至还破口大骂。醇亲王和睿亲王的办法其实也跟奕䜣一样，就是不理他，径直将他拿下。于是，在肃顺的一片大骂声中，他被强行押上囚车，连夜押解回京，跟他同父异母的四哥端华以及载垣一起，关押进宗人府。而 21 岁的醇亲王奕譞，也终于算是完成他平生第一件、也是最得意的一件"大事"了。

奕譞（左）和奕䜣（右）骑马像

　　据《清史稿》和另一位与当时一些重要人物，如曾国藩等均来往密切的人物薛福成的记载，肃顺被押进宗人府一见到载垣、端华二人时，就大骂他们是废物，还说："如果早听我的话，何至于有今日？"由此可知，肃顺此前的确有对慈禧太后和奕䜣"先下手为强"的计划。只是不知何故没有被载垣、端华采纳。载垣此时也正气不打一处来，回敬肃顺一句："得了吧，若是不听你话，我这个'铁帽子王爷'还当得好好的呢。我落到今天这个下场，就是因为太听你话的缘故。"端华则劝解说："事已至此，还吵些什么？老六，你还是快想个法子挽回补救是正经。"

肃顺此时虽然已沦为阶下囚，其实心里并不十分惧怕。以他现在的处境，当然没有别的办法可想，但他却一定有一个指望，那就是拖延时间。按惯例，审判他们这种重案，绝非三两天就能结案定罪的。此时已是十月初一日，而早有上谕明定于十月初九日举行嗣皇帝登基大典。登基大典乃是国家最大的喜事，因此在大典期间是绝对不能杀人的，何况要杀像他们这样的顾命大臣？并且就算是在平时，朝廷要处置他们，按例都应该征询各主要疆臣的意见。

肃顺对手握几十万湘军的曾国藩有提携之恩，他相信曾国藩在关键时刻必定会挺身而出，力保自己，还有湖广总督官文，在汉人气盛的今天，更是被朝野视作旗人中的凤毛麟角。但几乎所有人肚子里都明白，官文这个"凤毛麟角"，完全是仰仗湘军的力量成事。所以，假如曾国藩找他一起上疏稳定朝局，回护顾命八臣，他也不能不买曾国藩的账。

按肃顺的算盘，有曾国藩和官文一汉一满两大重臣，率领一班掌握清朝国运的湘军将领联衔相救，那么他们三人纵使不能免除一切处罚，恢复昔日"赞襄政务王大臣"的职务，至少也能重出与奕䜣等"新贵"一起"办事"。顶多就是自己做个让步，赞成垂帘听政而已。再不济也不至于会丧命。

所以，在肃顺看来，自己一派虽然表面上已经一败涂地，但只要能拖到十月初九，就并非没有化险为夷甚至卷土重来的可能。而现在距离十月初九，只有短短的九天时间。

其实，按常理来说，这些推测很有道理。可惜慈禧太后与恭亲王奕䜣，以及满朝文武对肃顺皆恨之入骨——他平日结怨太多了。慈禧太后是恨他把持朝政，对自己诸多"无君臣之礼"的蔑视与欺凌；奕䜣是恨他对自己的排斥与打击，顾命大臣有八个之多，却硬是被他挤得没有自己的份。虽说那是大行皇帝亲自裁夺的名单，但显然也是肃顺从中作梗的缘故；其他亲贵大佬如桂良等旗人贵族，是恨他从来瞧不起旗人，不但常常公开骂旗人都是饭桶，还借"戊午科场舞弊案"执意杀了旗人中的代表人物文渊阁大学士柏葰；而如周祖培等汉人重臣，则恨他飞扬跋扈、目中无人，丝毫不给人留面子。有此三端合流，肃顺就非死不可了。既要他非死不可，就一定要他非速死不可，不给他一点翻盘的机会。而且还连带着他那位老兄郑亲王端华，以及怡亲王载垣也都跟着倒了大霉，非死不可。因为在顾命八臣的名单上，他们二位的排名在肃顺之前，名义上是领头的。所以，要置肃顺于死地，这两位"铁帽子王爷"也就断无活命之理。

十二 奕䜣得封议政王 肃顺被斩菜市口

虽然顾命八大臣已被打倒，为首的肃顺等人也已锒铛入狱，但慈禧太后与恭亲王此时还真挪不出手来马上处置顾命八大臣。因为摆在他们面前的当务之急，是必须立即组成一套新的政府班子。这不是简单的急于要给组织、参与政变的有功之臣论功行赏——虽然这个因素也很重要，但主要还是因为必须有一套人马，来即时接收八大臣空缺下来的权力，以免形成权力真空。同时也是为了让奕䜣等人能有个名正言顺的身份，来主持对顾命八臣的处置。否则单是为了论功行赏的话，就大可以从容斟酌，至少不必如此迫不及待。当时的情况是，顾命八臣全部获罪去职，军机处原来的组成人员中，除了一个文祥外，其余都在顾命大臣之列。所以作为中央政府的行政中枢，军机处事实上已经瘫痪。

当然，人事安排的基本原则是早就定了的，那就是这个新政府班子必须是以恭亲王奕䜣为首。这正是慈禧太后与奕䜣之间的"交易"所在——奕䜣既已实现诺言，全力推动将顾命八臣以及他们所代表的制度彻底推翻，把两宫太后扶上垂帘听政的宝座，现在"革命成功"，就该两宫皇太后来兑现自己的承诺了。

因此，恭亲王无可争议地必须成为新政府的首脑，也就是俗称的"军机领班"。但光是个"军机领班"，也还不足以慰劳他的功绩，于是慈禧又想出个名目，那就是"加授议政王"衔，以示皇太后和皇帝对恭亲王的"倚重之深"。

清代军机处

为什么不直接封个"摄政王"呢？了解清史的人都知道，世祖顺治皇帝即位之初，皇帝的叔父多尔衮不就是封的摄政王吗？这有两个原因，第一个原因正是考虑到多尔衮的前车之鉴：多尔衮虽然权倾一时，是个真正的"无冕之皇"，但其身后的下场却实在太不好了。他刚死的时候甚至还被追尊为"成宗义皇帝"，可是，仅仅一个月后，他就遭到顺治皇帝的无情清算——不但废黜刚给他的皇帝尊号（含庙号、谥号），还被削去原有睿亲王的封爵，甚至黜去爱新觉罗的宗籍，贬为庶人。直到乾隆年间，才被部分"平反"。有这样一个"摄政王"的先例存在，奕䜣自己就无论如何不会对"摄政王"这个头衔感兴趣；第二个原因，"摄"者"代"也，摄政王是代行天子之权，如今皇太后既然临朝听政，代行天子之权的自然就是皇太后了。就这一条来讲，奕䜣也只能"议政"，不能摄政。

不过，两宫皇太后对奕䜣个人的酬谢仍不止于一个议政王。咸丰十一年十月初八日，也就是嗣皇帝在太和殿正式即位的前一天，内阁奉上谕：恭亲王奕訢"著以亲王世袭罔替"，以"非常之恩"封了他一个"铁帽子王"，然奕訢无论如何不敢受此非常之恩。以至于他在两宫皇太后和嗣皇帝面前声泪俱下地坚辞不受。两宫太后没办法，只好降旨，这个事情暂行缓议。同时许诺，等皇帝亲政的时候再行办理。

尽管如此，两宫太后还是坚持要给奕訢"赏食亲王双俸"，就是给他亲王的双份工资，"以示优礼"。到此地步，奕訢也不好再固辞了。因为若再不接受的话，就变成矫揉造作、不识抬举了。

恭亲王奕訢领导的政府班子一开始运作，第一件事就是要对肃顺等顾命八臣进行处置。由于以慈禧太后和恭亲王为首的"胜利者"一方必欲置肃顺于死地，所以，就在新政府宣布组成的第二天，便立即以迅雷不及掩耳之势开始了对"阶下囚"的彻底清算。

咸丰十一年十月初五日，根据九月三十日那道上谕，由奕訢亲自主持，召集内阁、六部、九卿、翰、詹、科、道，在宗人府召开联席会议，讨论对顾命八臣的处置。

由于要处置的毕竟是大行咸丰皇帝临终顾命之臣，因此几乎所有当朝重臣都参与了这个"历史性"的会议。有一部分是顾及大行皇帝的遗命和颜面，认为他们是大行皇帝的托孤之臣，如今大行皇帝尸骨未寒，就要屠戮他的托孤之臣，不但于心不忍，也显得继位的嗣皇帝丝毫不给皇考大行皇帝留余地，不是为继者应行的孝道。

还有一部分人则是念及为首的载垣、端华、肃顺三人的宗室身份。尤其是载垣和端华，他们都是世袭罔替的"铁帽子王"，符合朝廷"议亲议贵"之条。何况自清朝开国至今，还没有公开杀"铁帽子王"的先例。

当然，也有一些人觉得，顾命八臣说到底也是站在维护"祖宗家法"的严正立场上，就算做法有些偏激甚至十分过头，但终究也是情有可原的。

还有相当一部分人颇能对肃顺看法持平。认为他虽然狂悖跋扈、目中无人，但对朝廷的贡献也是有目共睹的。尤其是他一手维持的、以曾国藩为统帅的湘军，刚刚从太平天国手里夺下长江第一重镇安庆。现在正当肃顺功劳彰显的时候，却被革职问罪，难免会让局外人想起"兔死狗烹、鸟尽弓藏"的话来。也说不定就会寒了前方浴血奋战的湘军将领的心，再激出什么意想不到的变故来，局面就真的不好收拾了。

而且要处置顾命大臣这样的重臣，不征求曾国藩等前方重要疆臣的意见，也实在很难说得过去。当然，这样的意见，此时也只是腹诽而已，当此情势，是无论如何不能拿到桌面上去讲的，否则就会有"附逆"之嫌。总之这部分人是主张从轻处罚的。

还有一种意见则是主张对顾命八臣，尤其是对载垣、端华、肃顺三个"首恶"从严处置的，而且这三人中又以肃顺为主。这部分人中大多数是不满肃顺等人的跋扈。当然，也有些人是揣摩到慈禧太后有必欲置肃顺于死地的意思，"闻风希旨"，拍皇太后的马屁，对肃顺落井下石的。

更有一种人是公报私仇的。前面讲过，肃顺为政的风格严厉，得罪了很多人。周祖培固然理所当然地属于这一类人，还有一个刑部尚书赵光，是当年文渊阁大学士、军机大臣柏葰的门生。咸丰八年，肃顺处理"顺天科场舞弊案"时，曾坚持杀了当时主持考试的柏葰，连大行皇帝都将柏葰保不下来，因此赵光这些门生当然对肃顺恨之入骨。而刑部掌管"秋曹"，处置犯官正好又是他当仁不让的事情，所以赵光的意见当然至关重要。赵光强硬坚持要杀掉肃顺，为他老师报仇的意思，几乎是尽人皆知的。

当然，最重要的还是主持会议的恭亲王奕䜣的意见，此时的奕䜣却无论如何不能让肃顺活命，这不仅是出于报一己私仇的目的，更是出于让刚确立的垂帘听政体制，和他所领导的新政府能尽量取得合法地位的考量。试想肃顺如果罪不至死的话，那他们发动政变的行为就不但是师出无名，而且简直是对列祖列宗和大行皇帝的公然叛逆。因此，在奕䜣这里，肃顺就无论如何非死不可了。

奕䜣既然抱定了这样的宗旨，那些为肃顺等八位抱屈的人，也就无可奈何了。所以会议的结果是给载垣、端华、肃顺三人拟了个凌迟处死的处分，也就是老百姓通常说的"千刀万剐"。其余景寿、穆荫、匡源、杜翰、焦佑瀛诸人，皆拟革职，并发往新疆效力赎罪。

肃顺等人现在已经身陷牢笼，慈禧并不给他们任何自辩的机会。这也是当政者必欲置其于死地的明证。加上又没有人敢出来为他们作切实的辩护，所以只好按照"成王败寇"的规律，由人宰割了。

当然，严格说起来，这还只是个"一审判决"，因为最终的量刑权还在两宫皇太后那里。于是在判决之后，奕䜣等人将这次中央政府各部门联席会议的结果奏上，两宫皇太后立即批准。并在第二天，也就是咸丰十一年（1861）十月初六日，正式颁布上谕，公告天下，历数会议所认定的顾命八臣罪状，同时宣布对他们最后的"判决"。此时上距九月三十日他们被逮捕仅六天时间，下离十月初九日嗣皇帝的登基大典，也仅只三天。肃顺唯一的指望——拖到嗣皇帝登基的大喜日子，然后再等曾国藩、官文、骆秉章等疆臣出面来营救他们的希望，至此已经成了泡影，他们甚至根本还不知道北京已经出了这样的大事，政局已经彻底"变了天"，更谈不到会不会甘冒绝大的政治风险去营救他们了。由此也可见慈禧做事雷厉风行的手段。

两宫太后颁下的上谕称：载垣、端华、肃顺跋扈不臣，均属罪大恶极，于国法无可宽宥，并无异辞。朕念载垣等均属宗人（所谓"宗人"，即爱新觉罗家族的人），遽以身罹重罪，悉应弃市（"弃市"，也就是公开处决，具体的方式则是砍头），能无泪下？唯载垣等前后一切专擅跋扈情形，实属谋危社稷，皆列祖列宗之罪人，非独欺凌朕躬为有罪也。

在载垣等未尝不自恃为顾命大臣，纵使作恶多端，定邀宽宥；岂知赞襄政务，皇考并无此谕。若不重治其罪，何以仰副皇考付托之重？亦何以饬法纪而示万世？即照王大臣所拟，均即凌迟处死，实属情真罪当。

唯国家本有"议亲议贵"之条，尚可从量末减，姑于万无可贷之中，免其肆市（"肆市"意同"弃市"）。载垣、端华均着加恩赐令自尽。即派肃亲王华丰、刑部尚书绵森迅即前往宗人府传旨，令其自尽。此为国体起见，非朕之有私于载垣、端华也。

至肃顺之悖逆狂谬，较载垣等尤甚，亟应凌迟处死，以申国法而快人心。唯朕心究有所不忍，肃顺着加恩改为斩立决（即"判处死刑，立即执行"，所不同者今天是用枪毙的法子，当时则是用砍头的手段，比之千刀万剐的凌迟，毕竟人道了不少）。即派睿亲王仁寿、刑部右侍郎载龄前往监视行刑，以为大逆不道者戒。

处置完载垣等三名"主犯"，接下来自然是处置其他五名"从犯"了：至景寿身为皇亲，缄默不言，穆荫、匡源、杜翰、焦佑瀛，于载垣等窃权政柄，不能力争，均属辜恩溺职。穆荫在军机大臣上行走最久，班次在前（此指穆荫担任军机大臣的时间最长，是军机处的"领班"），情节尤重。该王大臣等请将景寿、穆荫、匡源、杜翰、焦佑瀛革职，发往新疆，效力赎罪，均属咎有应得。唯以载垣等凶焰方张，受其钳制，均有难于争衡之势，其不能振作，尚有可原。

御前大臣景寿，着即革职，加恩仍留公爵，并额驸品级，免其发遣。兵部尚书穆荫，着即革职，加恩改为发往军台效力赎罪。吏部左侍郎匡源，署礼部右侍郎杜翰、太仆寺卿焦佑瀛，均着即行革职，加恩免其发遣。

从上谕中分析，载垣、端华之所以受死，很大程度上是拜肃顺所赐；而匡源、焦佑瀛两人之所以获罪不重，仅只革职，固然是慈禧太后与奕䜣为了迅速稳定政局人心而显示"仁慈"的结果，更多少是沾了景寿、杜翰两人的光。因为如果要重治匡、焦，则对景寿与杜翰二人的从轻处罚就无论如何说不过去。

不管怎么说，随着两宫太后上谕的昭告天下，清朝两百余年以来推行的顾命大臣辅政制度已经彻底土崩瓦解，以肃顺为首的顾命八大臣同时彻底失败！而载垣、端华、肃顺等"三凶"，那一点点活命的妄想，也迅即灰飞烟灭，就在发布这道上谕的当天，肃顺于菜市口刑场被斩，载垣、端华毙命于宗人府"空室"。

清代北京菜市口行刑时的情景

　　咸丰十一年（1861）是辛酉年，故这次政变亦称"辛酉政变"。此时的西太后慈禧年仅 27 岁，她以缜密的准备、闪电的快捷，发动了中外历史上罕见的宫廷政变，攫取了当时中国最高的权力。这次政变设计之缜密、呼应之巧妙、舆论之完善、行动之快捷、时间之准确、处理之精当，无不令世人拍案叫绝，扼腕叹服。直到今天，当我们重温这段历史的时候，依然不由得使人瞠目结舌。从中我们也可以看到慈禧的性格特点：果决、机敏、睿智、巧诈、冷静。

　　至此，慈禧首次出击，便彻底击溃了左右天下的顾命八臣，出手之快之狠，天下皆惊，从此开始横行天下。

第七编

慈禧垂帘听政
操纵同治光绪

慈禧太后像

光绪皇帝载湉像

一 慈禧垂帘听政 巧妙掌控奕䜣

"辛酉政变"是一次最高统治集团中争夺执政大权的宫廷政变，是君权与相权的一次大的冲突，以后宫和皇室的胜利告终，表现了两宫皇太后和恭亲王奕䜣的聪明才智。它的重大结果是清朝体制的一大改变。经过"辛酉政变"，否定"赞襄政务"大臣，而由慈安皇太后与慈禧皇太后垂帘听政，标志着大臣参与和主导治国的制度结束，这也是清朝政制上的重大改制，清政权更加集中于皇权和后宫之权。但从政变时加给肃顺等人的"不尽心和议"的罪名和政变后慈禧与奕䜣等人对外国侵略者的态度来看，它还标志着清政府向半殖民地政权的转化。

辛酉政变的结果虽然惊心动魄，但过程却极其平静，这得益于慈禧周密的部署和狠辣的手段，在短短的三天之内，不发一矢一枪，以极小的代价尘埃落定，朝野波澜不惊，浑若无事。这一成功的政变，同时也成就了慈禧人生中的第一次垂帘听政。

"辛酉政变"后，恭亲王奕䜣为议政王，这是当年睿亲王多尔衮辅政的再现。但有一点不同：既由帝胤贵族担任议政王、军机大臣，又由两宫太后垂帘听政。这样皇权出现二元：议政王奕䜣总揽朝政，皇太后总裁懿定。这个体制最大的特征是皇太后与奕䜣联合主政，后来逐渐演变为慈禧独揽朝政的局面。随之也产生一个制度：领班军机大臣由亲贵担任，军机大臣有满族两人、汉族两人。在清朝统治时期，大体维持了这种五人的军机结构局面。

就满洲贵族而言，"辛酉政变"主要是宗室贵族同帝胤贵族的矛盾与拼杀。两宫皇太后特别是慈禧皇太后，主要利用和依靠帝胤贵族，打击宗室贵族，取得了胜利。从此，慈禧作为中外反动势力勾结的产物和他们的代表，在半殖民地的中国进行了 47 年的罪恶统治。她上台的第一桩罪行，就是"借师助剿"和外国侵略者共同血腥镇压了著名的太平天国革命。中国历史上许多不平等条约如中英《烟台条约》、《中法新约》、中日《马关条约》、《中俄密约》、《辛丑条约》等都是在她统治时期与外国签订的。她的篡政和统治，使近代中国蒙受了无穷无尽的屈辱。

慈禧通过政变，扳倒八大臣的掣肘，推翻了咸丰帝设计的权力制衡方案后，王朝的政权出现了真空。慈禧将以怎样的方式来填补权力的真空？答案早就有了，也许早在慈禧与恭亲王奕䜣酝酿政变之初，叔嫂两人就精心设计了未来的皇权执行方案，那就是他们借着山东御史董元醇之手在奏疏中提出的两宫太后听政、亲王辅政的方案。如此设计可谓一举两得。政变成功之后，慈禧很清楚：当务之急是实施自己的听政计划。然而，在男女授受不亲的文化氛围里，后妃直面王公大臣是绝对不能被这个社会所接受的。

慈禧知道，女人是男人的附庸已被这个社会奉为至上的真理，不能逾越。即使是母仪天下的太后，也必须遵循男女有别、内外有别的古老信条。进入宫中以后，慈禧亲眼目睹了皇后、皇太后必须履行宫中规定。

依据男主外、女主内的社会分工，皇后责无旁贷地担起了统领内宫的职责。可前提是不能在皇帝以外的众多男人面前尽显姿容，宫中规定：在春节、皇后的生日，内外文武官员都要上贺折，但并不能面见皇后；皇太后过春节、生日的时候，在京官员可以进表称贺，也就是说皇太后可以接受官员的行礼，但是不能当面行礼。这天，皇太后要在慈宁宫内落座，王公大臣则在慈宁门外阶下跪拜，而三品以下文武官员竟然要在午门外跪拜！慈宁宫与午门之间可还隔着千山万水呐——午门是紫禁城的正门，中间要隔着太和门、三大殿（太和殿、中和殿、保和殿），然后向西左转，经过乾清门广场、养心殿门，才到慈宁宫门，进得慈宁宫门，最终见到慈宁宫。这实在是名副其实的遥拜，要想见到皇太后的尊容和芳姿，真比登天还难。

然而慈禧要以皇太后身份临朝听政，就不可避免要与群臣见面。怎样做才能既不违制，又能正常处理朝政？

读过史书的慈禧知道，太后临朝听政在汉代高祖刘邦死后就已经出现了，可吕后是如何临朝听政的，文献缺少记载。此后，东晋的历史上也有太后听政的，为了规避不得直面男人的规则，便在朝堂上垂帘执政。

东晋康帝司马岳仅做了两年的皇帝就死了，两岁的儿子司马聃即位，是为晋穆帝。由于穆帝年幼，无法亲理朝政，领司徒蔡谟等人要求太后听政，小皇帝的母亲褚蒜子以皇太后身份临朝称制。永和元年（345）正月新年朝会上，皇太后褚蒜子抱着小皇帝登临太极殿前殿，大会群臣。大殿之上，为临朝的皇太后褚蒜子专设了白纱帷帐。褚蒜子悬挂帘子在朝堂听政，既象征性地回避了与男人的直接接触，又代小皇帝处理了朝政。在向传统文化妥协的条件下，促成了皇权的连续发展。于是，太后垂帘就成为中国历史上一种封建专制主义皇权统治的特例，被那些企图临朝称制的太后们奉为圭臬。慈禧要做的，就是效仿她们，做一国之主。

还在咸丰十一年九月三十日，慈禧抵京的第二天，她就颁布上谕，对于听政一事"著王大臣、大学士、六部、九卿、翰詹科道，将如何酌古准今，折中定义之处，即行妥议以闻"。经过大臣们一议再议、一改再改，经过半个月的反复磋商，一份史无前例的垂帘章程终于出笼，对两宫太后垂帘一事作出规定：两宫太后召见、引见臣下时，都需要隔着帘子进行。

清朝皇帝与大臣的交流有两种比较常见的形式：折奏与面奏。而臣下面奏皇帝时，又分为召见、引见。召见，俗称"叫起"，皇帝要商议军国大事时，就召见御前大臣、军机大臣、六部九卿等官员，召见时必须由重要的官员带着面见，这些重要的官员主要是亲王、御前大臣轮流带领；引见，俗称"递牌子"，是被任命的有一定品级的文武官员上任之前，面见皇帝，引见需先进名单、履历折、绿头签，一人或数人觐见。召见或引见的官员须由奏事处的太监传旨，直呼被召见人的姓名然后领进屋，大臣进来必须先跪安养心殿明间，口称"臣某某某恭请皇上圣安"，满人则称"奴才"，起立后趋走到皇帝所坐近前，在预设的白毡垫上再次跪下，皇帝问即答。

无论召见、引见的时间有多长，官员必须一直跪奏，待皇帝说"跪安"，方表示谈话结束，才可起立后退至门口，然后转身退出。清代只有极少数人因身份特殊，可坐或站与皇帝谈话。

跪奏是一件痛苦的事情，因此大臣们都练就了言简意赅的本领，常常在三句话内就将问题说清楚，以免皇帝继续追问，以减少跪奏的时间。而且多半用厚棉絮做成护膝，以免跪奏时间过长引起疼痛，并且经常练习以免"失仪"（清制君前"失仪"要受处分）。清代笔记载：同光时军机大臣王文韶年届七十，仍每日在家练习下跪。皇帝召见大臣在养心殿的东暖阁，引见大臣则在养心殿的明间。

为了显示两宫太后听政与历代皇帝处理朝政没有区别，慈禧决定召见、引见臣下时，地点不变，依然在养心殿，只是隔上了薄薄的帘子，在东暖阁召见时，在东大墙前的栏杆上罩上一幅黄幔；在明间引见时，则用八扇黄色纱屏相隔。

十一月初一，在养心殿举行了两宫太后垂帘仪式。此殿从雍正帝开始，就成为皇帝处理日常政务之所，批阅奏章，召见引见臣下，均在此进行。这一天，养心殿从里到外，布置一新，金碧辉煌，大殿正中高挂着雍正帝御书的"中正仁和"的匾额，他是在告诫自己与子孙：做帝王要中庸正直，仁爱和谐。慈禧能够明白其中的含义吗？

6岁的小皇帝载淳端坐御案后的宝座上，他的身后放置八扇精致的黄色纱屏，透过纱屏可以看见两宫太后端坐在后，此时的慈禧一定是志得意满，因为刚刚年满27岁的她，将在这里开启大清帝国两百多

养心殿内景

年历史上空前绝后的皇太后"垂帘听政"的历史。谁也没有想到就是这个年轻女人，竟然在她以后的人生岁月里，牢牢控制大清朝政长达47年之久，王公大臣无不心悦诚服地匍匐在她的脚下，顶礼膜拜。

　　慈禧在筹谋垂帘听政的同时，也一直考虑如何兑现筹谋政变计划时对恭亲王奕䜣的承诺——亲王辅政问题。慈禧也知道，如果没有恭亲王奕䜣的呼应和全力支持，深居后宫的她即使拥有三头六臂也无法与肃顺一党抗衡，更不要说顺利完成这一雷厉风行的政变。然而在事情成功之后，慈禧更担心会培养一个"多尔衮"出来。

　　恭亲王奕䜣文武兼备，有勇有谋，经历咸丰朝的挫折与压制，做事更加历练、老到。扳倒肃顺一党后，朝中诸事还需仰仗他全面斡旋。但是，如果封赏不当，或者奕䜣心怀不满，处处为难自己；或者奕䜣权倾朝野，功高盖主，那么自己将如何控制局面？

　　慈禧清楚，自己要的并不是皇太后垂帘听政之名，要的是垂帘听政的名实相符，要的是大权独揽。所以，慈禧认为必须控制奕䜣，她封赏奕䜣的原则就是封赏与控制相结合。如，她只以"议政王"相许奕䜣。

慈禧从政变成功的当天开始，接连下发了奖赏奕䜣的谕旨：十月一日，"恭亲王奕䜣，著授为议政王，在军机处行走"；十月二日，"恭亲王奕䜣，著授总管内务府大臣"；十月初八日，"恭亲王奕䜣，著先赏食亲王双俸，以示优礼"；十月初九日，"恭亲王之长女，著即封为固伦公主，以示优眷"。十月初十日，"恭亲王生母康慈皇太后，请升祔太庙，并据请将前上尊谥改拟，从十字加至十二字的最高规格以表尊崇"。同治元年元月初一日，"恭亲王加恩著在紫禁城内坐四人轿，以示优异"。

短短两个月的时间里，慈禧对于恭亲王奕䜣的恩遇多得让人眼花缭乱，无论对奕䜣本人，还是其家人，无不优礼相加。表面看来，慈禧对于奕䜣在政变中的积极作用以及实现垂帘听政的心愿回报之隆厚，已达无以复加的程度。但是，如果真的这样认为慈禧，那实在太小看慈禧的心机了，她不过是在稳住奕䜣而已，因为打击了顾命八臣之后，满朝官员已经唯奕䜣之命是听了。

慈禧授予恭亲王奕䜣为"议政王"，乍看起来奕䜣似乎拥有了摄政王多尔衮般的尊崇和权力。然而，"议"者，商议也！对于朝中上下大小事情只有商议、建议的权力，绝无决定的权力。而"摄政"则是直接处理政务，多尔衮的权力任何人不得干预，他一人独断大清帝国所有的军国大事，即使是孝庄皇太后也不得不看他的脸色行事，对于他的决断听之任之。"议"与"摄"一字之差，可作用却完全不同。

虽然慈禧随后又令奕䜣掌管军机处、总理各国事务衙门、内务府、宗人府等政府重要的部门，然而奕䜣权力的行使，必须遵行她的允准，无论他权力有多高、位置有多重，他也只不过是皇太后手里掌控的一枚棋子罢了，大清朝廷的权力完全掌握在皇太后的手里，因为任何谕旨的颁发，都需要两宫太后钤印才能生效。这就是慈禧，她不会给任何人可以凌驾于她之上的机会。

二 慈禧学习理政 适时罢免奕䜣

　　慈禧对权力的追逐有着令人难以想象的渴望，她要驾驭她所能驾驭的全部，绝不给对手或者潜在挑战者以任何可乘之机。

　　慈禧清楚记得，咸丰帝死后她与八大臣的第一次交锋，之所以八大臣要从根本上剥夺两宫太后的权力，是因为咸丰帝的遗诏中没有明确划分决策权的归属，以致给肃顺等人以可乘之机。因此，从垂帘听政伊始，慈禧就向朝廷上下大小官员明确她的权力："特通谕中外臣工、九卿、科、道有奏事之责者，于用人行政一切事宜者，皆得据实直陈，封章密奏。务各抒己见，毋以空言塞责。"

　　按照这一规定，凡是各省和各路军营的一切关于行政事务的疏章，都必须先呈报皇太后御览，然后再发还给军机大臣悉心详议。这样，慈禧就给奕䜣戴上了一个紧箍咒：议政王奕䜣处理军国大事的前提是，必须获得两宫太后，其实也就是慈禧的允准；而皇太后也就如同历代的皇帝一样，拥有着专制主义制度下皇帝所掌握的一切权力。

　　慈禧不缺毒辣的心地和手段，不缺阴鸷的眼光和机敏的观察力，缺的是必要的高深学识。这让她执政之时倍感吃力，于是她决定好好学习以提升自己。咸丰十一年十月十一日（1861年11月13日），也就是两宫太后与小皇帝回京后的第十二天，给事中孙楫向两宫太后奉上了明朝张居正等人所编辑的《帝鉴图说》一书，希望这本书能成为小皇帝载淳的启蒙教材。《帝鉴图说》，全称《历代帝鉴图说》，取唐太宗以古为鉴之意，故名"帝鉴"。它是由明朝内阁首辅张居正在辅佐只有 10 岁的小皇帝神宗朱翊钧的时候为他编的课本，由一个个的小故事构成，每个故事配以形象的插图。全书分为上下两篇，上篇"圣哲芳规"讲述了历代帝王的励精图治之举，下篇"狂愚覆辙"剖析了历代帝王的倒行逆施之祸，详尽记载了张居正对帝王之道的理解与评价，是明清以来历代帝王的必读书。慈禧拿回去以后认真阅读，爱不释手，她认为：此书"于指陈规戒，绘图辑说，切实显豁，不无裨益"。

张居正像

慈禧文化水平并不很高，因此，图文并茂的儿童读本，对她来说实在是最合适不过了。于是她又要了一本《帝鉴图说》图书，作为自己每天的阅读功课。

十月十四日（1861 年 11 月 16 日），江南道监察御史徐启文所上的一份奏折更使她十分喜欢，徐启文建议："将列圣实录、宝训择其简明切要者，恭纂一编；将汉唐以来，母后临朝的各事实，择其可法可戒者，不假修饰，据史直书，汇为一册，恭录进呈。"

这正中慈禧下怀。她当即谕令南书房、上书房、翰林院马上编辑，据史直书，简明注释，以备御览。经过相关大臣五个多月的努力，这本书终于编辑完成，慈禧大加赞赏，特赐名为《治平宝鉴》，并经常由大臣们隔帘为其讲解，从中学得了更多的统治之术。

同治帝的老师翁同龢曾经先后为两宫太后讲解了宋、金、元、明四朝帝王政治事迹的十五个专题，在他的日记中先后记载了为太后讲解的过程：翁同龢坐在事先准备好的椅子上，旁边坐着恭亲王、醇亲王，另一边站着军机大臣、大学士、尚书。两宫皇太后则坐在黄色帷幔内的御座上。在讲解的过程中，皇太后还不时地提出一些问题。

慈禧深知，知识可以帮她更好地使用权力。正是由于慈禧不断地汲取与统治相关的知识，拓宽了她的视野，使慈禧的政治驾驭与操作能力如虎添翼。

十月初九日，也就是政变成功的第九天，小皇帝在太和殿举行登基大典，年号由"祺祥"改为"同治"。

原来，咸丰帝死后，慈禧与小皇帝还在热河的时候，八大臣就迫不及待地将新帝的年号定为"祺祥"，"祺"是"吉祥"的意思，而"祥"也含有"吉祥"的意思，"祺祥"，就是"吉祥"，并且连铜钱上的"祺祥通宝"都铸好了。所以，历史上也称这次政变为"祺祥政变"。政变结束以后，原来八大臣所定的年号自然会被皇太后派的大臣们所否定，大学士周祖培等认为"祺祥"无论是文还是义都不顺，"祺"字自古以来年号中没有用过，而"祥"字也只有南宋的少帝用过为"祥兴"，而少帝是南宋最后一个皇帝，用他的年号中所采用过的字，那该有多么的不吉利。于是周祖培对八大臣所定年号的评价是"不学之弊，一至于此，呜呼！国家可无读书人哉！"此时，周祖培的感慨应该是对当年做户部汉尚书时肃顺对他肆意羞辱的回答。

于是，经周祖培建议，将"祺祥"年号改为"同治"，隐含着两宫太后共治之意。

祺祥通宝

　　垂帘听政虽然是件好事，但以此时清朝的处境来看，这对于慈禧来说是一件具有极大挑战色彩的事情，因为她所面对的是千疮百孔的政局、纷繁复杂的朝政、瞬息万变的军机。虽然她伴随咸丰帝左右时，通过各级上疏、奏报，对军国大势有比较清晰的通盘把握。然而，当她自己来处理朝政的时候，她才真正体会了日理万机的辛劳。她很清楚，大清帝国江河日下、虚弱不堪的形势，绝非一时一人所致，而力挽大清帝国于既倒也绝非一蹴而就所能完成。她知道做事要先做最主要的，而此时最为棘手的事情就是官场的腐败与官员的无能。于是慈禧在重新整合帝国的领导中枢之后，以铁腕手段开始了一场大规模的吏治整顿，并且开始起用汉族大臣，之后官场一清，为同治中兴打下了基础。

　　同治三年（1864）六月二十日，对于慈禧来说是一个不寻常的日子，以曾国藩为首的湘军攻占天京。一时间，京城内外、朝野上下一片欢腾。来之不易的胜利，是对慈禧重用汉臣决策的有力验证，正是因为慈禧重用曾国藩等汉臣，对于拯救几近崩盘的大清统治，起到了关键性的作用。慈禧兴奋异常，大奖功臣：奕訢以议政王主持朝廷军政大事，居首功，赏加三级军功；曾国藩着加太子太保衔，赐封一等侯爵，世袭罔替；各路统兵大员李鸿章、官文、左宗棠为伯爵。军机大臣、前敌将帅、各部、院、督抚，均有重赏。其中，奕䜣更是获得时人的高度肯定，很多人颂扬他是"豁达大度""定乱绥邦"的"贤王"，甚而一度形成了"只知有恭亲王，不知有大清朝"的局面。

这让慈禧清晰地感觉到她的光彩已经渐被奕䜣所掩盖。对此，意欲独霸天下的慈禧犹如芒刺在背、骨鲠在喉，她不能坐视奕䜣盖过她的光芒。

同治四年（1865年三月初四日）恭亲王奕䜣照常入值觐见两宫太后。慈禧拿出一份奏折严肃地对奕䜣说："有人参劾你！"奕䜣一愣，忙问："是谁上的奏折？"慈禧非常不满意奕䜣的傲慢态度，极不情愿地答道："蔡寿祺！"奕䜣脱口而出："蔡寿祺不是好人！"

蔡寿祺，字梅庵，江西德化人。道光十九年（1839）进士，曾入翰林院当编修。这一职务约可视为皇帝的顾问，比起一般官员来，有着较多的升迁机会。但是他当了多年的编修未见提升，于是到处投机钻营，先窜到了四川，希望能踩出一条升官发财的路子。果然，他私刻关防，招募乡勇，把持公事，大肆招摇。不久，新任川督骆秉章对他的行径十分看不惯，命藩司刘蓉（原湘军将领）将他赶回江西原籍，使其感到相当难堪，当即存下日后必报一箭之仇的想法。之后，他又投靠正在陕西围剿回民起义的胜保，在胜保手下当幕僚。胜保失势后，蔡寿祺混入宫中，担任起居注官，从此他便利用在宫中任职的条件，与慈禧的心腹太监安德海有了勾结。

蔡寿祺不过是个小小的日讲起居注官，竟敢参劾如日中天的恭亲王奕䜣，是智商低下，还是吃了熊心豹子胆？

但此时的奕䜣却没有去想，这个新近以翰林院编修补上日讲起居注官的蔡寿祺，若背后没有大人物作后盾，怎会胆敢弹劾权倾一时的恭亲王奕䜣呢？而这个大人物就是慈禧。蔡寿祺是一个很会投机取巧、到处钻营的人。他通过内廷太监安德海嗅到了西太后慈禧的动向，觉察到慈禧对奕䜣的不满，所以连上两份意欲扳倒恭亲王的折子，借机沽名钓誉，从中渔利。

慈禧对奕䜣的不满，表面来看，是奕䜣随着声望的日益隆升，

骆秉章

对待两宫太后日渐傲慢无礼。比如，每次入宫议政，太监给太后和皇上献茶时，慈禧必命也给奕䜣献茶。有一天，诏对颇久，慈禧忘了命太监给奕䜣献茶，结果，奕䜣一时忘形，径自拿起案上之茶欲饮，但马上意识到此乃御茶，便仍放置原处。奕䜣此举，在慈禧眼里，无疑是目无皇上、目无太后的放肆之举。

再如，奕䜣在与太后议政时，有时佯装没有听到，请太后重述一遍。每与太后有不同意见时，则高声抗辩。本来两宫太后召见之地任何人不得擅入，无论是谁，不经总管太监传旨，不得径入。而奕䜣往

222

往不经太监传旨，就径直入内。

表面上看是奕䜣不遵礼法，做事有些嚣张，但实质观之，其实是慈禧不能容忍奕䜣权力的膨胀给她带来的威胁。

辛酉政变以后，慈禧对奕䜣的封赏确实十分慷慨，但是，慈禧给奕䜣其实设定了一个不能超越的界限，就是他的权力都是在慈禧的大手之中的不可超越。

在荣誉、物质上慈禧尽显慷慨，但在分配清王朝最高权力的问题上，慈禧则毫不含糊、决不让步。为此，慈禧发布了一系列的上谕，明确两宫和奕䜣在权力上的界定与从属关系。

在授恭亲王奕䜣为议政王、在军机处行走后的第二天，两宫即以内阁奉上谕的形式郑重宣告，两宫"亲理大政"，两宫"万机日理"，要求中外臣工关于用人行政方面的一切事宜要向太后直陈密折，而对于议政王的权力和责任却只字未提。诛杀载垣等人的第二天，两宫又以内阁奉上谕的形式表明她们的态度：凡需降旨的各省及各路军营折报，都必须先呈交两宫皇太后阅览，再发奕䜣等军机大臣悉心详议，当日召见恭请谕旨后再行缮拟，并于次日呈请两宫皇太后阅定钤印后方能颁发。这就是表明，奕䜣对任何行政事务都没有最终处理权。

咸丰十一年（1861）十月九日，内阁再次奉上谕明确地确定了两宫与奕䜣之间的权力界限："现在一切政务均蒙两宫皇太后躬亲裁决，谕令议政王、军机大臣遵行。"十月十四日慈禧再次晓谕天下："至中外臣工，于时事阙失，均宜直言无隐。即议政王、军机大臣等赞理庶务，如未能尽协机宜，亦准其据实指陈，毋稍瞻顾，以期力挽颓风，共臻上理。"这个上谕的用意很清楚，就是让文武百官敢于直言不讳，对议政王奕䜣及其施政班子军机处的军机大臣们起个监督作用，以免其专权。

但是，朝廷上下大小臣工亲眼目睹了叔嫂联合发动的宫廷政变，恭亲王奕䜣位高权重，对这位总揽内外行政大权的人，谁还敢去拿鸡蛋碰石头呢？况且表面看，两宫皇太后与奕䜣又是那样的和谐。于是朝野上下大小官员趋附奕䜣者日多。军机大臣、六部九卿唯奕䜣马首是瞻。慈禧对这一情况不是不了解，她在密切关注着事态的发展，并且寻找时机对奕䜣进行必要的限制，对趋炎附势的大臣进行警告。

镇压了太平天国以后，奕䜣所受的恩遇达到了无以复加的程度，这令慈禧十分不安，尤其是恭亲王执掌内廷外朝大权，外省督抚尽用汉人，满人所占比例日益减少。到同治四年五月，全国十名总督，除湖广总督官文一人外，其余九人都为汉人；至于十五省巡抚，均为清一色汉人。且九名总督中，湖南人占有五名，各省巡抚中，湘淮军将领也占大半。

对慈禧来说，更令她忧虑的是，那些被提拔重用的汉族大员却对奕䜣感恩戴德，过从甚密，"阴行肃顺政策，亲用汉臣"，万一他要仿效肃顺岂不易如反掌？慈禧对恭亲王与洋人打得火热也极为反感，认为他是挟洋自重，以便揽权。为此，慈禧决意寻找机会打击恭亲王，她要让朝廷上下都知道，自己才是清王朝的最高主宰，其他人包括恭亲王在内，都不过是她驱使的臣仆，都必须向她效忠。

此时，身在宫中的蔡寿祺得知慈禧对恭亲王嫌隙日深，经多方窥测，认为有机可乘，遂于同治四年二月二十四日，以"请振纪纲以尊朝廷"为名，上折遍参曾国藩等人捏报湘军战功，取巧避罪，不仅指责恭亲王重用汉人不当，图谋使汉人重掌军权，还把所有这些人的过失统统推在恭亲王身上，要求奕䜣"虚衷省过，以弭不变，以服人心"。

蔡寿祺作为一名汉人官员，如此放肆地攻击恭亲王，按例应予惩治。但慈禧看到奏折后很是高兴，竟免予申饬，连蔡寿祺也感到意外。十天之后一看慈禧没有降罪，于是又放胆在三月四日上奏一篇洋洋三千言的折子，直接点名参劾恭亲王，罗织的十大罪名有揽权、纳贿、徇私、骄盈等，要求他"归政朝廷，退居藩邸，请别择懿亲议政"。慈禧收到蔡寿祺这道奏折，正中下怀，因此，她如获至宝，以此为契机，开始打压奕䜣。革去他一切职务，后来又作出妥协，当然，她认为打击、羞辱恭亲王的初衷已经达到，便又召见了奕䜣，恭亲王当时伏地痛哭，其实他多半是百感交集——原来他确实没把这个嫂子放在眼里，而且自己功高盖世，命运竟然像羽毛一样顷刻间被折转翻覆，他深感猝不及防！慈禧又以同治帝的名义下达谕旨，说由于恭亲王伏地痛哭，无地自容，经面加训诫后，既然能够领悟此意，改过自新，所以"仍在军机大臣上行走"，但免去他议政王头衔，"以示裁抑"。

慈宁宫西暖阁，慈禧问政的地方

慈禧通过蔡寿祺的奏折所引起的这场风波，"玩一亲王于股掌之上，谴责之，以示威，开复之，以示恩"（蔡东藩语），使恭亲王的权力大为削减，而自己得以正式执掌朝廷内外大权。此后又进一步对恭亲王领导的洋务事业进行打击和限制，使其"事无巨细，愈加贪畏之心，深自敛抑"，可谓进一步退三步，举步维艰，大清帝国在奕訢主持下刚有点新气象的洋务运动，又被慈禧的干预而又落在了日本明治维新的后面。

三 慈禧缺乏远见 洋务运动式微

　　慈禧垂帘听政初期，正值西风东渐、洋务兴起的特殊时期。也就是从 19 世纪 60 年代开始，清政府一批上层官员，以自强、求富为目标，从中央到地方，积极发展近代教育、近代军事工业与民用工业，建立了近代的海陆军。虽然此举奕䜣及一大批汉族官员功劳很大，但也不能说就没有慈禧的功劳，因为若她完全不允许，一些洋务是开办不起来的，但总体来看的话，洋务运动还是毁在了慈禧手里。

　　慈禧垂帘听政以后，一场持续近 30 年的学习西方的改革运动在中国开展起来，像引进国外的先进设备、办合资企业、建立外语学校、送学生出国、购买军舰和洋枪洋炮、建设新式海军等等。在古老的中国大地上，出现了这些与洋人密切相关的事物，时人称之为"洋务"，我们今天称它为"洋务运动"。如此大规模地引进西方的先进科学技术和学习西方的思想文化，这是中国历史上的第一次。最直接的原因是经历了鸦片战争以后，在一次次的被动挨打中，部分中国人被"打"醒了，他们开始意识到中西之间存在的差距，中国面临着"数千年所未有之变局""数千年所未有之强敌"，怎么办？他们提出的办法就是兴办"洋务"，而且恭亲王奕䜣就是其中的一位。

　　第二次鸦片战争的战火烧到北京的时候，奕䜣被留在北京负责与洋人交涉。恭亲王首先发现清军的武器不如洋人，根本打不过人家。签订《北京条约》的前几天，英法联军占领了安定门，把大炮架在城墙上，不签的话就炮轰北京城。过去清朝的大臣们包括林则徐都认为洋人只是在海上打仗厉害，在陆地上打仗根本不行。结果双方一开战，发现洋人不仅在海上有坚船利炮，陆地作战也很有一套。签约后，英法联军举行了入城仪式。恭亲王一看清军的仪仗队与外国的仪仗队根本没法比，装备差得太远，对他产生了强烈的刺激。尤其令他羞愧难当的是，与洋人谈判的时候，整个北京城找不到一个会讲洋话的人，只能请外国人翻译。结果，外国人怎么说，大清官员就怎么听……他不由得慨叹：大清帝国的武器和技术确实太落后了。只有学习西方的先进科学技术，才能使中国改变落后的局面，才能改变被动挨打的状态。

与此同时，一些封疆大吏，如曾国藩、左宗棠、李鸿章、张之洞等人也在要学习西方先进科学技术和思想文化这一点上与奕訢达成共识，这些人逐渐凝聚为一股强大的势力，形成了上下呼应的局面。他们认为要挽救统治危机、抵御外侮，必须仿效西方的"坚船利炮"，"练兵制器"以"求强"。于是各项洋务活动在这些洋务派的手中一步步地发展起来：1865 年在上海设立江南机器制造总局，内设翻译馆；同年在南京设立金陵机器制造局；1866 年在福州建立马尾船政局；1870 年在天津建立军火机器制造总局；1868 年，破天荒地委派美国前驻华公使蒲安臣率清朝外交使团出访欧美十几国。1872 年在上海设立轮船招商局；同年第一批选派幼童留学美国；1875 年，委派福建按察使郭嵩焘出任驻英国公使，后又兼任驻法国公使。这是中国第一次在西方国家驻有现代意义上的外交官。1878 年，在兰州建立兰州织呢局，这是中国最早的一家机器毛纺织厂。1880 年，在上海建立上海机器织布局，这是中国最早的棉纺织厂。同年在天津设立水师学堂，购置军舰，并设南北电报局。1881 年，设立开平矿务局。1882 年，建设旅顺军港。1885 年，成立海军衙门，在天津设立陆军武备学堂。

江南机器制造总局炮厂的机器房

这些洋务活动慈禧是知道的，因为哪一项活动都是中国历史上前所未有的事物，哪一项事业的实施都是开创性的。如此大的动作，如此大的影响，如果得不到慈禧的允许和支持，坚持哪一项活动都可以给这些官员冠以犯上作乱之名，操作哪一项事业都足以令这些官员死个七回八回。难道慈禧是一个有着与时俱进思想的改革家吗？当然不是，因为她所做的一切，她所考虑的一切，都是在为她的统治和私欲服务的。

人们支持一项新生事物，从大的方面说是人们意识到了这项新生事物对于国家、社会的发展有着积极的作用；从小的方面看，是对个人有利。应该说，慈禧已经意识到洋务活动是当时富国强兵、抵御外侮的有效手段，无论对于大清王朝，还是她的个人统治都有好处。因为慈禧痛恨外来侵略，她希望清政府能够拥有有效的抵抗外侮的手段，如果说慈禧欢迎外来侵略，慈禧是一个天生的卖国贼，那是有失历史的客观与公允的。因为无论从哪一个角度来看，外来侵略对王朝统治，对慈禧个人都没有任何好处。

咸丰十年（1860），英法联军从天津大沽口强行登陆，然后打到通州，打到北京。慈禧亲身体验了第二次鸦片战争时英法联军进攻北京时的惊险，也目睹了圆明园被侵略者付之一炬的景象。正是这些侵略者的肆意侵略加速了大清帝国的衰亡，是洋鬼子使她后来的统治险象丛生、岌岌可危。慈禧无论如何都不会赞同这样的侵略行径。据可靠的历史记载，慈禧在英法联军突破天津防线、步步进逼北京的时候，是坚决主战的，她不赞同咸丰帝的怯懦与逃避。当咸丰帝面对英法联军兵临城下，携家带口准备逃往热河避暑山庄的时候，慈禧站出来，劝阻皇帝不要离开北京。

吴可读《罔极编》载："当皇上之将行也，贵妃力阻。言：皇上在京可以震慑一切；圣驾若行，宗庙无主，恐为夷人毁踏。昔周室东迁，天子蒙尘，永为后世之羞。今若遽弃京城而去，辱莫甚焉！"

这时的慈禧已经从两次鸦片战争失败的事实中清醒地意识到中国的海防十分脆弱，在洋人的坚船利炮面前不堪一击。于是，以曾国藩为首的一些洋务领袖建议：如果凭借中国人自己的造船技术，想要短时期打造一支能够与英法强国相匹敌的中国海军是不可能的。改变这一局面的有效手段，就是尽快购买一批军舰，用以武装中国海防，缩短与强国之间的距离。

慈禧特别渴望这种简捷的强兵之路，她梦想着在短时间内就可以完成拒强敌于国门之外的壮举。所以，她非常支持购舰计划，并从本已经捉襟见肘的财政中支出一笔资金用于购买军舰。同治元年（1862），洋务派委托当时正在英国休假的总税务司李泰国向英订购兵轮七艘，计有中级兵轮三艘，小级兵轮四艘，造舰、武器总经费共计80万两。对于当时财政捉襟见肘的清政府来说，80万两军费开支，不是一个小数目。但慈禧却认为非常值得，她欣欣然于大清朝找到了一条快速赶上世界强国的捷径。

如果能如此轻而易举地壮大国防实力，从而很快摆脱各西方资本主义国家的侵略威胁，那这个世界就不会有优胜劣汰、弱肉强食的游戏规则了。同治二年（1863），七艘军舰打造成功，九月十八日军舰驶入天津，可令慈禧及所有积极倡议购买军舰的洋务派干将们没有想到的是，到达的不仅仅是七艘军舰，还有由英国人充任的舰队总指挥阿思本以及由他雇佣的洋水兵 600 人，这就意味中国的水兵不能登上属于清政府的军舰。毫无疑问，英国政府跟慈禧开了一个大大的国际玩笑——中国人花巨资购买了一支英国人控制的舰队。慈禧十分无奈，不知她此时是否明白弱国无外交的道理。经过多次交涉，清政府最后决定退货：各舰交由阿思本带回伦敦拍卖，所得款项尚需扣除遣散 600 名洋兵之费用与阿思本个人所得。结果清廷耗时两年，总共损失了 38 万两白银却一无所得。

为了加强与西方的交流，慈禧垂帘听政后，奕䜣奏请设立京师同文馆，加强学习西方语言。慈禧知道，第二次鸦片战争结束以后，外国使馆已纷纷进驻北京，只有掌握他们的语言，才能实现与他们的沟通。于是，慈禧批准在京城设置同文馆。经过一年多的筹备，于同治元年（1862）正式开馆，最初只设英文一馆，学员仅 10 人。第二年又添设了法文科，并将原来官办的俄罗斯文馆也并入了同文馆。

但是，洋务活动没有一项是缘于慈禧的建议，更重要的是慈禧对于洋务事业的支持必须限定在不妨碍她的封建专制统治：当洋务事业的发展局限在物质层面上，引进的属技术、器物层面，且以购买为主，有利于专制主义王权的加强，慈禧就会大力支持；当洋务事业的发展必须进入到制度层面，甚至于文化层面，需要触动慈禧和慈禧赖以存在的既得利益集团时，慈禧便不再是洋务的支持者，而是终结者。这是因为慈禧同中国历代多数帝王一样，把维护个人的绝对权威放在首位。当权力受到威胁时，她不惜发动政变，就像铲除以肃顺为首的顾命八大臣一样，毫不留情。但权力到手后，她却宁可守成——在原有制度下按部就班地运作，以维持政局和权力的稳定。

慈禧对于洋务活动中所推行的各项内容的支持也是如此，如果她认为某项内容对她所拥有的权力不利，她一定制止。不论这项内容对民族和未来的发展是否有益。她断然终止第一批留美学生计划就应属于这样的原因。

选派人员出国留学，学习西方的先进科技文化，是洋务运动发展的必然。洋务运动起步以后，洋务派认识到要把西学西技学到手，聘请洋人专家到中国教习是一条路径，而更好更有效的一条捷径，则就是派遣人员出国留学，培养懂得洋务的专家。在洋务派的积极倡议下，一项120名幼童分四批留学美国的计划付诸实施。

同治十一年（1872），30名穿着长袍马褂、拖着辫子的中国男孩子在上海港登上一艘邮船，远渡重洋去美国留学。

清代中国留美学生

这些穿着长袍马褂、拖着辫子的中国幼童们第一次出现在美国城市的街道上时，他们聪明的头脑还未被"四书""五经"完全禁锢，很快就适应了美国生活。他们被分配到美国人家里生活，异国自由独立的空气激发起他们久被压抑的童心。他们脱下了长袍马褂，换上美式服装，有的还大胆地剪掉了辫子。他们迅速学会了打棒球、踢足球、溜冰和骑脚踏车，有人甚至敢于用拳头和人较量。

这些事情立即引起了负责留学生事务的陈兰彬等人的注意，他们认为这是西方教育对纯正的中国思想的一种"污染"，必须采取防范措施，不然这些中国幼童就都会变成"洋鬼子"了！

慈禧不断地接到有关于留学美国的学生们的情况汇报，她对于留学生抛弃传统文化的悖逆行为深感担忧，她不能坐视这些中国幼童都变成"洋鬼子"，从而成为大清王朝的掘墓人！于是，慈禧毅然决定放弃留学计划，招回所有的学生。

1881年9月6日，对留美的中国幼童来说，是一个极为悲愤和忧伤的日子。清廷招回幼童，幼童们被迫中断学业，全数"遣送回国"。而这时，大多数人学而未成。60多人中断了在大学的学业，许多人还在中学学习。120名幼童中真正完成大学学业的只有2人。

中国近代留学事业的第一次尝试，就这样夭折了。这是慈禧造成的悲剧，也是中华民族的悲剧！

尽管被迫中断在美的学业，这批留美幼童中最终还是涌现出了一批优秀的铁路、煤矿、电讯、外交、海关、新闻等专业人才。他们中有设计建造京张铁路的詹天佑、负责勘探建设唐山开平煤矿的吴仰曾、担任过电报总局局长的唐元湛，以及民国时期担任总理的唐绍仪和曾任外长的梁敦彦。

慈禧缺乏作为一个新时代最高统治者应有的知识和思想。她没有高瞻远瞩的眼光，不能纵观全局，缺乏改革的目标。数千年的专制思想所形成的高高在上的孤傲、专横并没有在她身上消失，所以她不愿主动吸纳新知识，导致她在某些问题上表现出惊人的愚昧和无知。令中国人汗颜的"马拉火车事件"就是一个鲜明的例证。

1876年在香港和上海成长起来的企业家唐廷枢（1832—1892）奉李鸿章之命开发开平煤矿。开办之初，唐廷枢就以企业家的锐利眼光，提出必须修建铁路，解决运输问题，优质的开平煤才有竞争力。如果沿用传统运输方式，用牛车将煤运至江边，再用小船运至天津，每吨计价六两四钱，比从日本进口的每吨六两的煤还要贵，无人愿意购买。如果修建铁路转水运至上海，每吨成本才四两，必能打开销路，并解决轮船和军舰的燃料问题。李鸿章采纳了这个建议，上报朝廷批准，兴建从唐山至胥各庄的铁路。

慈禧乘坐的火车

慈禧却迷信火车头运行影响风水的流言：火车的运行会破坏位于遵化东陵的风水，喷出来的黑烟会给周围农田里的庄稼带来损害。于是慈禧决定：如果想修铁路的计划得以批准，必须以驴马拖载，方可批准。

1881 年，全长 97 公里的唐胥铁路通车，中国总算有了自己修建并且至今（成为京沈铁路的一部分）仍在运行的铁路。不过，令中国人脸红的是，它是用马拉的，时人称之为"马车铁路"！经过唐廷枢等努力补救，好话说尽，极力开导，几个月后，机车才恢复行驶。

　　慈禧在中国面临"数千年未有之巨变"的危殆时刻，没能够像俄国的彼得大帝和日本的明治天皇那样审时度势，睁开眼睛看世界，顺乎潮流，励精图治，奋起直追，痛下决心，改造我们的文化，使之融入现代文化的大潮之中。相反，她将一己的权力看得比国家、民族的利益和未来的发展还重，顽固地坚持已经过时了的东西，没有把中国带入近代化的门槛。这是她的悲剧，也是中华民族的遗憾。

四　慈禧教子无方　同治顽劣至死

　　慈禧第一次垂帘听政时，正在她的儿子载淳成长之中。咸丰帝死时，载淳只有 6 岁，教育和管束他的责任便成了慈禧的任务。对于这位成年之后就要亲政的小皇帝来说，他的成长与教育是一项肩负着王朝发展未来的教育工程，但从同治一生的所作所为来看，作为同治帝的母亲，慈禧对他的教育是极其失败的。

　　皇后钮祜禄氏，因生女早夭，膝下没有子女，她不识汉字，天性温厚，常常以中宫皇后的身份关心载淳的成长，因此皇后与皇子在一起的时间远比慈禧与皇子在一起的时间要多得多。咸丰帝死后，两宫太后收到山东道御史董元醇《奏请皇太后权理朝政并另简亲王辅政》并将其留中，以肃顺为首的八大臣前来索要，与两宫太后发生了非常严重的争执。当时小皇帝被双方的吵闹声吓坏了，索性大哭起来并尿湿了裤子。当时有一个细节，小皇帝害怕时没有躲进他的生母慈禧的怀里，而是扑进了皇后钮祜禄氏的怀抱以寻求安全，以孩子的天生本能来看，皇后慈安扮演了一个可以带来呵护和安全的母亲的角色，而他的亲生母亲慈禧，却被他弃之不顾，这也说明，慈禧本人的天性就是较为凶恶的，缺少母性的温柔仁慈，在同治小皇帝的心目中，她缺乏母亲对孩子应有的温暖和爱护。

　　不管慈禧天性如何，她都是想将自己的儿子教育成一代明君的。

在清朝历史上，孝庄太后对孙子康熙帝的教育非常成功，康熙5岁开始读书，13岁就能下笔成文，少年时代便智擒鳌拜，后来更成就了一番文治武功的大业。慈禧对于载淳也有同样的期望，她希望通过自己的打造，为大清培养出一个卓越的帝王，但她没想到的是，以她的本性和教育方式，是不可能教育出有健康人格的帝王的。

故宫太和殿

同治元年，载淳在太和殿登基称帝。载淳即皇帝位后，慈禧就开始多方为载淳寻找名师。她为小皇帝精心挑选了四位鸿儒，给小皇帝授课。即如下四位：

李鸿藻，出生于名宦世家，累代仕进通显。咸丰二年（1852）会试及第。他禀赋聪颖，读书刻苦，十几岁时已经钻研经训，博览群书了。因此，百家之言，无所不见，其才华为世瞩目。咸丰十一年（1861）被咸丰帝选中做载淳的老师。

祁寯藻，嘉庆进士，官至体仁阁大学士、首席军机大臣，已经先后做过道光、咸丰的老师。他最为突出的是书法，深厚遒健，自成一格，为清代中晚期著名书法家，有"一时之最，人共宝之""楷书称首"的赞誉。

翁心存，道光二年（1822）进士，官内阁学士、兵部尚书、体仁阁大学士。他死后，由儿子翁同龢继续做帝师。

倭仁，道光朝进士，官至文渊阁大学士，是著名的理学大师。

慈禧平日里缺乏对儿子的关心，但对于给儿子延聘师傅，她是真的颇费一番琢磨，除了保留咸丰帝选中的帝师李鸿藻外，她又给儿子额外加了三位大学士，他们都是赤胆忠心的博学老臣，且各有专长。她希望通过名师的教诲，使自己的儿子成为像康熙帝一样博学、睿智的皇帝，可谓用心良苦。

依据前朝的惯例定制，恭亲王为小皇帝制定了课表和作息安排：每日先拉弓，次习蒙古文，次读满文，最后读汉文；上课时间，在每日临朝引见臣僚之后；开始时只读半天书，8岁之后延长为全天；诵读与讨论不可偏废。皇帝读书之暇，应时时与师傅讨论问题，以求深入了解文中经义；拉弓而至步射，步射而至放枪，随年龄增长调整；自幼即需骑马，入学后每隔五日，即于下书房后在宫中长弄学习骑马，由御前大臣压马及教习；学习步射和放枪时，由御前大臣及乾清门侍卫数人随同校射；为重功课计，拟请懿旨严饬皇帝于驾幸紫光阁习打枪时，不得各处游览。打枪毕，稍坐即还宫。

从以上的安排，我们可以了解到，小皇帝是各种语言全学，骑马射箭放枪样样都要精通。这完全是一个培养全能型人才的计划，果真能够如愿的话，那么长大后的小皇帝应是一个康熙了。

慈禧为了能更好地管理好小皇帝的学习，使所有的计划行之有效，特别安排惠亲王绵愉专门负责小皇帝的学习事务。惠亲王绵愉是嘉庆帝的第五子，最小的儿子，因为在皇族亲贵中辈分最高、品行端正，特别受人爱戴。慈禧安排他来管理小皇帝的学习生活，尤其是还特别安排了绵愉的两个儿子奕祥、奕询伴读，对小皇帝既是督促又是陪伴，可谓安排周详。

但慈禧天生的霸道性格，使她完全不顾及一个小孩的心理承受能力，她一贯的好胜心和主宰欲，使得她从一开始就给这个孩子以巨大的学习压力，她让小皇帝学习的目的极其明确："帝王之学不在章句训诂，唯冀首端蒙养，懋厥身修，务于一言一动，以及天下民物之颐，古今治乱之原，均讲明切研，悉归笃实。庶几辅成令德，措正施行，宏济艰难，克光大业。"

慈禧如此严厉和高标准地要求小皇帝学习，无情地剥夺了本应属于孩子那份自由的空间和时间，小皇帝在无法自主之间就承担起他力所不能的重负。而他是什么样的表现呢？小皇帝学习不在状态。倦怠、嬉戏、注意力不集中是小皇帝学习中的普遍现象。翁同龢做帝师时，小皇帝也不过 10 岁左右，可我们知道，他每日都需"天未明即起"，与母亲慈禧一同早朝，召见或引见大臣，虽然不参与其中任何事情，但他也必须如同木偶一样端坐在那里。然后清晨 6 点就来到书斋学习，在昏暗的灯光下，书斋里寂静无声，小皇帝读书需要到中午。对于孩童来说，他一身兼有皇帝、学生、儿子三个角色，每个角色都要做好，每个角色都不能偏废，对于一个正处于成长和发育中的幼童来说，无疑是缺少人性而且是相当残忍的。

载淳是唯一的皇位继承人，他在没有竞争却缺少关爱的环境里逐渐成长，虽然日日学习，可他的学业鲜有进步。直到他 16 岁的时候，连皇帝每日需要批阅的奏折，仍然"读折不成句"。面对小皇帝不成器的状态，慈禧心急如焚，她常常督促师傅们："设法劝讲，不可再耽搁。"

而面对母亲的严厉督促，同治帝并没有从此振作起来，他在每日的功课里没有获得乐趣，与慈禧期望的相反，处于青春期的他，开始在纵情声色中寻找生活的乐趣，并由此一发不可收拾。

不管怎样，同治帝都在渐渐地长大，慈禧知道清初的顺治帝与康熙帝都是 14 岁亲政，按照惯例和成制，她也应该在同治八年（1869），同治帝 14 岁的时候，给他举行亲政仪式，将皇权悉数交予儿子，而她也应撤帘，由前台回归幕后。但慈禧不愿意，她不愿意就此放弃权力，放弃由权力所带来的快感与充实，她找出种种借口，尽量推迟还政的时间。慈禧所能找到的最为冠冕堂皇的理由就是"皇帝学业不成"，她不断指责师傅们"督责不严"。从而，很容易地慈禧就为自己的不撤帘找到了充分的理由。

慈禧所在的慈宁宫西暖阁

　　由于慈禧与同治帝之间的情感交流不畅，制约了慈禧尽享天伦的乐趣。慈禧将自己的意志强加到儿子的身上，造成母子不和，慈禧虽然有望子成龙的那份渴望，但却培养了一个不堪大用之才。同治帝是至尊皇权的法定代表人，慈禧却是无上权力的实际操纵者，她赋予了他皇帝身，他成就了她权力梦，虽然他是她的独子，他是她唯一想去爱的人，但他们彼此心存芥蒂，她的母爱严厉而专横，他的孝心疏远而叛逆。他们相互间留下的是几许酸楚，几许无奈。

　　但皇帝毕竟一天天长大，归政是早晚的事情。终于，在同治十二年正月二十六日（1873年2月23日），18岁的同治帝在太和殿举行了亲政大典，大清王朝第十代皇帝在经历了12年的蹉跎之后，终于隆重出场，开始了他亲政的人生岁月。与此同时，在属于男人的权力场中苦心经营的慈禧，也不得不收起那象征着她无所不在的黄色纱幔，悄然回归幕后。

　　但慈禧是天生的权力狂，即便儿子是皇帝，她也不会把权力完全放手的，在同治帝亲政的时候，慈禧以两宫太后的名义，懿旨勉励载淳"祗承家法，讲求用人行政，毋荒典学"。具体做法是："皇帝每日办事召见后，仍诣弘德殿与诸臣虚衷讨论。李鸿藻、徐桐、林天龄、桂清、广寿均照常入值，尽心讲贯。"在慈禧一再的耳提面命中，我们不难看出慈禧对儿子的疏学非常担心。

同治帝用什么来回馈慈禧？其举动可谓是震惊朝野的大举动——重修圆明园。这在朝野间产生了巨大冲击。人们纷纷提出质疑：有重修圆明园这种可能吗？再造如此庞大、精美的工程，朝廷有这样的财力吗？

要重修圆明园，保守地估计也需要斥资白银一千万两以上，甚至更多。如此一笔巨款在当时根本无法筹措。对此同治帝是应该清楚的，他曾经为财政的窘困而采取过节省开支的措施。亲政伊始，他发布上谕，要求"内务府核实樽节，于岁费六十万外，不得借支"。那么，他又为什么宁可冒天下之大不韪也要启动重修圆明园的工程？

其实，他主要是出于一个不能昭示天下的理由：将慈禧送出紫禁城，类似"软禁"般将她放到圆明园中，自己独揽皇权。

慈禧是一个处处插手的严母，性格跋扈，在与儿子的相处过程中批评、指责代替了母亲应有的细腻、温柔。更加过分的是慈禧对同治帝的私生活横加干涉，并将对儿子的不满情绪迁移到皇后的身上，使得深爱皇后的同治帝难以忍受。因此，他竭尽全力希望把母亲送出紫禁城，送到能让母亲颐养天年的乐土上去。重修圆明园就是最好的方法。

重修圆明园，如果没有慈禧的允肯和支持，刚刚亲政的同治帝是无法进行这项庞大工程的。据说，慈禧开始并没有想到同治帝心里的小算盘，于是喜好奢侈的她十分支持重修圆明园的计划，慈禧是一个惯于讲排场和享受的女人，后来她曾置国家安危于不顾，挪用海军军费去修颐和园，致使中国在甲午海战中败给日本。

修建圆明园时，慈禧曾经亲自校审圆明园修改图样，因为在修改计划中突出了对慈禧居住和游玩的安排。万春园成为专为慈禧规划的庭院，将昔日与咸丰帝共同居住的天地一家春的名字移到万春园中旧日敷春堂、水春室的故址上，并在此规划出一个规模宏大的集观戏、演戏和后台功能为一体的建筑群，供慈禧消闲。满足了慈禧观戏、游玩的欲望。

同治帝重修圆明园的计划，无疑可以在某种程度上满足她对奢侈生活的渴望。而同治帝有了母亲的默许和支持，也就更加有恃无恐地启动了大兴土木的工程计划。

同治十三年初，工程开工以后，几乎每个月同治帝都到工地视察，并借此机会遍游周边山水，还时常在外留宿。深居后宫的慈禧并不知道。于是，师傅李鸿藻借着向慈禧汇报皇帝的学习状况的机会，向慈禧陈述了皇帝的执政状况。据《李鸿藻先生年谱》载：同治帝"每月书房不过数次，且时刻匆促……不几有读书之名，况读书之实乎?"并称同治帝对朝政敷衍塞责，召见大臣每次只一二人，"每人泛问三数语，人才之贤否，政事之得失，皆不得深悉"。

对于在外留宿，大臣们不便明示，于是侍讲徐桐、广寿借口星象异常，暗示皇帝要"慎起居、严禁卫"，同治帝置若罔闻。

意气用事的同治帝，视国事如儿戏，置王朝命运于不顾，使朝中大臣们十分担忧。恭亲王奕䜣预感到了事态的严重，如果继续发展下去，不仅会导致同治帝荒于政事愈加严重、终将一发不可收拾，而且王朝的未来也会掉进圆明园工程这个无底洞里。

奕䜣等十多人出面干预后，同治帝打算尽革恭王奕䜣等人官职。同治帝如此一意孤行，慈禧十分担忧。如果真的开去了这十几位朝廷重臣的职位，不仅朝政的正常秩序将被打乱，而且朝野上下势必会莫衷一是。谙熟朝政运作的慈禧与慈安急忙赶至弘德殿，在同治帝将谕旨明发之前，出面干预。见母后动怒，同治帝不得不恢复所罢各官职务，并停修圆明园，一场闹剧就此收场。

同治帝亲政的一年中，在嬉戏中做了两项关乎王朝命运的决定：一是停修圆明园；二是尽免恭亲王奕䜣和御前大臣及军机大臣的职位。虽然都是无果而终，但让人们清楚地看到，同治帝是一个既无统治之道，又乏驭人之术，将国脉视同儿戏的顽主。他在政治舞台上的拙劣表演，是慈禧教子的失败结果。

圆明园残迹

终止了圆明园的重修工程不久，同治帝就病倒了，并且逐渐加重，其病有人说是天花，有人说是梅毒，至十二月初五日酉刻，同治帝"六脉已绝"，病逝于养心殿东暖阁。

年轻的同治帝早早地撒手人寰，然而悲痛的慈禧并未失去理智，她甚至是异常清醒的，还在同治帝未死之时，她便为自己独揽大权做好了安排，于是在同治弥留之际，还在满朝大臣兀自悲伤之时，慈禧便以迅雷不及掩耳的行动，召集正在彷徨不知所措的大臣们立下了让自己的外甥、醇亲王奕譞之子载湉继位之举，是为光绪皇帝。

五

慈禧二次垂帘
光绪承继帝位

同治十三年（1874）十一月十日，同治皇帝还在病榻上，慈禧太后就以皇帝的名义，正式发布上谕，宣布皇太后第二次垂帘临政，其谕为：

> 朕于本月遇有天花之喜，经惇亲王等合词吁恳，静心调摄。朕思万几至重，何敢稍涉安逸？唯朕躬现在尚难耐劳，自应俯从所请。但恐诸事无所秉承，深虞旷误，再三恳请两宫皇太后，俯念朕躬正资调养，所有内外各衙门陈奏事件，呈请披览裁定，仰荷慈怀曲体，俯允权宜办事，朕心实深感幸。将此通谕中外知之。

这道圣谕，意味着慈禧太后正式重新执掌权力开始了一生三次垂帘中的第二次垂帘。

慈禧二次执政后的第一件事，就是命令兵部尚书宝鋆由协办大学士晋升为大学士。又经过精心的策划和准备，慈禧太后开始了一系列的行动。十一月十五日，发布三道谕旨：第一道：同治皇帝之慧妃、瑜嫔、珣嫔、贵人西林觉罗氏，各晋一级；第二道：各王公大臣加官晋级，厚赏军机大臣、御前大臣等近侍、官员；第三道：除重大罪犯之外，大赦天下，监狱犯人从轻发落。

十一月十六日，又发布两道谕旨：第一道：道光皇帝之彤妃等，各晋一级；第二道：咸丰皇帝之丽皇贵妃等，各晋一级。

这些加官晋级的谕旨，显然是对慈禧太后重新执政的报偿，先帝妃嫔、王公大臣晋级加官，皆大欢喜。当然，最为高兴的还是那些为慈禧太后办事的王公大臣、军机大臣、御前大臣、内务府大臣、弘德殿行走、南书房行走等大臣，他们均得到特旨厚赏。

同治皇帝生命垂危，在病床上苦苦挣扎。他的母亲慈禧太后却大赦天下，给王公大臣加官晋级，朝廷一片欢腾，人人喜气洋洋，都愚昧地为慈禧能再次听政而兴高采烈。

六

慈禧害死慈安一手掌握大权

※ 慈安太后暴毙，众说均指慈禧

光绪七年三月初十日戌时（1881 年 4 月 8 日晚 7 时至 9 时），年仅 45 岁的慈安皇太后钮祜禄氏猝然崩逝于钟粹宫。随着这位比慈禧还小两岁的仁爱忠厚皇太后突然暴毙宫中，清廷的垂帘听政由两宫并列骤然变成慈禧一人独裁。因此，对于她的死因朝野上下议论纷纷，人们自觉不自觉地将她的猝死与慈禧联系起来。

光绪七年（1881）初，慈禧忽然患重病，久治不愈，卧床不起。于是，遍召天下名医入京诊治。朝政也只好由慈安一人打点。据史载，三月初九日晨，慈安依然召见军机大臣，处理军国大事，未见身体有何大的异常之处，只是"两颊微赤"（《述庵秘录》）。然而，次日早，"东太后（慈安）感寒停饮，偶尔违和，未见军机"（《翁同龢日记》）。晚间即暴病身亡。病情如此之重、如此之急，令人难以接受。一时间，人们对于一向身体比较健康的慈安的死大为不解。

时任军机大臣的左宗棠，听说慈安突然得病身亡，顿足大声说："昨早对时，上边（指慈安）清朗周密，何尝似有病者？即去暴疾，亦何至若是之速耶？"（《清稗类钞》）于是，朝野上下种种猜测不胫而走。人们以所掌握少之又少的"线索"，对慈安的死进行着各种各

慈安太后居住的钟粹宫内室

样的推测，更有甚者，人们任想象的野马自由驰骋，不断地结构着关于她不幸去世的篇章，使得她的死变得疑云密布。

梳理一下关于慈安死因的资料和传说，归纳起来，大致有两类说法：

第一类：清朝官方的"正常病死说"。

《德宗实录》载："（光绪七年三月）初九日偶染微疴，初十日病势陡重，延至戌时，神思渐散，遂至弥留。"这一记载见于慈安的《遗诰》。但《遗诰》完全是别人在慈安死后，按照慈禧的指示所做，因此人们有理由怀疑它的真实性，怀疑慈禧有可能为了掩盖某种阴谋而肆意编造死因。

第二类：慈禧逼死或毒死说。

据《清稗类钞》记载：慈安与慈禧共同垂帘听政。慈禧权欲极重，慈安却倦怠少闻外事，并不与之争权，因此倒也相安无事。光绪七年初，慈禧患血崩剧疾，不能视事，慈安有一段时间独视朝政，致使慈禧大为不悦，"诬以贿卖嘱托，干预朝政，语颇激"，以致慈安气愤异常，又木讷不能与之辩，恼恨之下，"吞鼻烟壶自尽"。

而据《崇陵传信录》载：当年咸丰帝临终时，曾秘密留下一份遗诏给慈安，要她监督慈禧，若慈禧"安分守己则已，否则汝可出此诏，命廷臣传遗命除之"。但老实的慈安却将此事告诉慈禧并当着慈禧的面将此遗诏烧掉。阴险毒辣的慈禧表面对慈安感泣不已，实际上已起杀机，遂借向慈安进献点心之机，暗下毒药，加以谋杀。

此事也有这样的描述，为了骗慈安取出密诏，解除慈禧心中的隐患，太监和俚兆（一说李莲英）向慈禧献计建议攻心为上，适时下手。光绪七年（1881），慈安太后身体生病，慈禧太后乘机大献殷勤，亲召御医，亲手煎药，服侍周到。有一天，慈禧太后过来探望，将左臂微露在外面；慈安看去，似有一寸帛带缠在臂上。慈安感到奇怪，问道："臂上为何缠帛？"慈禧说："此时不便说明，只希望你静心养病，等慈体康复再说吧。"慈安更想问个明白，慈禧说道："昨日你服的药中，有我割下的一片肉在其中。"老实的慈安听到慈禧割肉为自己治病，甚为惊讶，不觉感极而泣，说道："太后如此待我，恩情实在无法报答。"说完，转身回到卧室取出一笺，递给慈禧。

慈禧接过来一看，两手都颤动起来。原来这笺书就是咸丰帝留给皇后的手谕，上面写着："那拉贵妃如果挟持天子，骄纵不法，可按祖宗家法治之，不得宽赦。特谕。"

慈禧太后今日所设割臂肉这一诈局，为的就是向慈安要这个。她手里拿着笺书，想留下又不敢，想还给慈安又不忍，正在犹豫，慈安便叫人放入炉中化为灰烬。慈禧这时如同除去压在心头的一块大石头，痛快得很；道过谢意，即返回寝宫。但慈安万万没有想到的是，事后慈禧不但不感恩戴德，反而恩将仇报。

一天慈安正倚在缸旁，高兴地欣赏缸中的游鱼。这时，慈禧派人送来一盒点心，慈安吃了一块，顿觉腹中不适，未等喊来御医医治，她就毒发暴毙。

※ 慈安善待慈禧，慈禧恩将仇报

慈安太后，钮祜禄氏，满洲镶黄旗人，广西右江道三等承恩公穆扬阿之女。比咸丰帝小6岁，比慈禧小2岁。于咸丰二年（1852）被选秀入宫，封贞嫔，五月晋贞贵妃，六月奉旨立为皇后，时年16岁。

慈安出身于世代官宦之家，从小就受到过良好教育。立为皇后时，慈禧当时不过为贵妃，位在慈安之下。咸丰帝死后，慈禧的儿子载淳继承皇位，母以子贵，慈禧也被封为皇太后。在等级森严的封建社会中，慈安的正宫皇后身份，与慈禧在名分上的差别，对慈禧的掌权形成一种威胁，使慈禧永远不可能凌驾于慈安之上。慈禧与慈安之间的矛盾，就由此而产生了，但当时慈禧并不惧怕慈安，或者说她一直都没怕过慈安，而在咸丰死后，慈禧的儿子同治帝载淳即位，慈安不过是过世的咸丰的正妻，于身为皇帝亲母的慈禧根本造不成威胁，所以慈禧此时尚能和慈安共处，二人虽有矛盾，但相对还能和睦相处。

咸丰帝死后，肃顺等八大臣辅政，不太把两位太后放在眼里。这时的两宫太后为了能除掉这个共同政敌，过从甚密，虽说或多或少都存在一定的矛盾，但在当时的情况下，比较容易化解。政变成功后，慈禧因惧怕祖制的嫡庶之分，小心谨慎不敢失礼，遇事均与慈安太后商量，以示对东宫的尊重。加之恭亲王奕䜣在中间调和，有话就直说，两宫太后之间看上去是一团和气。然而此后发生的一系列事情加深了两者的矛盾，增加了慈禧对慈安的仇恨。

开始是同治八年，慈安、奕䜣和同治帝联合起来按祖制处死了安德海，一时中外无不称颂，而慈禧的心中却留下了积怨。

同治十一年关于给载淳立后一事，双方又再起争执，意见相左。慈安所争的阿鲁特氏为同治所喜，后来被立为后，而慈禧所争的凤秀的女儿只屈居慧妃之位，慈安获胜，这对嗜权如命、颐指气使的慈禧

慈安太后画像

来说无疑是空前的打击，她无法原谅自己的亲生儿子在这个关键的时候与慈安联盟背叛自己的旨意；她也十分嫉妒慈安在儿子的心目中拥有比她更为尊崇的地位。她将这一切痛苦转嫁到阿鲁特氏身上，用变相折磨皇后的手段来恣意表达自己的不满。同治帝死后，阿鲁特氏只得到了一个"嘉顺皇后"的封号，这将意味着她只能以新皇帝寡嫂的身份深居宫中。慈禧立嗣光绪帝，进一步将皇后阿鲁特氏置于难堪的境地，一旦光绪帝确立了皇后，自己将以何身份在这冷寂的宫中安身？本已处境十分艰难的皇后未来的宫中生活不堪设想，她的位置将变得异常尴尬。"刻薄寡恩"的慈禧更使这位皇后深感生活无望，这一切都让她感到不寒而栗，又不敢有所申言抗辩，死亡是她唯一的出路。据说，阿鲁特氏曾以一纸片请命于父亲，父亲批了一个"死"字，于是，殉节之志遂决。

　　同治帝死后，慈禧费尽心机立醇亲王之子载湉为帝，本想趁皇帝年幼，一手遮天，把持朝政，谁料光绪帝入宫后，因慈安太后性情温和，不像慈禧那样严厉，所以小皇帝喜欢亲近慈安太后，对慈禧却相当地疏远。这使慈禧感到恐惧。要是小皇帝被慈安唆使来反对自己，威胁自己的地位，该怎么办？慈禧的恐惧心理，随着光绪帝年龄的增长与日俱增，对慈安的防范心理也日渐急切，欲除之后快之心更盛。

　　史料和传说都曾提到这样一件事，或许更促进了慈禧杀慈安的决心，据说在咸丰帝临死前，曾交给慈安太后一道密谕，要她好好约束慈禧，若慈禧不听，慈安便可将密谕着军机大臣等扳倒慈禧。慈禧听说有这密谕后，其行为便不太敢张狂。

　　到光绪朝时候，慈禧再度垂帘，慈安对政治有倦怠意，不多过问政事，有时甚至不出来垂帘摄政，慈禧更加纵恣无度。她一人召见廷臣，有事竟不复禀慈安，慈安太后内心多有不平。

　　但到了光绪七年，突然发生的一件事让慈安太后为之瞠目，这一年慈禧骤患重病，遍征中外名医医治均告无效，唯有薛福成的哥哥薛福辰给慈禧太后诊脉后，得其病因，开药慈禧太后服用后，病得痊愈。后得知薛福辰所开药剂均为产后滋补之药，慈安知慈禧失德，决定好好劝劝慈禧，让她保全皇家体面。一日，摆酒宫中，庆贺慈禧大病痊愈，忆及协力清除肃顺及同治十余年的垂帘听政事，慈禧悲不自胜，话语很讨慈安的欢心。

　　慈安听后，也对慈禧坦诚相见道："你我都是年过半百之人，不知何时均要去见先帝了，幸得20余年来你我能同一条心。既然这样，我也不瞒你，先帝升天之前，曾交给我一物，是关于妹妹的，现在看来是没什么用的了。此事不要声张出去，以防外人怀疑我姐妹二人表面上和好而暗地里互相嫉妒。"说完从袖中取出文宗遗诏，给慈禧看。慈禧看后，面色顿变，惭愧不已。慈安见慈禧有真心悔过之心，索要过函文，随即于灯烛上烧了。慈禧又是羞惭又是愤怒，表面上仍做感激涕零状，内心窃喜。以后时日里，慈禧对慈安甚为恭敬，慈安以为是自己的规劝起了作用，孰知慈禧已有歹意。

※ 慈禧淫乱后宫，慈安告诫遭害

关于慈禧淫乱后宫的传说，历来不断，传说慈禧太后有男宠，如武则天之与薛怀义、张昌宗那样，慈禧虽然不像武则天有一百多个男宠供其寻欢，但只要她发现"猎物"，也是轻易不能罢手的。史载较有影响的有如下几例。

据康平县文史资料记载，慈禧看上的这个小伙子叫那儿苏。那儿苏是"博多勒噶台亲王"僧格林沁的孙子、伯彦纳谟诂的长子。那儿苏不到 20 岁就担任了清廷乾清门侍卫，他聪明伶俐，深得光绪赏识，将其提升为执豹尾枪一等侍卫，专门保卫慈禧太后和光绪皇帝。

慈禧太后的生日是正月十五。每年过生日，慈禧太后都到颐和园排云殿摆酒、设宴、赏戏。1888 年正月十四卯时，慈禧太后銮驾出宫至西直门，路旁鞭炮骤响，离銮驾较近的那儿苏坐骑，突然惊跳狂奔、前后冲撞，竟撞到慈禧太后銮驾，那儿苏顿时吓得魂不附体，不知所措。那儿苏急忙跪在慈禧太后轿前，磕头如捣蒜。慈禧太后怒喝后命令他把头抬起来，竟然把她看呆了：真是一表人才俊男子。

话说那儿苏回到侍卫住处后，后宫太监突然前来传旨："老佛爷有旨，宣那儿苏进宫。"那儿苏来到颐和园排云殿门口，宫女把他领到慈禧太后殿内。那儿苏叩头，说："老佛爷饶命。只要老佛爷有旨，奴才不敢不遵从。"于是，慈禧亲手把那儿苏拉上床。

从此，一有机会慈禧便叫那儿苏进宫，慈禧与那儿苏寻欢作乐，好不快活。俗话说，"没有不透风的墙"。天长日久，紫禁城内侍卫们背地里议论纷纷，也传到了父亲伯王的耳朵里。当时，伯王担任北京城九门提督、领侍卫内大臣、御前大臣等数十个职务，位高权重，京城曾流传"伯半朝"之称呼。伯王得知那儿苏与慈禧太后"有染"的消息后，顿如晴天霹雳：此事一旦泄露，慈禧太后定会诛灭他家九族，他们祖祖辈辈为朝廷立下的汗马功劳必将毁于一旦。

不久，伯王与知心的王公们商量出一个妥当的办法。一天早朝，伯王向光绪皇帝奏请：带领儿子们回乡，祭扫父亲僧王墓。伯王回到

251

科尔沁左翼后旗后，与两个孩子商定：诛灭那儿苏，以保全家族。那儿苏也同意，任凭父王发落，以死挽救家族。清明节前三天，伯王率领三个儿子，用马车拉着牛羊祭品，首先到公主陵、僧王陵（均在法库境内）扫墓祭祖，然后到岱王陵祭祀。之后，伯王亲自折断手上的金镏子，让那儿苏吞金自杀。

那儿苏死后，伯王立即派人上报朝廷。慈禧太后听到那儿苏的死讯，回到内宫连哭带号大骂伯王。清光绪十六年（1890），朝廷命："贝勒带骑领侍卫十员，往奠故科尔沁贝勒那儿苏茶酒，赏恤如例；子阿穆尔灵圭袭爵。那儿苏谥曰'诚慎'。"为让朝廷大臣解除怀疑，伯王让他们验看了那儿苏尸体。大臣们既没发现刀伤，又没看出中毒迹象，只得同意入棺埋葬，然后回京向慈禧太后复命。按照伯王吩咐，科尔沁左翼后旗旗王府修建了这座陵园。由于那儿苏遵照父亲旨意而死，所以该陵园名为"孝节陵"，当地百姓俗称"孝家陵""孝子陵"。

另据清代文廷式《闻尘偶记》云：光绪八年的春天，琉璃厂有一位姓白的古董商，经李莲英介绍得幸于慈禧。当时慈禧46岁。白某在宫里住了一个多月以后被放出。不久，慈禧怀孕，慈安太后得知大怒，召礼部大臣，问废后之礼。礼部大臣说："此事不可为，愿我太后明哲保身。"当夜慈安猝死。

更有野史记载：慈禧好吃汤卧果，每日早晨派人去宫门口买四枚汤卧果，由金华饭馆的伙计派人送来。金华饭馆有一个姓史的年轻伙计，他长得玉树临风，仪容俊美。史某与李莲英混熟了，经常被李莲英带到宫里去玩。有一天，慈禧忽然发现李莲英旁边站着个俊美的少年，便问李莲英那是谁？李莲英十分害怕，因为带外人入宫严重违反宫禁，但又不敢撒谎，只得如实禀告。慈禧没有表现出生气，反而有些兴奋，将史某留在宫内"昼夜宣淫"，一年后生下光绪。慈禧不敢养在宫中，命醇亲王代为养育，接着将史某灭口。光绪帝与同治帝是一辈人，慈禧违反立子不立弟的常规，或许因为光绪是她的亲生儿子。

　　还有一说是当时都门有位唱戏的武生叫杨月楼，得到慈禧的专宠，随意出入宫禁，每次进宫即恒久不出。一日，慈安有事欲告知慈禧，突然前往慈禧居所，适逢慈禧不在，却见杨月楼袒卧于慈禧的床上，慈安惊惧，叫来宫中婢奴，授意此事不得张扬。后慈禧处死杨月楼，慈安虽久惊怒，实际并未追究，慈禧更加疑惧。遣宫婢多次进献慈安食盒，慈安不疑，受而食之，不久即死去。所以，很多传说都说慈禧欲害慈安的念头始于慈安亲见了慈禧的不轨行为。

　　也有慈禧和太监安德海、李莲英有私的传闻，李莲英在入宫前，因为生活落魄，曾私贩硝磺，外号皮硝李。后贩硝磺被抓入狱，出狱后以补鞋为生。好友沈兰玉见他可怜，将他引进宫里当了太监。李莲英素有"篦小李"之美誉，以一手漂亮的梳头功夫得到那拉氏的赏识。他的值班房离西太后住所不远，有时太后到他屋里看一下，李便把慈禧坐过的八张椅子全部包上黄布，西太后果然称许他忠诚细心，对他愈加信任。

慈禧的火车

　　康熙末年规定太监品秩最高为五品，最低者八品；乾隆七年改为"不得超过四品，永为定例"。慈禧执政时，打破祖制，赏李莲英为二品。多年来，慈禧对李莲英宠眷不衰，二人常在一起并坐听戏，凡李莲英喜欢吃的东西，慈禧多在膳食中为他留下来。李莲英为人极为聪敏，善解人意，对待其他人也比较和善，不如安德海那样气焰嚣张，所以能够得到善终。

但安德海、李莲英与慈禧之间的暧昧即使有，也不可能发生切实的性关系。因为若他俩没净身干净，是假太监，这事是瞒不了所有人的。在清朝对太监的检查尤其严格，当太监后隔年还得接受慎刑司验身。不过尽管太监没有生理能力，但是他们可以给慈禧太后带来心理上的安慰和刺激，由于这两人很会在这个方面迎合慈禧太后，因此他们得到了慈禧太后的万般宠爱，这从慈禧太后对李莲英一再的封官和赏赐之中便可以看出一点端倪。

但李莲英因得慈禧太后宠幸，仗势胡为，很不为慈安所喜，一日慈安太后乘辇车过某殿，李莲英与小太监角力，对慈安置若罔闻，慈安怒以杖责之，并到慈禧住处教训了慈禧一顿。慈禧不服，欲为李莲英报仇，两人闹翻。不几日，即传慈安暴崩一事。

以上关于慈禧太后的这些风流韵事绝大多数出自于一些野史的记载，因此其可靠性究竟几何还难以得出一个明确的结论。但实际上，即便真有其事，正史中记载的可能性也很小，因为这些正史在流传之前，一般都会经过统治阶级事先的核准。从另外一个角度来说，慈禧太后有这种风流韵事也是很正常的，毕竟一个从 26 岁便开始守寡的年轻貌美的女性，要说没有一点出轨的迹象，是难以令人相信的。

※ 慈禧除掉慈安，天下唯我独尊

上面说的是生活上慈禧欲杀慈安的原因，而在政治上，慈禧也是欲将慈安除之而后快的。

慈禧太后大权在握后，唯一的顾虑即是慈安皇太后。立载湉为帝，并非慈安之意，后垂帘听政制度建立，慈安则多持斋念佛，长居宫中，朝中事实际由慈禧把持，慈禧从此为所欲为。

慈安之死，对慈禧、奕䜣均有影响。对慈禧来讲，慈安的死为其专权扫清了道路。尽管慈安生前清心寡欲，极少参与政治，不像慈禧那样有谋略和魄力，然而慈安的存在本身，对慈禧的专权就是一股巨大的威慑力量。有慈安在，慈禧就不敢那么明目张胆、恣意妄为。慈安一死，政权尽归西宫，慈禧可以唯己独尊、专执国政而无所忌惮。从此两宫垂帘局面变为一宫独尊，光绪帝还未成人，慈禧大权独揽，人们尊称她为"老佛爷"，慈禧开始成为名副其实的清王朝的最高统治者，奕訢的势力也就更加削弱了。

慈安的死，无疑使奕訢在最高统治集团中少了一个可以依靠的力量。多年来，慈安和奕訢与慈禧之间均有矛盾，奕訢多以"嫡庶之分"为由，通过支持慈安压制慈禧的嚣张气焰，慈安也多倚重和信任奕訢，无形之中，奕訢和慈安形成一种联合力量，来共同对付慈禧。如咸丰陵前的席次之争、诛杀安德海等等。慈禧感到势单力薄，也在努力培植自己的势力。如在内务府、军机处相继安排进自己的人或者是牵制奕訢势力的人。慈安在时，尽管奕訢曾屡受打击，但因慈安的倚重，他依然能保住军机处的位子、执掌军机处大权；慈安一死，形势大变，慈禧不再受约束，同时由于自己的党羽势力大增，她对奕訢也就不再顾忌了。

慈安的死，使慈禧位及最尊，慈禧培植的势力也随之抬头，奕訢派势力则相应遭到压制。清议派攻击他的改革，七弟奕譞也攻击他崇洋媚外，这两种力量的抬头，使奕訢日益陷入孤立的境地。

七弟醇亲王奕譞早就想夺取奕訢手中的大权，这可以追溯到同治年间。当时两兄弟就因政见不同而不合，奕譞思想保守固执，对奕訢重用汉人、提倡向西方学习，表示不赞成。他曾向慈禧上折，"请摈除一切奇技淫巧，洋人器用"。对奕訢"外敦信睦，隐示羁縻"的外交政策，奕譞尤其表示反对，在 1870 年天津教案的处理上与奕訢发生过激烈的争执，严厉指责和全盘否定奕訢的对外政策。1870 年和 1873 年，奕譞曾两次密奏慈禧和亲政后的同治帝，两折的意思分别为请求剥夺奕訢掌管的外交大权和表示对奕訢掌管军机处中枢大权不满。奕䜣上奏抗辩，此事作罢，但恭亲王和醇亲王两人因此隔阂日深。同治帝死后，光绪帝继位，醇亲王以太上之尊，依靠慈禧支持任用私人，结党结派，势力逐渐盖过了奕䜣。

慈安死后的一段时间，鉴于恭亲王的谙练老成，长于外交，慈禧并没有马上逐他出军机处。至 1884 年，中法战争爆发，清军节节败退，慈禧才算找到了一个恰当的借口，以奕䜣为替罪羊，与奕谭合力，罢免了奕䜣的一切职务，取得了双方多年来矛盾斗争的决定性胜利。从此，奕谭取代奕䜣，活跃于晚清的政治舞台上。

※ 为争名位下手，终遭析棺抛尸

对于慈安之死的说法有多种，基本都认为是慈禧所为，但当时的官方史料是不可能这么记载的，有些人研究史料去找答案，必然不可能指向慈禧，如张尔田指出：慈安的病况，可详见翁同龢的日记，哪里有食盒外进之猜疑？20 年来，排满思想，深入人心，时人不痛诋清代则不快，即使是光绪帝的日讲起居注官恽毓鼎的《崇陵传信录》也断不可信。学者金梁也在《清帝外纪·清后列传》中，对慈安焚烧遗诏和慈禧进献毒盒事，提出质疑："手敕既然焚毁，敕语内容又从何而知？食盒外进，又有谁见到了呢？"

这么说，慈安的死就与慈禧无关了吗？当然不是，其实当时的翁同龢、张之洞等人根据慈禧造假的种种迹象，对慈安病死之说也是心存疑惑。

翁同龢的日记中留下了诸多疑点。皇帝皇后生病，按清祖制，应先由军机、御前大臣详细了解情况后传御医，然后御医诊断、开药方，药方应交军机、御前大臣传视，以显示慎重。而慈安九日患病，当日并未见医方发下，这是为什么呢？慈安因偶感风寒，却不到一天就骤然崩逝，死后第二天公布的五个药方，均未说明致病原因，这又是为何？死后第三天，似乎为了消除人们的疑虑，所发药方才写上"伤感过甚，诸症骤发"的含混言语，且药方上也没有御医庄守和的名字。凡此种种，不能不让人生疑。

张之洞觉得事情蹊跷，曾致信李鸿藻："此事实出非常，殓奠一事，翰林院一向是派人轮班前往的，但至今未见知会一声，也没听说到底是派了谁去?"并请教李鸿藻，"现在是应静候呢，还是应径直前往呢? 即使翰林院没有被派，应当没有大碍吧? 敬请指示，不胜感激。"张之洞对慈安逝世后的殓奠的反常迹象也不知如何是好，所以写信求教李鸿藻。事过多年，荣禄才透露了殓奠的秘密。当时荣禄任内务府大臣，慈禧避开了那些好"遇事生风"的翰林院，派荣禄亲自前往殓含，并谕示荣禄："尔等详细视殓，勿令人有疑辞。"荣禄听慈禧这么一说，反倒胆战心惊，殓奠时，未敢多看一眼，赶紧殓毕退下了。慈禧这种欲盖弥彰的做法更显示了背后藏有不可告人的隐秘。

另外的一件事也可佐证慈禧先置慈安于死地的动机和决心，即死后的名位之争。慈安丧葬事，慈禧令减杀礼仪。据翁同龢的日记记载，慈安的梓宫用的是楠木，但却是由厚度不过一寸七八分的多块木头拼成，这与慈安正宫的地位是不相符的。慈禧修园、自我享乐那么舍得花银子，对已作别人世的慈安却如此地苛刻，不知居心何在。在谥号问题上，慈禧又一反历代皇后所上谥法的规则，欲以"钦"字居首，以否定慈安的正宫地位。后翁同龢等人极力抗争，说："贞者，正也。此乃先帝所命也"，且穆宗同治帝尊崇慈安二字，天下人对此也熟闻，谥号中必须用"贞""安"二字。最终，在坚持下，慈安才得谥号"孝贞慈安裕庆和敬仪天祚圣显皇后"。

至慈安崩逝，慈禧也不放过与她在地位上的争夺，慈禧对慈安的仇视之心可见一斑。虽没有确凿的证据证明慈安就是慈禧所杀，但多方面事实反映慈禧难脱干系。

还有值得一提的一件事就是，慈安死后没过多久，慈禧就立即下令拆掉慈安的墓，而且把自己的墓地和慈安的墓地换了个位置。因为慈安的墓地在东边，意味着地位较高，慈禧的墓地在西面，就是地位比慈安低，以慈禧的性格，是肯定不想以后死到另一个世界时也屈居于慈安之下的，所以慈禧在生病时忽然想到这一点，便先将慈安毒死，然后把自己的墓地和慈安的给换了，心理上便认为自己将来会居于慈安之上，她还把自己的墓地装饰得富丽堂皇，在清朝后妃之墓中堪称第一，自以为生前死后都是养尊处优，荣宠无比，不想未过数年，军阀孙殿英便动用军队将她的墓挖开来，将里面的宝物洗劫一空，慈禧之棺更被撬开，身上之物被剥夺一空，还落了个尸骨无存的下场。

清东陵

第八编

光绪艰难亲政
帝后矛盾重重

慈禧太后像

光绪皇帝载湉像

一

慈禧欲控光绪
欲谋拿下奕䜣

慈安的中年早逝似乎没有给朝局的稳定带来什么不利的影响，皇帝依然要专心读书，皇太后垂帘听政因为有慈禧的存在依然可以持续。似乎这位仁厚与豁达的皇太后只是两宫垂帘的一个可有可无的配角罢了。

其实事实并非如此！慈安的死对于大清朝局势的影响非常之大。

慈安死后，对于慈禧而言，为其专权扫清了道路。尽管慈安生前清心寡欲，极少参与政治，不像慈禧那样有谋略和魄力，然而慈安的存在本身，对慈禧的专权就是一股巨大的威慑。有慈安在，慈禧就不敢那么明目张胆、恣意妄为。慈安一死，权力尽归西宫，慈禧可以唯我独尊、专执国政而无所忌惮。从此两宫垂帘格局变为西宫独尊，光绪帝还未成人，慈禧大权独揽，开始成为名副其实的清王朝的最高统治者，奕䜣的势力也就更加削弱了。

慈安的死，无疑也使奕䜣在最高统治集团中少了一个可以依靠的同盟。多年来，慈安和奕䜣与慈禧之间均有矛盾，奕䜣多以"嫡庶之分"为由，通过支持慈安压制慈禧的嚣张气焰，慈安也多倚重和信任奕䜣，无形之中，奕䜣和慈安形成一种联合力量，来共同对付慈禧。诛杀安德海就是如此。慈禧感到势单力薄，也在努力培植自己的势力，在内务府、军机处相继安排自己的人或者是牵制奕䜣势力的人。慈安在时，尽管奕訢屡受打击，但因慈安的倚重，他依然能保住军机处的位子，执掌军机处大权；慈安一死，形势大变，慈禧不再受约束，同时由于自己的党羽势力大增，实力消长之间，她对奕訢也就不再顾忌了。

慈禧联合奕訢发动政变以后，奕訢一直领导军机处，虽然其间经历了同治四年慈禧的打压，被革去"议政王"的王位；经历了同治十二年同治帝的肆意打压，险些革去亲王王位与一切职务。但20余年的用人行政足以证明奕訢不是素餐尸位的庸碌之辈。他过人的才能、高远的视野以及出色的外交能力，是慈禧执政中不可缺少的干将，无论慈禧怎样打压他的势力，领班军机的职位一直由他担任，这充分体现了奕訢不可或缺的才干。然而面对归政光绪帝时间的迫近，慈禧心中隐忧丛生，她决心在归政前一定将奕訢驱逐出权力核心。

军机处是一个直接关系到王朝大政方针运作的机要部门，一般认为军机处大约组建于雍正七年（1729）。当时，正值雍正对西北准噶尔用兵，往来军报紧急频繁，必须迅速而缜密地处理。可是内阁距宫禁太远，往来不便；而且耳目又多，不利于保密。为此，雍正帝便在宫内隆宗门附近建板屋数间，称军需房，办理机密事务，后来又改名为军机房、军机处。雍正帝及其以后的历代皇帝都十分看重军机处的作用，乾隆帝称由于有了军机处"权衡悉由朕亲裁"。究其原因是军机处的特殊职能和办事方式符合专制主义中央集权日益加强的需要。

军机处的特殊表现在它不是清朝法定的、独立的政府衙门，而是直属皇帝领导。它无官署、无定员、无专官、无属吏。人员由皇帝自己从亲王、重臣中拣选，均是兼职，按资历地位分别称为军机大臣、军机大臣上行走、军机大臣上学习行走等，统称"军机大臣"，俗称"大军机"。人数不定，少时三人，多时六七人，内中为首者，称为"领班"或"首枢"。

清朝军机处办事是迅速而机密的，军机大臣每天清晨都要谒见皇帝请旨，并迅速处理军国大事。军机处昼夜都有人值班恭候，以备接见，从不误事。皇帝外出巡幸、谒陵、避暑，都有军机大臣相随，因此军机处也并不是紫禁城一处地方。

军机处每日折奏无论是几十件或上百件，一律当天办完，从不耽搁。"密谕"的传递速度十分可观。只要军机大臣在信封上注明，一日便可行三百里、五百里，甚至"加快六百里"，快捷程度前代罕有。军机大臣掌握机要之事，因此皇帝接见他们时，左右太监一律退出。可是，进出门时不是要掀帘子吗？这件事也只得由军机大臣中的最末一位来担任，因此当时有"挑帘军机"之称。军机处的值庐是机密重地，不准闲人窥伺。内中使用的杂役人员，都是15岁左右不识字的幼童，俗称"小幺儿"。皇帝还经常派人在军机处附近稽查、监视，以防有人干扰军机处，嘉庆时还传旨：自亲王至满、汉大臣都不得到军机处与军机大臣谈说，违者严惩。军机处后院有一扇小门，也特旨堵死，大概是防止有人"走后门"。

慈禧从军机处入手拿下奕訢，这样做的目的是很明确的，就是要从根本上铲除奕訢的力量。光绪帝不是自己的亲生儿子，归政后，自己能否依然操控自如？这是非常令慈禧担忧的。尤其令她不放心的是，奕訢统领的军机处是掌管军国大事运作的中心所在，如果自己撤帘归政，谙熟朝政运作的奕訢势必如脱缰的野马，到时自己将鞭长莫及，又如何暗操皇权？此时，对于慈禧而言，如果能够组建一个由自己的嫡系组成的军机处，就可以在军国大事的运作上贯彻自己的主意，由此就可以达到自己长久把持朝政，而根绝奕訢东山再起的可能。

这样，不仅可以操纵亲信挟持光绪帝继续按照自己的旨意办事，可以保证自己虽撤帘却仍在幕后，保证自己操纵朝局目的的实现。

中法战争爆发
奕䜣被免官职

二

　　慈禧是如何罢免奕䜣的呢？所谓"欲加之罪，何患无辞"，治人的机会对慈禧来说是极易把握的，中法战争进行期间，慈禧就找到了良机。

　　鸦片战争后，法国一直在亚洲中南半岛上扩张殖民地。光绪九年（1883），占领越南南部的法国一方面不断向越南调兵遣将，并大举北进；另一方面利用外交手段向清政府进行讹诈，力图用武力恫吓逼迫清政府满足它的侵略要求。面对法国所制造的西南边疆严重危机，朝野上下"战""和"分歧十分明显。主战者以醇亲王奕譞、军机大臣李鸿藻以及湘系官僚左宗棠、刘坤一等为代表。他们强调抗法的必要性：就利害关系而论，中越山水相连，唇齿相依，法国侵越，"非徒并越，而特欲以越为根脚耳。粤边之煤矿，滇中之金矿，无不垂涎"，所以中国断无坐视之理。

　　主和者主要是淮系官僚，直隶总督兼北洋大臣李鸿章是其代表。光绪十年正月（1884年2月）李鸿章给总理衙门的一封公函，从士气、战术、装备、训练等方面分析法军优越于清军的状况，要奕䜣或者避战求和，或者下令前线避开阵地战，展开丛林战和游击战，方能取胜。这封公函表达了长久以来李鸿章一直主和的缘由。

　　作为当时最高权力的控制者，慈禧在对法交涉的"战""和"态

慈禧与外国公使夫人

度上游移不定，迁延不决。相当长的时间内，慈禧没有明确的态度。她把处理这一严峻局势的全权交给李鸿章，命其"相度机宜，妥为筹办"。

很明显，慈禧含混的态度表明她对中法战争存在极大的侥幸心理。而此时，身为军机领班的奕䜣，对"战""和"这样关乎国家命运与未来的大问题上也不置可否，甚至动辄请假或不入朝，不和不战、麻木不仁。奕䜣的态度，令当朝诸臣十分不解，翁同龢更是心急如焚："如何如何，愤懑填膺也。"那么此时那个纵横捭阖的奕䜣哪去了？其实，此时的奕䜣正有病在身，且在多年理政和与慈禧的较量中，他已身心俱疲，锐气全消，并且在慈安死后，他也已变得孤立无援。

自从咸丰十一年（1861）与慈禧联手扳倒八大臣以后，奕䜣就入值军机处，这一做就是20余年，内忧外患的国家政局，使得奕䜣几乎没有片刻闲暇。光绪八年，长期的劳累奔波，日积月累，奕䜣的身体健康状况迅速下降，经常感觉倦怠。八月以后，更是感觉身体不支,有时甚至几天不能入值军机,且经常便血,无奈请长假在家养病。十二月初一日(1883年1月9日),鉴于奕䜣病情无法在短期内恢复,总理衙门许多事亟待处理,慈禧太后正式谕令李鸿章代理该衙门有关外交大事。次年二月(1883年3月),奕䜣病愈,但仍精神不振。慈禧召见,见其依然难堪繁巨事务,于是又赏假一个月,让他安心调理。直至该年六月(7月),奕䜣才重入军机。而此间正是法国不断在西南边疆挑起事端、朝野上下"战""和"难决的时候。

奕䜣在与慈禧20余年的合作中,对于慈禧的专断擅权、阴险毒辣的领教早已非止一二。每一次的挫折都使他的锐气有所消磨。同治初年,奕䜣意气风发,大有挽江山于既倒的胆识与魄力,朝野上下好评如潮,"恭王任事,委权督抚,朝政号为清明。颇采外论,擢用贤才能,待达者不为遥制"(《祺祥故事》)。然而,奕䜣势力的异军突起,使慈禧无法容忍,于是就有了慈禧在同治四年以日讲起居注官蔡寿祺参劾为口实的全力打压,不仅削去了"议政王"的名号,而且还致使骄傲的奕䜣经历"双膝跪地,痛哭谢罪"的蹉跎。同治十二年,又因在同治帝重修圆明园的问题上拍案而起,被同治帝削去王号,罢免本兼各职。虽经两宫太后做主,撤销了处分,仍主持军机,但鼎力任事的魄力已远不如任事之初,凡事多有回避,很少建言。

光绪七年,慈安暴病身亡,两宫垂帘骤然变成慈禧独裁。虽然朝政的掌控在慈安生前也是慈禧为主,但毕竟有慈安的牵制,慈禧还有所顾忌。伴随着慈安的故去,奕䜣势单力孤,更不敢轻易与慈禧面折廷争。

中法战争爆发前后,奕䜣对言战颇感犹豫,对言和又颇多顾忌。遭受多次打击和大病初愈的奕䜣此时尽量保持少言说的态度,不断揣摩慈禧的意向。当他觉得慈禧似乎以妥协、议和为得策时,就在各军机大臣们主战的情况下,仍"不欲轻言战"。当光绪九年九月(1883年10月)底,在国内外主战的强烈呼声下,慈禧态度变得强硬起来的时候,奕䜣也随之附和"言战"。然而,他对中法战争的犹豫不决和对慈禧的一味应付,终于引起了朝臣的不满和慈禧的愤怒。

奕䜣似乎也感觉到了慈禧的不满，为讨好慈禧，奕䜣为半年后慈禧寿典一事煞费苦心，企图博得慈禧的好感。《翁同龢日记》载：光绪十年三月初四日（1884年3月30日）"恭邸述醇邸语请旨，则十月中进献事也（为慈禧祝寿事），极琐细不得体。慈（慈禧）谕谓本不可进献，何用请旨，且边事如是，尚顾此耶。意在责备。而邸（恭王）犹刺刺不已，竟跪六刻，几不能起"。

所以，此时的奕䜣已经完全没有了昔日的果敢与睿智。而慈禧不然，她嗜权如命，从肉体到心灵，每一个细胞、每一根神经，都是由权力所组成的。来自任何一方的挑战，乃至于一丝一毫的碰撞，都会引发她的全力反击。即使是潜在的力量，她也绝不姑息。更何况奕䜣这样举足轻重的人物，无论是过去还是将来，慈禧都把他视为权力的威胁，她岂能姑息？慈禧缺少的就是借口和机会。光绪十年初，中法战争连续失败，朝野舆论哗然，慈禧找到了难得的借口。

年初，不断传来进入越南的两支清军连连战败的消息，一支是广西巡抚徐延旭统领的粤西防军约六千人，另一支是云南布政使唐炯统领的滇省防军约八千人。御史们开始纷纷谏言，要求追究战争责任。按律最先逃跑的前敌将领应处死，统兵大员当拿问。慈禧震怒，广西巡抚徐延旭和云南巡抚唐炯均革职拿问。任命潘鼎新为广西巡抚，张凯嵩为云南巡抚。谁来承担失败的主要罪责呢？当然是奕䜣！而心机叵测的慈禧，绝不会错过这个置奕䜣于死地的机会。

三月初八（4月3日），慈禧召见军机大臣，不失时机地为罢免军机大臣改组军机处制造舆论。她在分析战争责任时，大谈特谈官员因循守旧，应对不力。据《翁同龢日记》记载："今日入对时，谕及边防不靖，疆臣因循，国用空虚，海防粉饰，不可以对祖宗。"言辞颇为严厉，所指非常明确：军机大臣不得力，不惩办无以对祖宗。

在慈禧的舆论导向下，日讲起居注官左庶子盛昱上《疆事败坏请将军机处交部严议》奏折，严厉弹劾张佩纶、李鸿藻，同时敦促恭亲王奕䜣和军机大臣宝鋆等，不要蒙蔽视听，诿卸责任，而要戴罪图功。

李鸿藻像

慈禧如获至宝，将折子留中不发，她要不露声色地安排一切。首先，她要把奕䜣支开。恰好第二天，即三月初九日（4月4日）是清明节，慈禧派奕䜣去东陵祭祀，主持慈安皇太后三周年祭典。往返东陵需要一些时间，她完全可以借此机会逐一安排。然后，频频召见亲信宠臣。随后，慈禧以祭奠九公主的名义前往九公主府并留下用膳，此次，她又以祭奠为借口，不露声色地制造了一次单独召见奕譞的机会，两人进行了秘密的商讨。十二日，慈禧在召见军机后，相继密见了孙毓汶和奕譞。

一切准备停当之后，慈禧迅速对奕䜣发出致命一击。十三日，奕䜣办理完祭典相关事宜后回来，本应召见，但这一天，慈禧只召见御前大臣、大学士、六部满汉尚书，军机大臣一概未得召见。就在奕䜣和诸军机大臣耐心等待召见的时候，忽然传出太后懿旨，让在场的每一个人都大吃了一惊！这是一份革除奕䜣及全体军机大臣的上谕，宣布将奕䜣为首的军机处全班撤换。奕䜣被革去一切职务，并撤去恩加双俸，令家居养疾，处罚最重。跟随奕䜣 20 多年的宝鋆也被开去一切差使，仍以原品休职；李鸿藻和景廉降两级调用；翁同龢革职留用，退出军机，仍在毓庆官行走，继续为光绪帝授读，处罚最轻。

上谕加给奕䜣等人的罪状是："军机处实为内外用人行政之枢纽。恭亲王奕䜣等，始尚小心匡弼，继则委蛇保荣，近年爵禄日崇，因循日甚，每于朝廷振作求治之意，谬执成见，不肯实力奉行，屡经言者论列，或目为雍蔽，或劾其萎靡，或谓簠簋不饬，或谓昧于知人。"（《清代通史》）

同日又宣布了新军机处的人员组成：礼亲王世铎，户部尚书额勒和布、阎敬铭，刑部尚书张之万在军机大臣行走，工部左侍郎孙毓汶在军机大臣上学习行走。光绪十年是甲申年，历史上又把这次重大的人事变动称为"甲申易枢"。

慈禧在不到一个星期的时间里，便完成了左右天下时政的军机处大换血，建立了完全听命于自己的中枢机构。这次高层人事大变动，行动之迅速、借口之恰当、更换之彻底、安排之巧妙均令人叫绝，其反响之微弱也让当时及后世人出人意料。

这次奕䜣惨遭罢黜，反对之声寥寥无几，与同治四年那次弹劾风波引起的反响完全不同。那次慈禧在举朝的强大的舆论压力下，被迫收回成命，只是削掉奕䜣"议政王"的封号。而这一次罢免反对的呼声甚微，仅寥寥数人上疏。前后 19 年，同样是罢黜奕䜣，反差如此之大！

至此，慈禧将奕䜣的力量彻底铲除，自"辛酉政变"以来，慈禧与奕䜣之间 20 余年的政治合作和斗争终告结束。

慈禧罢斥奕䜣后，有人曾竭力为奕䜣开脱，这个人不是别人，正是日讲起居注官盛昱。当知道慈禧正是利用了自己的奏折罢免了奕䜣以及全体军机大臣以后，他懊悔不迭。因为他知道奕䜣的领导才能和对王朝的使命感无人能替，他上书的目的无非是希望促使奕䜣焕发朝气。而慈禧罢免奕䜣确实与自己的初衷相去甚远。在突发事件面前，他所能做的就是连忙上书，试图补救："恭亲王才力聪明，举朝无出其右者……举步阽危，人才难得，若廷臣中尚有胜于该二臣者，奴才断不敢妄行渎奏。……奴才前日劾章，请严责成而不敢轻言罢斥，实此之故。"（《晚清宫廷纪实》）迂腐的盛昱哪里知道，如此聪明的一个女人，怎么会不知道与自己合作20余年的人所具有的超凡能力。即使没有盛昱的劾奏，恭亲王之获谴也是早晚的事情。而盛昱一再强调奕䜣"才力聪明，举朝无出其右"，只会触动慈禧更深的嫉妒，企图以此让慈禧收回成命，岂不是缘木求鱼？

奕䜣被罢免后，取而代之的是醇亲王奕譞。在大事的处理上，军机处必须与醇亲王奕譞商办、裁夺，实质上就是将奕譞置放在军机处领班的位置上。

三 奕譞理政军机处 献媚慈禧修名园

　　慈禧免去奕䜣所有职务的同时，毫不犹豫地用醇亲王奕譞来替代恭亲王奕䜣，看重的是奕譞对自己的敬畏和忠诚。她就是要通过奕譞——当今皇帝的生父来影响即将亲政的光绪帝，时时保持对自己的一片忠诚。

　　有两件事情令慈禧深深感到奕譞的"忠诚"。第一件是载湉即位之时，作为其生父的奕譞主动提出辞掉一切官职。就在载湉被抬入宫中的第二天，醇亲王奕譞似乎知道慈禧心有隐忧，"明智"地向慈禧提出辞掉一切官职。《光绪朝东华录》记载他上奏说："臣前日仰瞻遗容，五内崩裂，已觉气体难支，犹思力济艰难，尽事听命。忽蒙懿旨下降，择定嗣皇帝。仓促昏迷，罔知所措。迨舁回家内，身战心摇，如痴如梦。致触犯旧有肝疾等症，实属委顿成废，唯有哀恳太后恩施格外，洞照无遗，曲赐矜全，许乞骸骨。"

　　儿子做了皇帝以后，醇亲王奕譞充分意识到自己从此将无法参与中枢政务了，这不仅是因为儿子当了皇帝，上殿面君时，难以叩拜如仪，更重要的是他以后出一言、建一策，动辄就会被视为"皇父""太上皇"的威势。处理不当，会引起慈禧的疑心。俗话说：功高盖主。可对于他来说，势高也可盖主。怎么办？为了让慈禧放心，最好的方法就是自折锋芒。辞职是最好的也是唯一的选择。

无论奕譞是如何考虑的，他的辞职确实令慈禧盘结于心的隐忧得以纾解。由此，慈禧也颇感奕譞对自己无条件地服从，她特别欣慰。"投我以木瓜，报之以琼琚"，慈禧深谙此道。奕譞提出辞职九天以后，慈禧虽然开去了奕譞所管的各项差使，但却特别给予他两项特权，以示奖赏："嗣后恭遇皇帝升殿及皇帝万寿，均拟请毋庸随班行礼"；赏给"亲王世袭罔替，用示优异"。

其次，奕譞十分配合慈禧对小载湉实施的一切教育手段。慈禧为了使入宫后的小载湉忘掉原来生活的一切、完全服从自己的意旨，不管慈禧对小载湉的教育有多么不近人情，奕譞总是十分理解、百般配合，这令慈禧颇为欣慰。

奕譞夫妇

翁同龢在日记中记载了小载湉不适应慈禧的教育方式，对于刚刚开始的学习生活有非常大的抵触情绪，或是静坐不理，或是嬉戏啼哭，即使翁同龢使出浑身解数，也"无知如何"。对此，慈禧的方法就是严厉的惩戒：责骂的同时辅之以不许多吃。为了能让小载湉的学习进行下去，翁同龢不得不求助于奕譞。奕譞一到书房，小载湉就非常高兴，人也变得配合多了。但几次以后，奕譞便不再来了。虽然翁同龢不断邀请，他也借故推辞。今天，我们颇能理解奕譞的无奈和苦衷。儿子思家、思亲人的孤独与痛苦，他非常清楚，在这难以割断的父子亲情面前，他又何尝不惦念自己孤苦无依的儿子。但现实是残酷的，他不得不面对慈禧一言大于天的事实，儿子被选择为皇帝，这是自己无法改变的事实，对于儿子今后的一切事情，他已没有任何决定的权力，关心一时不能关心一世，况且过于频繁的往来也会引起慈禧的不满。所以，奕譞索性不管不问，听凭命运的安排。慈禧知道以后，为奕譞对自己心怀敬畏而非常满意。

所以，慈禧在这个时候倚重醇亲王奕譞，她并不担心醇亲王奕譞与光绪帝联手与自己作对，因为醇亲王奕譞对自己服从有加。

对于嗜权如命的慈禧而言，她不是不知道奕䜣的功劳和能力，可是在归政之前的特别时期里，她首先考虑的不是什么枢臣治国之才能，而是枢臣对自己绝对的忠心和服从。此刻，慈禧全然不顾奕譞是光绪帝的生父，理应回避，她要的就是奕譞对自己十几年如一日的效忠尽力，有此就足够了。至于易换中枢是否会带来不利的政治影响，也就只能让位于她对于权力的追逐和安排了。

奕譞则以进一步的行动表达了自己对慈禧不二的忠心，那就是曲意逢迎。有一件事特别能说明奕譞对慈禧竭力维护和曲意逢迎的事实，那就是奕譞积极建议重修颐和园。

颐和园原名清漪园，位于圆明园之西，是乾隆帝为他的母亲钮祜禄氏的六十大寿而建的一处皇家园林，历时十五年，耗银450万两。然而，咸丰十一年（1861）英法联军入侵北京，纵火焚烧圆明园的同时，又派一队人马冲入颐和园，不仅将园中数万件珍贵的陈设抢劫一空，而且还将万寿山的"大报恩延寿寺""田字殿""九百罗汉堂"以及后山的苏州街的建筑焚烧殆尽，连万寿山顶的"智慧海"也未能幸免劫难。在此后的20余年间，这座皇家园林已成杂草丛生、野

273

狐出没的废园。时人王闿运曾经在诗中描写了被侵略者洗劫一空后园中满目疮痍的悲凉景象：玉泉悲咽昆明塞，唯有铜犀守荆棘。青芝岫里狐夜啼，绣漪桥下鱼空泣。

慈禧一直为自己归政以后的生活进行着精心的设计，经过同治十二年重修圆明园的风波以后，慈禧知道在现实条件下再次重修圆明园的计划只能停留在想象阶段，那么自己将在哪里颐养天年？

最先为慈禧考虑并提出重修清漪园的不是慈禧本人，恰恰是当年与奕䜣一起坚决反对重修圆明园的奕䜣。没有史料直接证明这位当朝皇上的生父为什么会突然转变态度而第一个出来建议重修清漪园，分析其原因，充其量也不过是为自己的儿子打点将来吧。奕䜣知道慈禧早晚是要归政的，而且他还非常了解慈禧深好炫耀游逸。因此，不如投其所好，借此表示对这位操纵自己儿子、自己及其全家人命运的"皇嫂"一片忠心。

可是，奕䜣清楚国家财政捉襟见肘，加强海防、筹建海军尚且需要寅吃卯粮，又能以什么理由和借口提出重修清漪园并筹措资金呢？

清漪园

光绪十一年九月（1885 年 10 月），清政府成立了海军衙门，慈

274

禧任命奕譞担任总理海军事务大臣。这就为奕譞贡献自己的赤诚提供了理由和施展的机会。

首先，奕譞为重修清漪园找到了理由。光绪十二年八月十七日（1886 年 9 月 14 日），奕譞呈上了《奏请复昆明湖水操旧制折》，"查健锐营、外火器营本有昆明湖水操之例，后经裁撤。相应请旨仍复旧制，改隶神机营、海军衙门会同办理"（《清末海军史料》）。既然，建议恢复在昆明湖进行水操的惯例，那么重修一下沿湖的建筑设施亦在情理之中，于是他继续奏请："因见沿湖（昆明湖）一带殿宇亭台半就颓圮，若不稍加修葺，诚恐恭备阅操时难昭敬谨，……拟将万寿山暨广润灵雨祠旧有殿宇台榭并沿湖各桥座、牌楼酌加保护修补，以供临幸。"这种瞒天过海的做法，奕譞也深知不堪一击，在几天后与庆亲王奕劻谈论时局时，他道出了自己的无奈与苦衷。在《翁同龢日记》中，翁同龢记载了奕譞的真实想法：奕譞通过庆亲王奕劻"转告吾辈，当谅其苦衷，益以昆明易勃（渤）海，万寿山换滦阳也"（渤海指北洋海军，滦阳指承德避暑山庄）。也就是说，表面上是为了加强水军，恢复在昆明湖操练水军旧制，实际上借此名义重修清漪园作为慈禧颐养天年的游憩场所。奕譞无奈地道出了他建议修清漪园的苦衷，且理由又冠冕堂皇，自然就没有人戳穿他的戏法。于是，重修清漪园的计划得以实施。

其次，为重修清漪园筹措到了经费。同治十二年重修圆明园计划一经颁布，几乎遭到了举朝反对，根本原因是朝廷财政困窘，无以应付如此庞大的工程。可现如今，财政非但没有任何好转，反而雪上加霜，朝廷的财政可谓国敝民贫。主要表现为：中法战争刚刚结束，而边疆危机却日益加深，朝廷无一日不用钱；国内自然灾害连年不断，危害甚重，其中危害最为严重的是黄河年年决口——光绪十一年七月（1885 年 8 月），黄河在长清决口，河北、河南均遭水灾；光绪十二年，黄河于河南决口，又泛滥成灾。生活在水深火热中的人们，性命尚且难保，更何谈上缴租赋！时人对朝廷的财政状况有过一针见血的描写："自军兴以来，财用匮乏，加以水旱频仍，供亿繁费。会计之臣，东罗西掘，或害重而利微，或损多而益少。征税银不遗尺帛，于币项无补丝毫。海内虚耗，百姓困苦，盖未有如今日者也。"（《光绪朝东华录》）

财政如此拮据艰窘，上哪里去筹措经费呢？同治十二年，同治帝为修圆明园，让官员捐修，而直到同治十三年四月二日，即修园上谕发布半年之后，总捐款数还不足三十万两，可谓杯水车薪！重修清漪园如果重蹈官员捐修的覆辙，其结果只能是失败。慈禧深明此理。

然而，强盗自有强盗的逻辑。总理海军事务大臣奕䜣终为慈禧重修清漪园找到了款项。既然，昆明湖操练水军的旧制的恢复是为了加强海防，那么重修清漪园也自然是加强海防的必要组成部分，经费也自然应该在海军建设经费中挪用，这种瞒天过海的专款挪用方式成就了慈禧的梦想，可留给我们的却是民族的耻辱和遗憾！

光绪十二年十二月十三日（1887 年 1 月 6 日），"醇亲王奕譞与李鸿章商筹南海工程费，拟以创建京师水操学堂为名，借洋款八十万两"（《北京历史纪年》）。同时，排云殿业已开工，44 天后，"水操内学堂"于昆明湖畔开学。就这样，这项花费巨大的工程便在心照不宣的前提下紧锣密鼓地开始了。大量海军建设经费通过总办大臣奕譞之手源源不断地移到"清漪园工程"上来。

北洋水师战舰

据研究，奕譞所挪用的海军军费大致有：海军军费的息银、海防捐银、海军衙门"闲款"和海军军费正款等数项，颐和园重修工程仅挪用海军军费就高达数百万两。而北洋海军的七艘主力舰，"定远""镇远""济远""来远""致远""靖远""经远"的购置费为七百七十八万两。而在奕譞统领海军衙门的九年中，没有购置过一艘新舰。

慈禧、奕譞等人为满足自己私利，置海军建设于不顾，为中日甲午战争的失败埋下了祸根。固然，中国在甲午战争中的失败原因是非常复杂的，但仅仅在挪用海军军费这一项上，他们就难辞其咎。

四

大清危机不断
光绪励志抗争

在慈禧的严厉管束和控制下，小光绪载湉渐渐长大，与表哥同治帝载淳当年相比，载湉是完全不同的人，同治帝性格极为叛逆和自私，但光绪却非常的顺从和无私。这也许是慈禧在吸取教育同治帝的失败经验后，以及在她要完全控制光绪帝的考虑上作出的教育手段。

小光绪努力学习和被慈禧灌输奴隶思想的时候，也正是慈禧太后垂帘听政专政跋扈的时候，这正是慈禧的第二次垂帘听政。这时大清国已经病入膏肓。首先是灾荒不断，破坏程度大、涉及范围广的旱灾、水灾、蝗灾，在全国连年发生，特大灾害也时有所现。但最严重的危机，莫过于外国侵略势力的不断袭来。

缘于道光二十年（1840）的中英鸦片战争，猛烈的炮火从南海之滨的广州蔓延到了人杰地灵的江苏省会南京。清军惨败，订下耻辱的城下之盟。清朝政府被迫支付巨额赔款；割让香港；开放五口；降低关税；并给予外国人以侵犯中国主权的"领事裁判权"。

咸丰六年（1856），在第二次鸦片战争中，清军又是一败涂地。仅几天的时间，英法联军即攻占了广州城。随后移师北上，克京畿门户大沽炮台，直逼天津城下。清政府再一次向侵略者妥协投降，签订了卖国的《天津条约》，满足列强的贪婪索求。与此同时，沙俄乘机迫使清政府在东北就范，承认了不平等的《瑗珲条约》，吞占了中国

60 多万平方公里的土地。

此时的大清帝国正在步步走向殖民地的深渊。自建立之始，还从未落到过如此衰败的地步。对于大清国内外交困的严峻形势，居处深宫之中的少年光绪已经有所了解，并且痛在心里。

光绪自幼即以皇帝的身份，时常随同慈禧太后上朝，听取朝臣们议事。稍大的时候，甚至还发表一些意见。从 13 岁开始，光绪已能批阅奏章。那时，人们将一部分已经慈禧太后审看过的大臣奏本，送到小皇帝面前。光绪看完后，按照懿旨的意思，用朱笔在奏本上进行圈批。这完全是慈禧太后的安排，目的是要小皇帝熟悉朝政，逐步掌握处理政务的本领。据翁同龢讲，光绪虽然当时年龄还很小，但是每次阅看奏章都非常认真。翁同龢在日记中曾经记叙了这样一件事情：

光绪九年正月初八日，翁同龢来到紫禁城养心殿西暖阁，向慈禧太后奏事。他看到光绪皇帝也在里面坐着。当时，军机大臣宝鋆正在将几份奏折呈给皇上。皇帝批阅非常认真，从头至尾，每一页都仔细读过。

养心殿大门

光绪每看完一份奏折，就由太后降旨，军机大臣将慈禧太后的旨意，在光绪面前复述一遍。然后，太后把蘸有红颜色的毛笔，递给坐在旁边的光绪，由小皇帝在奏折上圈画。

正月十二日，翁同龢又来到养心殿西暖阁，看到光绪正在那里批阅奏章。这次奏折较多，小皇帝很细致地阅读了御史刘瑞祺的条陈。

十三四岁的孩子，能够整日阅看官员们用类似于八股式的固定文体，写成的枯燥无味的政治性文章，确实非常不容易。不过正是从这大量的奏折中，光绪渐渐了解到了宫墙以外发生的事情，从中看到了朝廷政治的腐败，外国侵略势力的步步逼近。奏折中反映的社会现实，也进一步激发出光绪拯救清朝、御抗外辱的雄心。

光绪十年三月的一天，在早朝时，14岁的皇帝面对大臣们叹息道："现在边防不宁静，封疆大臣敷衍，国库空虚，海防不实，我辈将无颜面对祖宗。"

就在当年爆发的中法战争中，光绪第一次正式发表了自己的政治主张。

战争缘起于法国对越南的侵略，中国与越南山川相连、唇齿相依，自古以来关系密切。19世纪以前法国天主教势力已侵入越南。英法对华第二次鸦片战争期间，法国开始武力侵占越南南部（南圻，西方人称为交趾支那），使越南南部六省沦为法国殖民地。接着就由西贡出发探测沿湄公河通往中国的航路，在发现湄公河的上游澜沧江不适于航行后，即转向越南北部，企图利用红河作为入侵中国云南的通道。1873年11月（同治十二年十月），法国派安邺率军百余人侵袭并攻陷河内及其附近各地。越南国王阮福时请求当时驻扎在中越边境保胜地方（今老街）的中国人刘永福率领的黑旗军协助抵抗法军侵略。同年12月，黑旗军在河内城郊大败法国，击毙安邺，法军被迫退回越南南部。1874年3月15日，越南在法国侵略者的压迫和讹诈下，在西贡签订了《越法和平同盟条约》，即第二次《西贡条约》，越南向法国开放红河，并给予法国在越南北部通商等多种权益。

1875年5月25日，法国照会清政府，通告该约内容，意在争取

刘永福将军铜像

清政府的承认，从而排除在历史上形成已久的中国在越南的影响。越南是中国南方的邻国之一，长期与清朝保持着臣属的关系。清朝在越南也驻有相当数量的军队。法国侵犯越南，清朝不能无动于衷。6月15日清政府复照，对该条约不予承认。

而法国进占越南的最终目的，是要继续向北扩展势力，从中越边境，打开进入中国的大门。1882年3月，法国政府命交趾支那海军司令利维耶（李维业）指挥侵略军第二次侵犯越南北部。战争爆发的时候，清廷掌握朝政大权的仍然是慈禧太后。她这时奉行的是一条妥协求和的政策。

第一次和第二次鸦片战争的失败，使慈禧太后对西方列强深含畏惧之心，不敢与他们交战。她此时只想通过谈判的方式，以牺牲越南、准许法国在云南通商的条件，换取侵略者不把战火扩大到中国本土。

慈禧太后命身为直隶总督的李鸿章，总理中法事宜，执行她的妥协求和政策。

光绪十年四月，李鸿章与法国代表福禄诺在天津谈判，签订了中法《天津简明条约》。它的主要内容为：承认法国对越南的"保护权"；中国军队从越南境内撤回；法国商品可以从越南输入中国。

当时光绪皇帝虽然没有主宰朝廷的权力，但是多次发表了他的抗战主张。在北京的中央政府得知法越签订了《顺化条约》的消息之后，光绪在朝廷上明确表态：法国胁迫越南签订的这个条约，我们绝不能予以承认。

当法国舰队不断在福建沿海向中国水师挑衅的时候，光绪皇帝更加气愤了，极力主张向侵略者开战：如果法国从越南撤军，尚可同他们讲和，如果不是这样，我们应该立即发兵镇南关外，向越南进击。

当时在年轻的皇帝周围，团聚着一批诸如翁同龢、张树声、张之洞、曾纪泽等主张抗战的中央和地方官员。在朝廷中，形成主战派集团。他们对于慈禧太后的一意孤行，客观上起着极大的牵制作用。

事实证明，光绪的主张是正确的。法国侵略者并没有因为清政府的退让妥协和签订《天津简明条约》，而放弃侵略中国的计划。

光绪十年七月初三日（1884年8月23日），法国舰队在事前没有向中国宣战的情况下，突然向福建的马尾军港内停泊的清朝水师发动袭击。这一仗清朝海军损失太惨了，仅一个多小时，清军11艘军舰，19艘运兵船，全部被击毁、击沉，官兵伤亡700余人。军港内的一个规模不小的军用造船厂，也被法军轰毁。花费近20年时间组建的福建海军，一朝覆灭。

只是到了这时，慈禧太后迫于朝廷内外以及全国舆论的压力，才不得不向法国宣战。广西军民协力作战，在爱国将领冯子材的率领下，取得镇南关大捷，击毙法军1000余名，重伤其统帅尼格里，扭转了整个战局。法国茹费理内阁也因此而倒台。

冯子材像

　　然而，慈禧太后却借此机会，向法国提出了求和谈判的建议。光绪十一年四月，由李鸿章出面，签订了《中法天津条约》，承认越南是法国的保护国，给予法国在中国广西、云南特殊的通商权。

　　中法战争，中国不败而败，法国不胜而胜。这充分体现了慈禧太后妥协投降的对外政策，但这却不是年轻气盛、血气方刚、视国家荣誉为生命的光绪皇帝所认同的，于是二人之间的矛盾埋下了，光绪同慈禧之间相对的"亲密时代"，也将由于光绪皇帝的亲政开始而结束。

五

慈禧实行训政
光绪难逃被控

光绪皇帝是在慈禧的眼皮底下逐渐长大的，但慈禧是个权力狂，一直不舍得放下权力。顺治是 14 岁亲政，康熙也是 14 岁亲政，光绪皇帝到了 14 岁了，按说应该亲政了，但慈禧说再等一等。

在归政光绪之前，慈禧不遗余力地笼络自己的朝中势力，逐渐构建起后党作为自己的力量，这就使得王朝政治更加黑暗。

同治十年，同治帝 13 岁，慈禧以其"典学未成"为由，迟迟不肯归政；光绪十二年，光绪帝 13 岁，慈禧又将以怎样的借口与形式阻挠光绪帝的亲政呢？

中法战争后的光绪十二年（1886），光绪帝已经 16 岁。屡经蹉跎的他，不仅学已有成，而且在"批阅奏章，论断古今，剖决是非"等方面，也具备了一定的能力。

时间在一天天地无情流逝着，可光绪帝的亲政与慈禧的归政却不见任何动静。养心殿里，每日无论是召见还是引见，光绪帝依然如泥塑的菩萨一样端坐在前，而慈禧依旧神采奕奕地垂帘于后，听政问政，发号施令。即使光绪帝偶尔对国家军国大事发表意见，也很难引起群臣的注意和重视。此时慈禧的威严仍像一道无形的枷锁，成长中的皇帝无论在治国的韬略上，还是在个人的心智上，都无法自由地发挥。

慈禧正以她对权力极度的贪婪欲望，分分秒秒地挑战光绪帝渴望亲政的耐心。朝臣们慑于慈禧的淫威，无法预知这位翻手为云、覆手为雨的"老佛爷"还会有怎样的表演。

直到光绪十二年六月十日（1886年7月11日），慈禧与光绪帝召见醇亲王奕譞等人，并发出一道懿旨："前因皇帝冲龄践祚，一切用人行政，王大臣等不能无所秉承，因准廷臣之请，垂帘听政。并谕自皇帝典学有成，即行亲政。十余年来，皇帝孜孜念典，德业日新，近来批阅奏章，论断古今，剖决是非，权衡允当。本日召见醇亲王及军机大臣礼亲王世铎等，谕以自本年冬至大祀圜丘为始，皇帝亲诣行礼。并著钦天监选择吉日，于明年举行亲政大典。"

在这份懿旨中，慈禧表达了三个观点：一是自己有言在先，待"皇帝典学有成，即行亲政"；二是皇帝现在典学有成，表现在"近来批阅奏章，论断古今，剖决是非，权衡允当"，已具备了亲政的条件，我应该践约了；三是确立了皇帝亲政的时间，从今年"冬至大祀圜丘为始，皇帝亲诣行礼"，明年即行亲政。

那么慈禧归政光绪的诚意到底又有几分呢？慈禧的懿旨一经颁布，可谓"一石激起千层浪"，满朝文武纷纷猜测，这真的是"老佛爷"的本意吗？醇亲王奕譞更是心事重重。那么，慈禧的本意究竟是什么呢？

慈禧此时归政的真正用意，历史没有明确记载。但今天回顾这段历史，验之于慈禧一生的所作所为，对其真正用意做一个符合人性的推断就是：她并不情愿归政，但形势摆在面前，她又不得不作出归政的姿态来。

慈禧是一个嗜权如命的女人，对她来说，放弃权力就等于放弃生命。无论是在热河与八大臣进行殊死的斗争，还是屡次打压奕䜣，还是立不到4岁的载湉继皇帝位等行为背后，自始至终无不贯穿着她对权力的追逐，她的生命是由权力铸成的，别人不能对她构成任何伤害，即便是想一想也不行，她也会集聚所有的力量拼死反击，以维护自己权力的完整并证明权力的强大。

光绪十二年，慈禧已掌握大清朝政25年，可这一年她还不足52岁。30多年血雨腥风的宫廷斗争，慈禧积累了丰富的政治经验与游刃有余的驾驭能力；充沛的精力和过剩的生命力，使得正处于壮年的慈禧能够从容应付繁重的朝政而没有丝毫的倦怠和不适。她怎能甘愿放弃手中的权力，将其拱手让给"乳臭未干"的光绪帝？

然而，严峻的客观形势迫使她不得不摆出一副归政的姿态来。已经成年的光绪帝，是慈禧无法回避的事实。第一，按照清朝祖制，光绪帝早已过了亲政的年龄；第二，光绪帝典学勤勉，成绩显著，为臣子所熟知；第三，慈禧原本就有承诺：俟皇帝典学有成即刻归政。如果她继续把持权力，无视光绪帝的存在，于情于理都无法交代，势必陷入被动而不能自拔，这不是慈禧处世的原则和做事的方式。

前面说过，慈禧的思维是相当缜密的，她可能做过这样的考虑，一旦自己发布归政的懿旨，众臣都同意，公然表示"皇太后圣明"，她将怎样应对？毫无疑问，慈禧一定预料到有这种可能。但30余年的宫中历练，慈禧早已成为谙熟政治权术的老手，对于审时度势、欲擒故纵的政治谋略，她自然是驾轻就熟。慈禧已经更换了枢臣，她十分清楚，论治国的韬略与才干，他们远逊于上届军机大臣们，然而论对自己的忠诚，她却深信不疑。在国家与自己的利益之间，慈禧选择了牺牲国家的利益来满足一己之私欲。

俗话说："养兵千日，用兵一时"，慈禧费尽心机地把他们扶上正位，现在正是自己需要他们发挥作用的时候。在这盘政治赌局中，她坚信在她与光绪帝的政治天平上，这些亲信枢臣们一定会将政治的砝码加在自己的一边。所以，她在摆出归政姿态的同时，她也有控制局面发展的把握。

情况不出慈禧所料，懿旨发布的第三天，也就是六月十三日，请求皇太后收回成命的折子纷纷呈到了慈禧的手里，主旨只有一个，那就是希望皇太后继续掌权。其中，以军机处领班大臣礼亲王世铎为首的诸臣工奏折和醇亲王奕譞的奏折颇具代表性。

礼亲王世铎折中主张：伏请皇太后"训政数年，于明年皇上亲政后，仍每日召见臣工，披览奏章，俾皇上随时随事亲承指示"。皇帝虽然亲政了，但皇太后也要依然每日进行召见，继续批阅奏章，皇上无论有大事、小事都要随时请示。毫无疑问，这种主张就是要慈禧归政不归权，光绪帝即使亲政也不过是一个傀儡罢了。

醇亲王奕譞的折请就更加过分了，用翁同龢的评价来解释就是："含意深远！""王大臣审时度势，合词吁恳皇太后训政。敬请体念时艰，俯允所请，俾皇帝有所秉承。日就月将，见闻密迩，俟及二旬，再议亲理庶务。……臣愚以为归政以后，必须永照现在规制，一切事件，先请懿旨，再于皇帝前奏闻。"按照醇亲王奕譞的主张，连皇帝现在亲政都不合适，即使要亲政也要等到 20 岁，亲政后皇帝也务必按照现在的规制，每日请示，再做决断。

如果说礼亲王世铎的主张代表了慈禧的亲信大臣们对慈禧的忠心的话，醇亲王奕譞的话就近乎于虚伪了，如此表白肯定不是奕譞的心里话。慈禧归政，对奕譞来说是一件高兴的事情，应该说他早就盼着自己的儿子能够亲政了。然而，他心里非常清楚：12 年前，慈禧之所以选择了自己的儿子继承皇位，无非是为了满足她继续控制权力的欲望。现在慈禧提出归政，只不过是掩人视听，做做样子，她绝不会轻易交出政权。为表忠心，也为避嫌疑，奕譞必须要向慈禧与众人传达一个信息：我永远不会以皇帝生父自居；我永远没有任何非分的妄想。

对这样的结果，慈禧自是欣喜不已：事态正按照自己预定的轨道向前进展。就这样，一向独断专行的慈禧，此时却从谏如流，痛快地接受了醇亲王奕譞——皇帝生父的建议：即使确定了皇帝亲政，也要以皇太后绝对的权威为永远不变的原则。

在这场政治游戏中，每个人都在打着自己的算盘，却未为国家着想，而慈禧成为最大的赢家，她既躲开了自己迟迟不归政的舆论责难，又可以名正言顺地继续保持至高无上的尊严，继续操持中国国政。于是在大臣们再次进言以后，慈禧正式发布懿旨："皇帝初亲大

醇亲王府马房大门

政，决疑定策，实不能不遇事提撕，期臻周妥。既据该王大臣等再三沥恳，何敢固守一己守经之义，致违天下公论之公也。勉允所请，于皇帝亲政后再行训政数年。"

就这样，慈禧以臣下屡次恳请作为前提，将光绪亲政后自己将训政的提议确定下来，此一结果虽然是慈禧的预设，但却落得个"不得已而为"的美名。由此可见，慈禧将群臣玩弄于股掌之间的手段已近乎出神入化。

不仅如此，为了使训政制度化，慈禧责成礼亲王世铎起草《训政细则》，经过一番筹划，终于在十月二十六日出笼。在这个《细则》中，除了祭祀、问安等礼仪依然按照垂帘听政的旧制实行，在施政上做了这样的规定：凡召见引见，皇太后升座训政，拟照礼臣会议，暂设纱屏为障；中外臣工呈递皇太后、皇上安折，应请恭照现式预备，奏折亦恭照现式书写；乡会试及各项考试题目向例恭候钦命者，拟请循照旧制，臣等进书恭候慈览，择定篇页，请皇上钦定题目，仍进呈慈览发下，毋庸奏请派员拟题；内外臣工折奏应行批示者，拟照旧制均请朱笔批示，恭呈慈览发下……

这个细则其实也为光绪帝亲政设定了范围，使光绪帝自行处理政事的权力极少，他几乎没有任何可以自行决定和独立施政的空间，所以即便他亲政，他也完全被置于慈禧的控制之下。如，从中我们可以看出，光绪亲政之后，朝廷用人权由慈禧裁夺；处理日常事务必须考虑慈禧的意见；召见引见臣工依原仪；披览奏章只有经慈禧阅览后才能下发。

显而易见，由垂帘听政到训政，慈禧只不过是换了一个名称罢了，而操控皇权的实质不仅没有任何改变，反而更加名正言顺。

而这样一来，慈禧可以充分利用训政统治模式来搪塞视听、平息舆论。她可以向天下堂而皇之地表白：我已经归政光绪帝了，至于我继续为王朝操劳，那是群臣的恳请，不是我的本意。这使慈禧在制度上为自己确立了主宰的地位。

※ 慈禧"归政"，光绪大婚

有了《训政细则》作为保障，慈禧可以放心大胆地为光绪帝举行亲政大典了，于是在光绪十三年的正月十五日（1887 年 2 月 7 日），是大臣们按照慈禧的授意为光绪帝的亲政所择的大吉之日。

早晨 7 点钟，典礼正式开始。身穿龙袍、头戴皇冠的光绪帝精神抖擞，显得格外有朝气。他首先来到大高殿、寿皇殿，按照传统的规矩，向祖宗先皇行礼。之后来到太后居住的慈宁宫，率王公百官向慈禧太后行庆和礼。礼毕，回到太和殿，召见百官大臣，接受庆贺，颁诏天下。整个亲政典礼，场面浩大，气势恢宏。

在大臣百官们朗朗庆贺及"皇上万岁"的颂声中，年轻的皇帝更加英俊威严。虽然光绪帝的亲政不过是一场掩人耳目的骗局，但这个仪式毕竟还在向世人昭示光绪帝是一个真实的存在。不仅存在，还在日益成长。然而皇帝这时还很难深刻领会到清朝严酷的社会现实，早已无法为他头上的皇冠增添任何光彩了。

慈禧"归政"光绪帝了，总算履行了 12 年前的诺言，但对于慈禧而言还有一件事情已经到了无法继续拖延的地步，那就是光绪帝的大婚。

光绪十四年（1888），光绪帝18岁，对于入关后的清朝皇帝来说，这无疑是一个晚婚的年龄。慈禧迟迟不给光绪帝举行大婚，其目的就是要在权力的巅峰多待一些时日。因为皇帝只要大婚，就应该亲政，况且民间也有"成家立业"之说，所以为了不让光绪亲政，慈禧将光绪的婚姻大事也一拖再拖。然而，慈禧蒙蔽视听的举措或许连她自己都知道漏洞百出、难以服众。人们不禁要问：慈禧究竟要在何时给光绪帝择后选妃呢？

光绪十四年六月十九日（1888年7月27日），慈禧终于颁发了给光绪帝举行大婚及亲政的懿旨："前因皇帝甫经亲政，决疑定策，不能不遇事提撕，勉允臣工之请训政数年。两年以来，皇帝几余典学，益臻精进，于军国大小事务，均能随时剖决，措置合宜，深宫甚为欣慰。明年正月，大婚礼成，应即亲裁大政，以慰天下臣民之望。"

这一懿旨的发布昭示世人：慈禧终于允许早已长大的光绪帝大婚了。目前没有更翔实的资料来记述慈禧此时的真实想法，但是可以想见慈禧一定是万般无奈。对于慈禧来说，两年前，也就是光绪十二年，在所谓的光绪帝亲政以后，她获得了"训政数年"的机会，实质上就是慈禧继续临朝称制。可是光绪帝日渐长大的年龄并没有给慈禧提供充分的训政时间，因为光绪帝的"晚婚"已经成为慈禧不容回避的事实。虽然，没有关于光绪帝晚婚因而招来朝臣们颇多议论的记载，但是对于这件事情朝臣以及后宫中不会没有看法和议论。光绪帝的婚姻大事已经到了无法继续拖延的境地。

这个令人期待已久的懿旨颁发后，朝廷上下颇为震动，反应最强烈最直接的人莫过于光绪帝本人。在懿旨颁发的当天，光绪帝不再客气，亦不再推辞，顺水推舟地发下了一道上谕："兹奉懿旨于明年二月归政，朕仰体慈躬敬慎谦抑之本怀，并敬念三十年来，圣母为天下忧劳况瘁，几无晷刻可以稍资休息，抚衷循省，感悚交深。兹复特沛恩纶，重申前命，朕敢不祗遵慈训，于一切机务，兢兢业业，尽心经理，以冀仰酬我圣母抚育教诲有加无已之深恩。……所有归政届期一切典礼事宜，著各该衙门敬谨酌议具奏。"

　　从上谕中，我们可以看到光绪帝按捺不住的喜悦之情。如果说当4岁不到的载湉被慈禧选定为皇位继承人时他还不知皇帝是权力的主宰的话，随着年龄的增长以及教育程度的加深，光绪帝已经逐渐意识到自己仅有皇位而没有皇权的尴尬，他努力地学习，就是希望自己能够早日胜任皇权。然而，慈禧在归政问题上的反复，确实令光绪帝的亲政之路曲折而漫长。光绪十二年，慈禧在归政问题上大做文章时，确实使光绪帝大为失望，为此他在书房读书时心情特别沮丧。老师翁同龢曾"力陈时事艰难，总以精神气力为主，反复数百语，至于流涕，上颇为之动也"。所以，漫长等待后的那份喜悦之情自不待言。

光绪大婚情景

　　光绪大婚，也体现他为主政天下的跃跃欲试之心。慈禧懿旨光绪帝大婚，那就意味着"亲爸爸"的归政和自己"乾纲独断"的梦想，14年的控制和束缚一朝解脱，亲裁大政的夙愿即将实现。因此，光绪帝在随后的上谕中，虽然没有也不敢流露出对慈禧在"归政"问题上的反复的不满情绪，却也在字里行间表达了希望慈禧可以休息、自己完全能够"尽心经理"朝政的心情。

慈禧的懿旨一经发下，相关部门即开始忙碌。顺治朝开始，皇帝的后妃主要从来自八旗 13 岁至 17 岁的秀女中选择。但在慈禧确定光绪帝婚期的时候，尚未给皇帝选皇后，那么光绪跟哪个女孩子结婚呢？其实，这个问题大可不必挂心，皇帝想跟谁结婚就跟谁结婚，不用征询女方及其家长的意见。当然，实事求是地说，不是光绪想跟谁结婚，而是慈禧让他跟谁结婚的问题。那么，慈禧是什么意思呢？

※ 慈禧主选后，外甥娶侄女

按皇家传统，程序还是要走。慈禧决定为光绪帝准备大婚后，选秀工作便紧锣密鼓地开始了，但慈禧早就胸有成竹，所以在接下来的时间里，她一面布置婚礼的各项程序，规划预算，一面以极大的热情着手选秀。有条件入选的女孩子被分批领进宫中，慈禧率领亲信女眷，集思广益，认真地品头论足。几经淘汰，到光绪十四年初冬，只剩下了五个女孩子，未来的皇后将在这五人中产生，即慈禧的内侄女、其弟桂祥之女；江西巡抚德馨的一双女儿；侍郎长叙的一对千金。

中国人把婚姻视为终身大事，确实，将哪个女孩子立为皇后，不仅关系着皇室的血脉繁衍，也影响着皇室的和谐和睦。为了保证自己影响力的长盛不衰，慈禧一定要选一个中意的儿媳妇。当年同治皇帝选皇后的时候，慈禧还不能一手遮天，结果亲生儿子跟慈安太后一条心，把不合自己心意的阿鲁特氏立为皇后，现在不同过去，慈禧大权在握，信心满满。

光绪十四年十月初五日，最后拍板的时刻到来了。在体和殿，慈禧太后稳坐宝座，光绪帝第一次被叫来参与，很不自在地站在慈禧的身旁。后面站着慈禧的养女荣寿公主以及福晋命妇等人，气氛严肃，鸦雀无声。室外雨雪交加，寒风凛冽，说是为皇帝选皇后，但没有一点儿喜庆的气氛。

在慈禧面前的桌子上，放着一柄白玉如意、两个绣花荷包，得到玉如意的女孩子就是未来的皇后，两个荷包则送给未来的嫔妃。可见，在这最后一轮的选拔中，五个女孩子中将有一人成为皇后，两人成为嫔妃，其余二人淘汰出局。

选拔开始，慈禧指着玉如意，对光绪帝说：这五个女孩子个个百里挑一，但毕竟是你自己的终身大事，一会儿皇帝看谁中意，把玉如意递给她就是了。

光绪帝一半儿是客气，一半儿也确实是六神无主，赶紧回答："此大事当由皇爸爸主之，子臣不能自主。"慈禧作出开明的样子，一定要光绪帝自己挑选，光绪帝没有再客气，应承下来了。

五个衣着朴素、不染铅华的女孩子应召而至，依次行礼，自报履历，然后低头站在那里，任凭众多目光反复审视。光绪帝定睛一瞧，十分惊讶，原来，排在候选者第一位的就是慈禧的亲侄女！难道光绪帝认识慈禧的侄女？其实，何止认识，光绪帝的生母是慈禧的亲妹妹，所以慈禧的侄女跟光绪帝是表亲关系，比光绪帝大 3 岁，是嫡亲的大表姐，小时候经常进宫跟光绪帝做过游戏，算是童年的玩伴之一。

光绪帝做梦都想不到表姐会成为皇后的候选人，而且自己现在是"大龄剩男"，但其表姐更"剩"，21 岁还没有找婆家，如果不是慈禧有意将她留给光绪，那就实在是没人愿意要她了。因为此女并不漂亮，身高不矮但有些驼背，脸型不短却时常哭丧着脸，没有一点儿讨人喜欢的地方，跟其余四位佳丽相比，可说是姿色全无。

光绪帝一看就明白了，大表姐"过五关斩六将"，经过一轮又一轮的淘汰走到今天，就是慈禧事先安排好的，看来终身大事已成定局，却口口声声让自己挑选，真是虚伪到了顶点，胸中顿时升腾起一股无名的怒火。光绪帝天生犟脾气，一方面不满慈禧的安排；另一方面实在是看不上表姐，他拿起玉如意，绕过表姐，审视起其他四位佳丽。只见风韵气质各不相同，他顿时感觉眼花缭乱，不知该把玉如意递给谁了。

光绪帝踌躇了一会儿，拿着玉如意来到一个容貌秀美的女孩子跟前。这个女孩子是江西巡抚德馨的女儿。眼看自己的侄女即将落选，慈禧顾不上刚刚作出的承诺，厉咳一声，光绪帝吓得一回头，看到慈

光绪帝的表姐兼妻子隆裕皇后

禧严厉的目光和示意的眼神，一阵心潮涌动。经过短暂的思想斗争，他知道拗不过慈禧，只好步履沉重地走到表姐跟前，递过玉如意，然后掉头返回。表姐叩头谢恩，光绪帝理都没理。

场面十分尴尬，桌子上还放着两个绣花荷包，那是给未来的嫔妃准备的，可光绪帝却不选了，他噘着嘴站在一边儿，眼睛看着天花板。慈禧索性包办到底，她让荣寿公主将荷包递给排在队尾的两个女孩子，结束了选秀，然后下发谕旨，向天下宣布：兹选得副都统桂祥之女叶赫那拉氏，端庄贤淑，着立为皇后……原任侍郎长叙之十五岁女他他喇氏，着封为瑾嫔。原任侍郎长叙之十三岁女他他喇氏，着封为珍嫔。

这道谕旨真是"别致"，它交代了瑾嫔和珍嫔的年纪——15 岁和13 岁，偏偏回避了皇后的年纪。显然，这是不想让天下人知道皇帝娶了一个"大龄剩女"。

光绪选后之事，反映出慈禧极为自私的心理。在清朝历史上，对皇后的选择大多并不是出于皇帝个人感情的取舍，为了国家的利益，皇帝往往要作出牺牲。比如，清朝皇后中蒙古女子不少，因此跟蒙古各部落建立了血肉相连的亲密关系，保证了国家北部边疆的稳定。然而，此次光绪帝虽然作出了牺牲，但并不是为了国家的利益，而是为了慈禧太后及其家族的权欲和私利。

※ 慈禧谋私，光绪无奈

慈禧太后出身于破落的官僚家庭，早在慈禧年幼的时候，爷爷因户部银库的亏空案被投进刑部大牢，因此几乎倾家荡产。咸丰二年她被皇帝选为贵人的时候，也是她的家族处于最低谷的时候。十年后咸丰帝驾崩，儿子继承皇位，慈禧母以子贵，升为太后，并以垂帘听政的方式执掌国家政权。按说破落的娘家必将重振门楣，但事实并非想象的那样简单，关键是她那两个兄弟较着劲儿地一个比一个不争气，慈禧将侄女选为皇后，固然是为了照顾娘家，但自己的利益才是根本的出发点。

俗话说儿子大了不由娘，随着光绪帝大婚，慈禧将移交政权，光绪娶了媳妇之后更容易跟她这位养母分心眼。为了避免这种情况的发生，她选择侄女做皇后，目的是为了在退休后继续操纵皇帝。

但最出格的是，既然光绪帝已屈服，将玉如意递给了慈禧的侄女，慈禧应考虑一下光绪帝的感受，将他相中的江西巡抚德馨的女儿选为嫔妃，可慈禧怕这个貌美如花的女孩子对其貌不扬的侄女构成威胁，居然把她淘汰出局。可见，慈禧除个人私利以外，一点儿也不考虑光绪帝的幸福，不能不说做得过分了，光绪为此却憋了一肚子气。

古往今来，婚礼无疑是最劳民伤财的事儿了，皇帝的婚礼更是这样。为了将外甥娶侄女的事办得隆重些，慈禧召集了内务府、户部、礼部官员反复磋商。以前顺治、康熙、同治三位君主迎娶过皇后，有例可循，在程序方面问题不大；在支出方面，则需要 550 万两白银，此时全年国库收入8000万两白银，可见这笔支出的庞大。国家财政尽力拨款，不够的部分由各省摊派，勉强凑齐了款项。光绪帝对婚礼的筹备一概不过问，冷眼旁观着闹哄哄的繁文缛节。

光绪十四年十二月十五日，距大婚典礼还有四十多天的一个深夜，慈禧太后在睡梦中被叫醒，太监报告：太和门失火了，宫外有数千人前来救火，请示是否开门放人。慈禧一时乱了方寸，不过听到太监宫女大呼小叫，看着窗外火光冲天，慈禧很快回过神儿来，作出了开门放人的决定。

太和门是紫禁城的正门之一。在清朝的时候，紫禁城的正门从南边数分别是大清门、天安门、端门、午门、太和门。进了太和门就是太和殿了。有资格走正门的人有三类：皇帝、皇后、状元。晚清的皇帝很少出宫，若非重大场合，即使出宫也未必走正门，皇后迎娶进门的时候经过一次，百年之后抬出去再经过一次，状元三年一科，所以，这些门平时不开。其他人只能走紫禁城的东门东华门、西门西华门，或者北门神武门。

太和门虽然一般不开，但太和门东西各有一个小门，东边的叫昭德门，西边的叫贞度门。尤其是贞度门，平时有些人进进出出，为此，设有值班看守人员。然而事情就坏在这些人身上了，据事后查明，在贞度门值班的是两位年老的护军，熬到半夜，哈欠连连，按制度规定，值班人员不许熄灯，所以他俩把灯笼挂在柱子上就去睡觉了。结果，蜡烛烤燃了柱子，等到发现的时候，已经无法扑救了。

由于慈禧下令打开了宫门，王公大臣率领七千多官兵得以进宫救火，然而，众人依然束手无策。现场北风呼啸，烈焰冲天，大火已经蔓延到了太和门。这座宫门是楠木结构，面阔九间，进深三间，高度相当于四五层楼，现在成了一座"火焰山"，根本无法接近。而且救火者最大的难题是没有水源，虽然太和门前有一条叫"内金水河"的景观河，但砸开一尺厚的冰层，水深只有几寸，根本无法利用。无奈，大家决定拆毁附近的建筑，隔断火路。但这些明朝留下来的建筑物坚固无比，尽管刀锯齐下，却岿然不动。最后召来木匠，在大梁上拴上绳子，几百个身强力壮的士兵喊着号子，忙活了两个小时，才把房梁拉倒，还付出了几十人负伤的代价。

这场大火烧了两天才熄灭，建于明朝永乐年间的太和门以及附属的贞度门、昭德门和东西朝房化为灰烬，损失惨重。慈禧惊魂未定，光绪帝惶惶不可终日。一则宫殿失火有损皇家的颜面；二则这是个不吉利的预兆，按迷信的说法，可能是上天对统治者的警告。慈禧近年大兴土木，在光绪帝已经成年的情况下依然揽权不放，朝野舆论颇多不满，若有人借这场大火说三道四，慈禧将十分被动；更严重的是光绪帝的大婚典礼迫在眉睫，而太和门又是皇后进宫的必经之地，现在却成了一片废墟，真是个火烧眉毛的难题。

慈禧决定变被动为主动，她将此次事故定性为"护军失职"，点灯睡觉的两名年老护军被判了"斩监候"，直等秋后处决，内务府大臣、步军统领等被降级罚俸。同时她大张旗鼓地表彰救火有功人员，指挥救火的官员获得嘉奖，出力的兵丁每人得到二两银子的奖金。根据《清德宗实录》记载，慈禧为争取主动，也做了一点儿反省，宣布停建了颐和园的某些建筑。这样一来，这场火灾就算掩盖过去了。

太和门势必重建，原来的太和门是楠木结构，这种大型楠木在国内已经很难找到。若从东南亚进口也很费周折，即使采用北方常见的松木、柏木，从准备材料、设计招标到建筑施工，没有几年的时间也不可能建成。而距皇帝大婚仅有四十多天的时间，鬼斧神工也束手无策，怎么办？有人给慈禧太后出了个主意：皇帝的大婚典礼如期举行，赶紧清理火场，然后再找能工巧匠，搭建一座临时性的彩棚应付一下。慈禧太后同意了，于是紧急征召北京的裱糊匠前来当差，他们以极大的热情和精湛的技艺忘我地工作，仅用了半个月的时间就搭起了一座华丽的彩棚。虽然跟雄伟壮观的太和殿一点儿也不协调，但花团锦簇，也透出一丝喜气，慈禧看后喜出望外。

光绪十五年正月二十四日，大婚典礼拉开了序幕，皇后妆奁开始进宫。所谓妆奁就是嫁妆。当年同治帝大婚，皇后家的妆奁是"六百抬"，分六天运进皇宫。光绪岳父桂祥的家底儿有限，除了皇家埋单的部分以外，自己添的钱不多，所以，妆奁仅有"二百抬"，分两天运进宫去。这些妆奁有衣服鞋帽、钟表首饰、家具摆设、生活用品等等。送给姑爷的礼物是两柄轻飘飘的金如意，装在漂亮的盒子里，由四个身穿花衣的壮汉抬着。内务府和步军统领衙门派人沿途照料，维持秩序。

正月二十七日，光绪帝身穿红色的龙袍，前来慈宁宫给慈禧太后行礼，报告婚礼即将开始。光绪面无表情，例行公事地行礼之后，就前往太和殿，布置娶亲事宜，派使节前往桂公府册封皇后。此前，两位"姊妹花"瑾嫔和珍嫔已经进宫，她们将在皇后进宫的时候跪迎。

光绪大婚情景

跟民间娶亲不同，一则皇家按照古代的规矩，在天黑的时候举行婚礼；二则皇帝是不会上门迎娶的，他在乾清宫等着。接近午夜，迎亲的队伍出宫前往桂公府，差不多是第二天凌晨的时候，皇后乘坐十六人抬的大轿，从大清门进入了紫禁城，在乾清门下轿，跨过火盆、马鞍，被搀扶到坤宁宫，跟光绪帝行合卺礼。大婚礼成，光绪又到慈禧住处请安，然后还处理了几件国家大事，中午陪慈禧看戏，忙活到晚上，才来到坤宁宫，跟皇后共度洞房花烛夜。按民间的规矩，还有一道程序——闹洞房，但皇帝的洞房无人敢闹，所以宫中悄无声息。据皇族后人传说，光绪帝在洞房中痛哭流涕。按说他对表姐并无反感，他反感的是让表姐做自己的终身伴侣。可见，慈禧太后为了自己的利益作出的选择，不仅毁了光绪帝的幸福，也造成了侄女守活寡的悲惨人生。

二月初四日，光绪帝在天安门举行了隆重的亲政仪式，他颁发诏书，宣布亲裁大政，至此，光绪帝终于走出了慈禧太后时时监督的时代。

※ 光绪亲政，对抗慈禧

新婚之后，光绪皇帝已算成家立业，按说他也应该像列祖列宗那样执掌国政，成为大权在握、乾纲独断的一国之君。然而，他心中明白，慈禧的训政虽然结束，但她依然操纵着国家政权，因为在此之前慈禧作出决定：今后"各衙门引见人员，皇上阅看后拟请仍照现章，于召见臣等时请旨遵行"。

这也就是说，在任命官员的时候，皇帝接见后，仍须向太后请旨，太后批准后才算数。可见，慈禧仍然把持着高级官员的任命权，而且，这跟以前的"垂帘听政"和"训政"不同，根本没有期限。这也说明，只要慈禧活着，光绪就只能一直是个傀儡。

光绪帝不甘心永为傀儡，加上婚姻不如意，爱情不自主，所以，沮丧到了极点。按例，大婚典礼之后皇帝要出面宴请皇后娘家的全体成员，以示谢意，届时朝廷重臣、王公贵族都要出席作陪，场面也很隆重。但光绪拒绝出席，理由是"身体不适"。如此不给皇后娘家面子，引得京城传言纷纷，最后由皇后出面主持宴会。

慈禧对此稍感不快，但总的来说还是喜大于忧。虽然已向皇帝归政，但各方面都按自己的意思安排，实际权力并没有太大的损失。

光绪帝大婚之后，宠爱珍嫔，冷落皇后，妻妾争风，矛盾升级。

慈禧当然不会袖手旁观，她的介入使问题更为复杂，各方的关系越来越僵，这大大地影响了清王朝的命运。

在光绪的无言抗争、慈禧的强势干预下，光绪帝身边还是形成了一个帝党集团，这是怎么回事儿呢？众所周知，光绪跟慈禧的矛盾是晚清王朝最后 20 年间朝野皆知的"秘密"，母子二人从小的纠葛开始，关系越闹越僵，最终成为势不两立的死对头。

光绪帝 18 岁了，有一次他随慈禧皇太后到东陵祭祖，离开了封闭的紫禁城，看到青山绿水和广袤的原野，光绪帝心情十分开朗。突然，光绪帝眼睛一亮，只见路旁草丛中有一群白白的毛茸茸的动物，这些动物低头吃草，个头不大不小，温顺可爱，见到人咩咩直叫，一点儿也不害怕。

光绪帝十分好奇，询问这是什么动物。太监不屑地回答说是羊。光绪吃过羊肉，对羊并不陌生，这回才知道羊是什么样子，他顿时喜欢上了这种动物，想拥有几只羊养着。

光绪帝怎么说也是皇上，别说几只羊，几万只羊也不难弄到。谒陵完毕回到紫禁城，太监给皇帝买回了几十只羊。光绪帝十分喜爱，然而，难题也接踵而至。大家知道，紫禁城是国家的政治中心，是神圣的殿堂，里面无处养羊，该把这些羊放到哪里呢？太监建议放到御花园，光绪帝同意了。但御花园里到处都是花花草草，几天下来，羊糟蹋了不少花草。御花园的管理者十分反感，就反映到慈禧太后那里。慈禧不耐烦地下令把这些羊统统处理掉，紫禁城里不准养羊。

该把这些羊弄到哪里去呢？光绪帝一筹莫展。太监又来献计，建议到天坛放养。这倒是个好主意，光绪帝去过几次天坛，知道那里地面开阔，有大片的草地适合放羊，于是批准了这个建议。然而太监赶羊过去之后，天坛的官员无论如何不允许进门，这里是皇帝祭天的神圣之所，不是牧场，他们更不相信皇帝能作出这样的决定，反而怀疑太监是不是吃错了药。但太监奉旨放羊，一点儿也不把官员放在眼里，于是双方起了纠纷。狐假虎威的太监仗着皇帝的权威把天坛官员骂了一遍，而天坛官员乃神圣的祭天之地守护者，脾气也大得很，双方情绪激动，还动了手。

天坛的官员忠于职守，却受到太监的羞辱，自然不能善罢甘休，他们上奏皇帝，要讨个公道。没想到光绪一口应承说是朕的旨意。这下子天坛官员哑巴吃黄连有苦说不出了，一想到太监那副小人得志的嘴脸，想到自己无辜受辱、无处申冤的处境，回到天坛之后，索性在一棵树上吊死了。

这样一来事情闹大了，慈禧得知真相大怒，立即命令将这几十只羊赶到御膳房吃掉，并把惹事儿的太监重打几十大板后，发往"打扫处"从事保洁工作。由于光绪已经18岁了，慈禧不便再使用原来罚跪之类的处罚办法，踌躇了半天，没想出办法，结果放过了光绪。

按说这事儿本来不值一提，处理完了就算完了，但光绪帝心疼那几十只羊，因此憋了一肚子气。一天傍晚，光绪在宫里散步，突然发现宫女牵着上百条各色各样的狗，原来，这都是慈禧的爱犬，定期放出来遛。光绪立即找到了报复慈禧的办法，他领着一群太监迎上前去，拦住了宫女的去路。

光绪帝阴沉着脸，故作不知地质问："这是谁的狗?"宫女跪在地上告知是太后的爱犬。光绪怒气冲冲地说："不许牧羊，而独蓄犬，何耶?"执意要将这些狗逐出紫禁城。宫女急得直哭，这些狗是慈禧的命根子，而皇帝的命令又不敢违抗，急得恨不能一头碰死，为此现场乱成了一团。最后光绪领着太监们追打这群狗，紫禁城一时间狗急跳墙。

由这件事可见，光绪跟他那个逆来顺受的爸爸奕譞不同，个性十足，而且孩子气十足，这说明他在亲政之后觉得翅膀硬了，敢与慈禧针尖对麦芒，于是"母子"之间"冲突之事，不一而足"，处于逆反期的光绪时常跟慈禧顶牛，"虽琐屑细故，亦必反对而后快"。

光绪结婚之后，情势又有变化，原来母子一对一的"单挑"变成了母子婆媳"三国鼎立"的局面，这样一来，问题就复杂得多了。前面提到过，光绪帝在1889年正月举行了大婚典礼，在皇后的选择上，慈禧确实是私心太重，她一点儿也不考虑光绪的感受，为了自己的权势地位和娘家的利益，把侄女指婚给光绪，造成了光绪皇帝一生婚姻上的悲剧。

慈禧的侄女也是光绪帝的大表姐，二人属于近亲通婚。作为表姐，光绪原先对她并无恶感，但实在不能接受她从"表姐"到"爱人"的角色转变。更何况表姐也没什么可爱之处，模样也不好看，所以光绪帝一生没有跟她同居，二人仅是挂名夫妻，甚至成年累月不说一句话。

这里不得不说光绪帝在性格上有缺陷，不然也不能一生被慈禧玩弄于股掌之间。倘若他能对表姐皇后好一些，将她争取到自己这边来，两人一起对付慈禧，或许他不至于落得个被慈禧软禁一生，最终又被毒死的下场。

※ 珍妃受宠，皇后吃醋

新婚之后，光绪帝虽然讨厌他的表姐皇后，但毕竟一同进宫的还有两位丽人——瑾嫔和珍嫔，可以弥补感情上的空虚。尤其是珍嫔，深得光绪的喜欢。珍嫔自小跟着担任广州将军的伯父生活，具备南方女子的灵秀聪慧，从年龄上看，才十三四岁的珍妃还是个天真烂漫的小女孩儿。她天生丽质、生性活泼、聪明伶俐，琴棋书画都懂得一些，所以，光绪帝在一段儿时间里经常召幸珍嫔，二人感情迅速升温，即使白天也形影不离。据宫中的太监回忆：珍嫔"不施脂粉，不喜女服，不挽发髻，不穿绣履，而以男子服装为尚。每侍皇上，大辫后垂，头戴头品顶花翎，身穿箭袖马褂，足蹬青缎朝靴，完全是一美少年的卫官打扮，帝甚喜欢"。

从此，光绪帝清晨向太后请安也不坐轿子，为的是跟珍嫔并肩而行；回到养心殿批阅奏章，珍嫔侍候笔墨；遇到疑难问题，二人一起讨论。光绪仿佛找到了感情的归依，跟珍嫔形影不离。这样一来，皇后自然醋劲儿大发，珍嫔就成了招忌的对象了。

当时，颐和园主体工程基本完工，光绪十七年四月底，慈禧决定到颐和园住上几个月。皇后跟光绪赌气，要陪同太后一起去颐和园，说是去尽孝心；瑾嫔也表示愿意前去尽孝。慈禧十分高兴，答应了二人的请求。光绪帝心中暗喜，这样一来就远离了慈禧的淫威，也看不到皇后那张"哭丧脸"了。至于瑾嫔，她是珍嫔的亲姐姐，光绪对她的感情远逊于对珍嫔，去就去吧，走了之后紫禁城中就是他跟珍嫔的二人世界了，他要体验一下当家做主的感觉。

不料皇后和瑾嫔的举动将了珍嫔一军，两人前去陪伴婆婆，珍嫔却留在紫禁城中，显得很另类，珍嫔只好言不由衷地向慈禧表示也愿意陪伴尽孝。慈禧也知其不过是虚礼，就表示总不能让皇帝一个人独居，就让珍嫔留下陪伴皇帝。此时的慈禧对珍嫔尚无恶感，甚至多少有些爱怜的意思，因为在三个儿媳妇中，只有珍嫔年龄最小。史载珍嫔喜欢画画，慈禧还曾让自己的御用画师指点过珍嫔画技。

珍嫔既作出了尽孝的姿态，又实现了跟皇帝独处的心愿，十分得意。太后领着皇后和瑾嫔走了，宫中生活顿时自由起来。珍嫔爱好广泛，比如摄影、唱戏，二人不顾宫廷礼法，自由自在地享受着爱情生活。他们在穿衣打扮、行为举止等方面有些出格儿，时间一长就产生了一些风言风语。

皇后虽然在颐和园陪伴太后，但离紫禁城不过大半天的路程，偶尔回宫不说，也通过耳目掌握着宫中的情况。根据《瀛台泣血记》记载，有一个戏子时常进宫唱戏，珍嫔对他多有赏赐，戏子也送给珍嫔一些戏装照片。拿今天话说，珍嫔可能是这位戏子的"粉丝"，说起来有些暧昧。皇后感觉拿住了珍嫔的把柄，但这事儿光绪是知道的，皇帝都不在意，哪里轮得到皇后"见义勇为"？于是，皇后到婆婆那里搬弄是非，没想到慈禧也不以为然。别看慈禧年近六旬，但依然迷恋京剧，还利用皇太后的权势"追星捧角"，所以，她不认为珍嫔这一爱好有什么不好。但皇后并不死心，她到珍嫔那里旁敲侧击，但珍嫔装傻充愣，皇后也讨了个没趣。

光绪帝不理皇后，使她十分苦闷，自然迁怒受宠的珍嫔，多方找碴儿。别看皇后是个"受气包"，但在等级森严的宫廷里，她的身份对珍嫔应该是有威慑力的。不料珍嫔有恃无恐，根本不买皇后的账，

光绪皇帝与珍嫔

彼此关系越闹越僵。一次看戏，皇帝、皇后、瑾嫔、珍嫔都在场，轮到珍嫔喜爱的那位戏子登台的时候，皇后突然阴阳怪气地提醒皇帝看好了自己身边的美人，可别闹出什么笑话。说完，目光怪异地向台上一瞥。皇后话音刚落，珍嫔就委屈得放声大哭。光绪恼羞成怒，起身挥拳要打皇后，瑾嫔吓得瑟瑟发抖，太监赶紧前来拉架。现场一片混乱，一台大戏也草草收场。

此前，光绪帝反感皇后，充其量不理不睬而已；此后，双方的矛盾挑明了，光绪帝的孩子气上来了，开始想方设法报复皇后。据末代皇帝溥仪回忆，他年幼的时候，身边的太监时常向他谈起光绪朝的往事。据一位老太监说，光绪偶尔领着一帮太监前往皇后的寝宫，但不进门，而是命令太监们把狗放进去。这些宠物狗是太监豢养的，一旦冲进院子，便在台阶甚至门帘上撒尿，光绪以此获得快感。此外，光绪还经常带着一群太监到皇后的寝宫前跺脚。今天看来，光绪的做法实在是幼稚无礼，他以此向皇后示威，只是为了发泄心中的郁闷。从此皇后成了光绪的出气筒，他受了慈禧的窝囊气后就到皇后那里发泄。

应该承认，光绪跟皇后闹矛盾，慈禧不可能不介入，更何况这个儿媳妇是她亲自选的，又是娘家侄女，自然心存保护。而皇后受了委屈自然要向姑姑兼婆婆哭诉，慈禧知道后再训斥光绪，光绪受了气又去找皇后的麻烦，于是这对于光绪和慈禧及皇后三人来讲，其关系基本已陷入一种恶性循环之中了。

而在这个节骨眼上，皇后的父亲、慈禧的弟弟桂祥又来凑热闹，问题就更复杂了。桂祥平日三教九流的朋友很多，自打闺女成了皇后，更是自信心自我膨胀，经常狐假虎威，结果给自己惹来了一桩麻烦。原来一个木材商宴请了桂祥，说自己手里压着一批东南亚进口的上等木材，价值几万两白银，找不到买主，想卖给皇家，希望桂祥跟姑爷说一声，促成这笔交易，并许诺支付一定比例的回扣。桂祥已经喝得云里雾里，又架不住人家一顿奉承，就拍着胸脯答应了。

此时国家财力不足，颐和园落成后，暂时不会建大的工程，一下子购进几万两银子的木材何用？而且桂祥是皇亲国戚，但姐姐慈禧太后恨他不成器，对他从无好脸色；姑爷光绪对他视而不见，别说求人赏个面子，简直连开口的机会都没有。但朋友们不知道他的苦衷，人家光知道他是风光体面的皇帝老丈人，况且他已经大包大揽，如果不兑现诺言就是丢面子到家了，今后如何在市面上混？经过苦思冥想，桂祥哭丧着脸进宫找女儿。女儿听完父亲的哀求也很犯难，她名为皇后，日子却过得战战兢兢，但看父亲眼巴巴的可怜样，又不好拒绝，就应承下来了。

皇后自己手中没有任何权力。跟婆婆说，她没这个胆子；跟丈夫说，她没这个机会。光绪隔三岔五领着太监到她的门前跺脚，言外之意是——我到你门口了，但就不见你，气死你！况且，即使有机会说也是自取其辱，能够跟皇帝说上话的人只有珍嫔，但珍嫔是皇后的情敌。

皇后绞尽脑汁终于想出了个办法，她去拜托瑾嫔办成这件事，因为光绪帝对瑾嫔尚不至于十分反感，再则她是珍嫔的姐姐，如果自己不愿说，也可托妹妹去说。瑾嫔冒冒失失地跟光绪说了，不料光绪顿时大怒，将她骂了一顿，骂够了让瑾嫔给皇后捎个话：慎勿倚重太后，朕不能，谁可也？意思是让皇后别拿太后这个靠山当回事儿，朕是皇帝，天下第一，现在谁都管不了。

瑾嫔像

瑾嫔被骂后，垂头丧气地去对皇后说，皇后觉得自己名义上母仪天下，在紫禁城中也算是个女主人，但对皇家的事儿没有一点儿发言权，现在又自取其辱，丢人现眼，不禁怨恨皇帝欺人太甚。她悲从中来，哭着去见慈禧。慈禧闻听传过来的光绪之言，恶狠狠地说，当年若不是选他进宫，哪里轮到他做皇帝，辛辛苦苦把他养大成人，想不到这般忘恩负义，看我怎么收拾他。

由此看来，皇后依赖太后这棵大树好乘凉，珍嫔倚仗光绪为靠山有恃无恐，彼此势不两立。皇后、嫔妃的矛盾又演变成了母子之争，更何况母子之间本来就有矛盾的"底火"，结局越发不可收拾了。当然，慈禧在这个问题上的认识还是较为清醒的，若是一般的妻妾争风，根本不值得大惊小怪，慈禧认识到了母子妻妾矛盾背后隐藏着的更深层次的原因，就警觉起来了。

※ 光绪任性而为，不知危险临近

在旧社会的大家族里，妻妾众多，关系复杂，生活在同一个屋檐下，产生矛盾在所难免，皇家也是这样。然而，家庭矛盾的深层原因往往是利益之争，皇家更是如此。表面上看，此时宫廷矛盾多种多样，有时是妻妾纠纷，有时是帝后反目，有时是婆媳不和，起因似乎都是感情纠葛。其实，从核心层面来看却是慈禧跟光绪的博弈，焦点是国家的最高权力。这样一来，皇室的家务之争就带有明显的政治色彩，朝臣也不可能完全保持中立。慈禧之所以开始警觉，就在于她认识到了这一点。

慈禧掌握国家政权几十年，经历无数的宦海波澜，练就了老辣的政治手腕和敏锐的洞察力，加上耳目遍布宫中，她很快发现了处于她们母子矛盾中的两个关键性人物——第一是珍嫔，第二是翁同龢。

光绪自小入宫，孤苦伶仃，没体验过亲情的关爱，现在他从珍嫔身上获得了这一点，所以他在贪婪地享受着这一关爱的同时，对珍嫔无话不谈，言听计从。珍嫔年纪虽小，但很有心计，她最初因厌恶皇后而反感慈禧，继而从帮助光绪掌权的出发点来算计慈禧。当时，珍嫔跟光绪形影不离，即使光绪处理政务，珍嫔也能发表一些意见。

珍嫔年纪虽小，但能量不可低估。她性情刚烈，敢做敢当，而且，通过她的社会关系，光绪获得了一批支持者。比如，珍嫔的堂兄礼部侍郎志锐、名动一时的文廷式，都成了光绪帝的拥护者。文廷式是晚清著名词人，祖籍江西，但生长在广东，他确有些真才实学，又特立独行，个性十足，是个名士。

珍嫔自小生活在伯父家中，而伯父长期担任广州将军，曾请文廷式做过自己的幕僚，交往很深。珍嫔当年跟姐姐读书识字，吟诗作文，遇到难题，还请教过文廷式，所以，野史中传说他是珍嫔、瑾嫔的老师。此时的珍嫔认识到，光绪帝要想大权独揽，必须有自己的亲信集团。当然她也知道，慈禧在向光绪归政之前，已经确定了国家的人事格局，从中央到地方的主要官员都是慈禧的人，光绪不可能改变

珍嫔像

这一局面。珍嫔从长计议，为了最终形成以皇帝为核心的势力集团，便向光绪推荐了文廷式。光绪帝爱屋及乌，下定了重用文廷式的决心。然而，文廷式不过是个举人，难以直接任用，光绪只好跟师傅翁同龢谈起此人，希望设法安排他进入仕途。

翁同龢并不认识文廷式，他向人打听，结果所有人都交口称赞，人才难得。于是，翁同龢安排文廷式参加了内阁中书考试，并设法录取了他。光绪十六年（1890）举行会试，文廷式过关斩将，夺了个"会元"的名次。在接下来的殿试中，如果他再考第一，就是状元了。文廷式的卷子虽然文采飞扬，但考官们各怀心事，最终平衡的结果是文廷式变成了第二——榜眼。翁同龢对这个结果基本满意。

金榜题名，朝廷在翰林院为新科进士举行恩荣宴，拿今天的话说，类似师生见面会。按例，新科进士要拜老师，然而，文廷式带头破例，拒绝给老师磕头，仅同意作三个揖。文廷式引经据典，侃侃而谈，强调磕头与古礼不合，坚决不下跪。气得读卷大臣、礼部官员七窍生烟，想不到忙活了一个多月，录取了这样一批"白眼狼"，传出去师道尊严丧失殆尽，所以他们也坚决不让步。彼此僵持在那里，宴会无法开席。还是翁同龢打破了尴尬局面，起身接受了文廷式的作揖致敬，算是给了学生一个面子。

此事引得舆论沸腾，慈禧也听说了，但是既然她已经"退休"，对这等鸡毛蒜皮的小事儿自然不便插手。社会上广为流传文廷式之所以敢大闹恩荣宴，是因为后台稳如泰山。从地域和以前的任职背景分析，大家也猜到了文廷式的后台是珍嫔和光绪皇帝。文廷式因此名声大噪，士大夫争着跟他交朋友。

文廷式中进士后，在翰林院任职，以刚直不阿、直言敢谏著称，对时局也有独特的认识，在士大夫中很有号召力。假以时日，他必将成为光绪帝手下一员得力的干将。光绪二十年大考翰林院，光绪帝特意将文廷式提拔为一等第一名，擢升翰林院侍读学士兼日讲起居注官，成了自己的近臣。这样一来，以翁同龢为灵魂，以文廷式为骨干，加上一些年轻的汉族官僚和满洲贵族，开始形成了一个帝党集团。

然而，在光绪与珍嫔无所顾忌地施展自己的抱负、憧憬美好前景的时候，危险也在临近。因为光绪除了一个皇帝的虚名以外，在政治经验、领导才干、阴谋手段、人脉基础等方面毫无优势，不仅不具备抗衡慈禧的资本，甚至不知道政治斗争的险恶。两个年轻人在热烈期待当家做主大展才华的时候，根本没想过他们将为此付出彻底失败以及生命的代价。

其实，此时的慈禧虽有警觉，但还没有把问题看得过于严重。翁同龢本是她信赖的大臣，即使作为帝党的灵魂，也未必敢教唆皇帝挑战太后，更何况翁同龢虽然地位不低，名满天下，但不是朝廷中的实力派，能量有限。但慈禧对珍嫔十分反感，作为儿媳妇居然挑唆儿子跟母亲作对，绝不能轻饶。不过慈禧也不打算立即动手，这倒不是有什么恻隐之心，而是六十大寿即将到来，她怕伤了"普天同庆"的气氛。更何况光绪与珍嫔两人年龄不大，在慈禧眼中都是乳臭未干的孩子。

第九编

光绪戊戌变法
慈禧戊戌政变

慈禧太后像

光绪皇帝载湉像

一

光绪效法明治

日本维新自强

※ 日本明治维新，得以富国强兵

上面说的都是在后宫中，在家庭生活上慈禧和光绪产生的矛盾。在政治和治国上，两人也是矛盾渐起。

戊戌变法又叫百日维新，是指 1898 年（农历戊戌年）以康有为为首的改良主义者通过光绪皇帝所进行的资产阶级政治改革，是发生在中国清朝光绪年间（1898）的一项政治改革运动，因此年旧历称戊戌，故称戊戌变法。变法的主要内容是：学习西方，提倡科学文化，改革政治、教育制度，发展农、工、商业等。但这次运动遭到以慈禧太后为首的守旧派的强烈反对，这年九月慈禧太后等发动政变，光绪被囚，维新派康有为、梁启超分别逃往法国和日本。谭嗣同等 6人（戊戌六君子）被杀害，历时仅一百零三天的变法终于失败。因此戊戌变法也叫百日维新。

戊戌变法的代表人物是康有为和梁启超。从它的领导者来看，康有为是此次运动的重要代表人物，他的思想变化，以及反映其思想的言论、奏折成为判断戊戌变法性质的重要依据。

戊戌变法的起因和中日两国的甲午战争有关。1867 年，日本明治天皇睦仁登基伊始，即在《天皇御笔信》中宣称"开拓万里波涛，

313

宣布国威于四方"，蓄意向海外扩张。1868 年，日本通过明治维新，"脱亚入欧"，开始走上资本主义道路，国力日渐强盛。

康有为和梁启超

日本侵略中国是蓄谋已久、准备充分的。早在 1871 年，近代中日两国签订了第一个条约《中日修好条规》，第一款就说："嗣后大清国、大日本国倍敦和谊，与天壤无穷。即两国所属邦土，亦各以礼相待，不可稍有侵越，俾获永久安全。"这是一个平等的条约。但根据日本的大陆政策，日本第一个侵略的矛头就是中国台湾。1872 年，日本开始侵略中国附属国琉球，准备以琉球为跳板进攻台湾。日本天皇下诏，单方声称琉球为日本藩属。1874 年，发生了琉球漂民被台湾高山族杀死的"牡丹社事件"。

日本利用清朝官员的糊涂，竟称琉球是日本属邦，并以此为借口大举进攻台湾岛。这是近代史上日本第一次对中国的武装侵略。但当时日本和中国实力悬殊，加上水土不服，日军失利。在美英等国的"调停"下，日本向中国勒索白银 50 万两，才从台湾撤军。后来，由于清廷的软弱无能，日本于 1879 年完全并吞了琉球王国，改设为冲绳县。

牡丹社事件纪念碑

随后，日本又按照其大陆政策的第二步，开始侵略中国的另一个属国——朝鲜。1876年日本以武力打开朝鲜国门，强迫朝鲜政府签订《江华条约》，取得了领事裁判权等一系列特权。该条约第一条即宣称"朝鲜为自主之邦，保有与日本国平等之权"，公然把朝鲜的宗主国清朝排斥在外，充分暴露了日本并吞朝鲜的野心。1882年朝鲜发生壬午兵变，中日两国同时出兵朝鲜，清军虽然在这次事件中压制住日军，但日本还是如愿取得了在朝鲜的驻军权。1884年，日本帮助朝鲜开化党发动甲申政变，企图驱逐清朝在朝鲜的势力。袁世凯率清军击败了日军，镇压了这次政变。但日本人还是利用了清廷的昏庸同清政府订立了《天津会议专条》，规定中日两国同时从朝鲜撤兵，两国出兵朝鲜须互相通知。这就为后来的甲午中日战争埋下伏笔。

这一时期的日本正交叉进行两次工业革命，1888年日本产业革命出现高潮，因此急需对外的商品输出和资本输出。但日本作为一个岛国，国内本身就资源匮乏、市场狭小，加之国内封建残余势力的浓厚及社会转型期各种矛盾的尖锐，因此以天皇为首的日本统治集团急于从对外扩张中寻求出路。

※ 中日冲突渐起，甲午战争爆发

日本对侵略中国是蓄谋已久的，可以说是一项百年计划。其明治初期便开始策划，1887年时，日本政府制定了所谓"清国征讨策略"，逐渐演化为以侵略中国为中心的"大陆政策"。其第一步是攻占台湾，第二步是吞并朝鲜，第三步是进军满蒙，第四步是灭亡中国，第五步是征服亚洲，称霸世界，实现所谓的"八纮一宇"。而甲午中日战争就是日本实现"大陆政策"前两个步骤的重要环节。

日本八纮一宇塔

在19世纪七八十年代的中日冲突中，中方在硬实力上一直占有优势，但朝鲜甲申政变之后的10年时间，情况就悄然发生了变化。这段时间，日本一直关注着中国。1890年后，日本以国家财政收入的60%来发展海军、陆军，1893年起，明治天皇又决定每年从自己的宫廷经费中拨出30万元，再从文武百官的薪金中抽出十分之一，补充造船费用。举国上下以赶超中国为奋斗目标，斗志高昂，准备进行一场以"国运相赌"的战争。在1890年时，北洋海军2000吨位以上的战舰有7艘，总吨位27000多吨；而日本海军2000吨位以上的战舰仅有5艘，总吨位17000多吨。

1892年，日本提前完成了自1885年起的十年扩军计划，到了甲午战争前夕，日本已经建立了一支拥有63000名常备兵和23万预备兵的陆军，包括6个野战师和1个近卫师。战前日本海军拥有军舰32艘、鱼雷艇24艘，总排水量72000吨，已超过了北洋海军。

不仅如此，为了对战争作准备，日本还出动乐善堂、玄洋社等间谍组织和人员潜入中国，加紧对中国各方面的情报搜集和渗透，攫取了对中国如何作战才有利的大量信息。

而当时清政府自高自大，一直很轻视日本，又在与西方各国打交道的过程中，认为西方人"并不利我土地人民"，只是想在贸易上占些便宜而已，于是就更加放松了军备意识。北洋海军自1888年正式建军后，就再没有增添任何舰只，舰龄渐渐老化，与日本新添的战舰相比火力弱，射速慢，航速迟缓。当时北洋水师有舰艇25艘，官兵4000人。到甲午战争前，北洋舰队的大沽口、威海卫和旅顺三大基地建成。但清朝军事变革基本停留在改良武器装备的低级阶段，陆海军总兵力虽多达80余万人，但编制落后、管理混乱、训练废弛、战斗力低下。

1891年以后，北洋水师甚至连枪炮弹药都停止购买了。这是因为此时清朝最高统治者慈禧太后为了准备她在1894年的六十寿诞，将这些费用来修建颐和园，供自己"颐养天年"了。而日本明治天皇却在节约一切可以节约的费用来发展海军，他甚至让自己一天只吃两顿饭，以此作出表率，让全国人民省出钱来发展军队和制造舰船。中日两国的最高统治者——慈禧太后与明治天皇相比，对照何其鲜明。这在某种程度上也预示了中国失败的命运。

朝鲜问题是日本发动侵略战争的突破口。1890年，日本爆发经济危机，对开战的要求更加迫切，就在这一年，时任日本首相山县有朋在第一次帝国议会的"施政演说"中抛出了所谓"主权线"和"利益线"的理论，将日本本土作为主权线，中国和朝鲜半岛视为日本的"利益线"，声称日本"人口不足"，必须武力"保卫"利益线，加紧扩军备战。

1894 年，朝鲜爆发东学党起义，朝鲜政府军节节败退，被迫向清政府乞援。日本认为发动战争的时机已至，向清政府表示"贵政府何不速代韩戡？……我政府必无他意"，诱使清政府出兵朝鲜。清政府没有识破这是日本的阴谋，于是派直隶提督叶志超和太原镇总兵聂士成率淮军精锐 2500 人于 6 月 6 日左右在朝鲜牙山登陆，在此安营扎寨，准备镇压起义，同时根据 1885 年《中日天津条约》通知日本。6 月 11 日，朝鲜政府和起义军达成了全州和议，清军未经战斗，起义就平息下去。

日本得知清廷出兵朝鲜的消息后，欣喜若狂。当时的伊藤博文内阁正面临议会的不信任案弹劾，得到此消息后，便如同抓住救命稻草，全力着手挑起战争。日本政府立即设立有参谋总长、参谋次长、陆军大臣、海军军令部长等参加的"大本营"，作为指挥侵略战争的最高领导机关。从 1894 年 6 月 8 日起，日本一方面派先遣队 400 人以保护使馆和侨民为借口，在朝鲜仁川登陆；另一方面日本外务大臣陆奥宗光训令驻朝公使大鸟圭介挑起衅端，找寻借口发动侵略战争。

全州和议达成以后，朝鲜政府要求清日两国撤兵，但清政府要求日本军队先撤兵。大鸟圭介也向清廷驻朝大臣袁世凯口头表示撤兵。然而日本援军反而不断增多，直至一万多人，果然，大鸟圭介开始不断挑衅，一会儿否认朝鲜是中国藩属国，一会儿又提出中日两国一道"协助"朝鲜"改革"内政。中国和朝鲜都严正驳斥和拒绝了日本的这些无理要求。但日方的目的已经达到——它一面使自己的军队以"协助朝鲜改革内政"为名赖在朝鲜不走；一面又拖住了驻朝清军，为战争的爆发创造了条件。

1894 年 7 月期间，日本发动战争的阴谋已经愈发明显，中国国内舆论和清军驻朝将领纷纷请求清廷增兵备战，朝廷里也形成了以光绪帝载湉、户部尚书翁同龢为首的主战派（帝党），然而慈禧太后并不愿意其六十大寿为战争干扰，李鸿章为了保存自己嫡系的淮军和北洋水师的实力，也企图和解。这些人形成了清廷中的主和派（后党）。李鸿章明知日本的狼子野心，却并未认真备战，而是一味寄希望于美、英、俄等欧美列强调停。由于前述的各国利害关系，美、英、俄只是对日本表示"谴责"而已，调停均告失败。

1894 年 7 月 23 日凌晨，日本军队突袭汉城王宫，挟持朝鲜国王李熙（朝鲜高宗），解散朝鲜亲华政府，扶植国王生父兴宣大院君李昰应上台摄政，并成立以金弘集为实际首脑的亲日傀儡政府，使金弘集内阁断绝与清朝的关系，并"委托"日军驱逐驻朝清军。控制了朝鲜政府后，1894 年 7 月 25 日（农历甲午年六月二十三日），日本不宣而战，在朝鲜丰岛海面袭击了北洋水师的战舰"济远""广乙"，丰岛海战爆发，海战中日本联合舰队第一游击队的"浪速"舰悍然击沉了清军借来运兵的英国商轮"高升"号，制造了"高升"号事件。至此日本终于引爆了甲午中日战争。

1894 年 8 月 1 日（光绪二十年七月初一），中日双方正式宣战。清朝在其宣战诏书中指出朝鲜历来是中国的附属国，中国是应朝鲜政府的要求出兵的，相反日本"不遵条约，不守公法，任意鸱张，专行诡计，衅开自彼，公理昭然"，令中国忍无可忍，因此"着李鸿章严饬派出各军，迅速进剿，厚集雄师，陆续进发，以拯韩民于涂炭"。日本明治天皇睦仁在宣战诏书中则针锋相对，声称要"宣扬帝国之荣光于中外"，日本的这些无理借口和诡辩之词都充分体现了这场战争的非正义性质。

这时在清廷内部，以光绪帝为首的主战派占上风。时年慈禧太后60 岁，她盼望从速结束战争，以免耽误她大办庆典，因此倾向和议，但迫于清议，一时尚不敢公然主和。在此阶段中，战争是在中国境外的朝鲜半岛及黄海北部进行，陆战主要是平壤战役，海战主要是黄海海战。

1894年7月下旬，中日两军在朝鲜境内开战。清军在丰岛海面被日军偷袭之后，很快也被在陆上的成欢驿的日军偷袭（详见成欢之战），由于朝鲜政府已被日本控制，叶志超、聂士成等部驻牙山的清军被迫绕道汉城，北撤到朝鲜北部重镇、平安道首府——平壤。毅军以分统马玉昆率五营一队（约2100人），与淮军盛字军以及奉天的奉字练军、盛字练军一起，构成了四大军29营，于8月先期入朝，在平壤与从牙山退回的叶志超、聂士成部会合，朝廷命叶志超为驻平壤各军总统。

平壤之战发生于9月7日至9月15日，是双方陆军首次大规模作战，双方兵力旗鼓相当。平壤城的地势也非常险要，易守难攻。而且清军还得到朝鲜人民的支持。当时虽然朝鲜政府被强行拉到日本阵营，但朝鲜的平安道观察使闵炳奭积极协助清军作战，甚至连日本推上台的傀儡大院君李昰应都暗中给清军传递情报。可惜清军并未充分利用这些优势，由于其主帅叶志超指挥失误和临阵脱逃，导致清军失败，以至于影响了整个战局。平壤之战以清军大败告终。以后6天中，清军狂奔500里，一路逃至鸭绿江边，于21日渡鸭绿江回国。日军一路高歌猛进，占领朝鲜全境。

其实当时清朝虽然颓败，但仍然完全有能力打败日本。如在平壤之战时，清军的兵力、武器和物资储备远过于日本，日军进攻平壤城，一天下来，日军伤亡比清军多。日军开始议论要不要再攻平壤，经过日军商量，再攻一天平壤，如果攻不下，就撤军。这时，守城的清军因心慌而放弃平壤，向外突围中被日军围歼，结果全军覆没。平壤就这样落入日军的手里。

黄海海战发生于1894年9月17日，这是甲午战争中继丰岛海战后第二次海战，也是中日双方海军一次主力决战。这场战役发生于鸭绿江口大东沟（今辽宁省东港市）附近海面。9月15日上午，北洋舰队的主力，计军舰10艘，附属舰8艘，在丁汝昌率领下到达大连湾，护送4000余名入朝援军到朝鲜。返航后在大东沟遭遇日军阻截，战斗由此爆发。日本海军在大同江外海面投入战斗军舰则有12艘，包括其全部精华，几乎可以说是倾巢出动。战斗开始不久，北洋舰队旗舰"定远"舰由于下水12年，7年未修，主炮炮塔起火，丁汝昌烧伤，信旗被毁。丁汝昌拒绝随从把自己抬入内舱，坚持坐在甲板上督战。可是他也只能鼓一舰士气，战斗刚开始，北洋舰队就失去了指挥和联络。中午时，北洋舰队重创日本"比叡""赤城""西京丸"号诸舰，但北洋舰队中"扬威""超勇"二舰亦受重创。日舰"吉野"也被北洋舰队击中起火，但很快被扑灭。13时30分左右，"超勇"沉没，管带黄建勋落水，"左一"鱼雷艇驶近相救，抛长绳援之，黄建勋不就，从容死难，舰上官兵也大部壮烈牺牲。

当日本第一游击队绕攻北洋舰队右翼时，本队也与北洋舰队主力交相攻击。日本军舰"比叡""赤城""扶桑""西京丸"遭到北洋舰队截击。"定远""来远""经远"重创日舰"比叡""赤城"。"赤城"舰长坂元八太郎阵亡。"西京丸"也受重创。14时15分左右，日本舰队绕至北洋舰队背后，与第一游击队形成夹击之势。北洋舰队腹背受敌，队形更加混乱。在混战中，北洋舰队一直冲杀在前的"致远"舰受到"吉野""高千穗"等的集中轰击，多处受伤，船身倾斜。伊东祐亨令第一游击队救援"赤城""比睿"。"吉野号"冲在最前面，正遇上全身着火的"致远"舰。邓世昌见"吉野号"恃其船捷炮利，横行无忌，愤而说道："倭舰专恃吉野，苟沉是船，则我军可以集事。"决意与之冲撞，同归于尽。邓世昌毅然全速撞向日本主力舰"吉野"号右舷，日本官兵见状大惊失色，集中炮火向"致远"射击，"致远"舰右侧鱼雷发射管被击中，引起大爆炸，3时30分，以右舷倾斜，在东经123°34′、北纬39°32′的黄海海面上沉没。全舰官兵除7名遇救外，全部壮烈殉国。

"经远"继续迎战"吉野"，遭"吉野""浪速""秋津洲""高千秋"四舰围攻，中丛弹起火，全舰奋勇抗御，"经远"全舰将士"发炮以攻敌，激水以救火，依然井井有条"。"经远"舰以一敌四，拒战良久。激战中，管带林永升不幸"突中炮弹，脑裂阵亡"，帮带大副陈荣和二副陈京莹也先后中炮牺牲。最后在"浪速""吉野"

邓世昌头像

"秋津洲""高千秋"的围攻下"经远"舰中弹累累，不久，"左舷舰首向水中沉下"，在东经 123°40′7″、北纬 39°51′海面上，舰首向东，左舷倾覆而沉没。全舰官兵 200 余人，除 16 人遇救外，其余全部阵亡。

黄海海战历时 5 个多小时，其规模之大，时间之长，为近代世界海战史上远东战区所罕见。海战的结果：北洋舰队损失"致远""经远""超勇""扬威""广甲"（"广甲"逃离战场后触礁，几天后被自毁）5 艘军舰，死伤官兵千余人；日本舰队"松岛""吉野""比叡""赤城""西京丸"5 舰受重创，死伤官兵 600 余人。此役北洋水师虽损失较大，但是，并未完全战败。然而李鸿章为了保存实力，命令北洋舰队躲入威海港内，不准巡海迎敌。日本随之夺取了黄海的制海权。

黄海海战进一步揭露出了清政府的腐败无能，北洋水师建立之初，舰队在火力和整体吨位上远超当时的日本海军，日本海军的制订扩充海军计划，为筹集经费，天皇甚至从后宫经费中拨款给海军，与

中日甲午海战情景

此形成鲜明对比的是，慈禧太后反而从海军经费中抽钱建她的颐和园。大清水师军舰年久失修，海军训练差，不少水兵吸食鸦片，高级官员贪污成风，整支军队素质低下。日本海军加紧训练，军舰保养好，在自主造舰的同时，向英国皇家海军购置新舰，学习经验。

在海战开始前，北洋水师军舰老旧，锅炉破损，舰炮使用穿甲弹，射速慢，威力不足。日本海军训练有素，装备了大批的新式战舰，使用大口径火炮，并装备了速射炮，开发出了新型的炮弹，在总体吨位上也超过了北洋海军，在海战上有了极大的优势。

平壤战役和黄海海战战败之后，中日战争在辽东半岛进行，有鸭绿江江防之战和金旅之战。鸭绿江防之战开始于 10 月 24 日，是清军面对日军攻击的首次保卫战。当时部署在鸭绿江北岸的清军共约 3 万人。清政府任命宋庆为诸军总统，节制各军。日军进攻部队是山县有朋大将统率的第一军，包括桂太郎中将的第三师团和野津道贯中将的第五师团，共 3 万人。双方兵力不相上下。但是，宋庆虽负节制诸军之名，各路清军实则不服调度，而且平壤新败，士气不振，将领多无抗敌决心。日本则士气高昂，野心勃勃，日方发布由间谍宗方小太郎起草的《开诚忠告十八省之豪杰》檄文，对满清展开政治攻势，扬言要直捣北京，让清朝皇帝"面缚乞降"。之后的战况是不到三天内，清朝重兵近三万驻守的鸭绿江防线竟全线崩溃。

金旅之战也开始于 10 月 24 日，至 11 月 22 日旅顺口陷落，这是甲午战争期间中日双方的关键一战。

日本第一军进攻鸭绿江清军防线的同一天，大山岩大将指挥的第二军两万五千人在日舰掩护下，开始在旅顺后路上的花园口登陆。由于李鸿章一心要保旅顺港，清军便没有在此处设防。日军的登陆活动历时十二天，清军竟坐视不问，只有当地的农民自发抗击日本军，暂时拖住了日军的行动。11 月 6 日，日军击溃清军连顺、徐邦道等部，进占金州（今辽宁大连市金州区）。7 日，日军分三路向大连湾进攻，大连守将赵怀业闻风溃逃，日军不战而得大连湾。日军在大连湾休整十天后，开始向旅顺进逼。当时旅顺地区清军有七统领，道员龚照玙为前敌营务处总办，有"隐帅"之称，共辖 33 个营，一万多人。18 日，日军前锋进军土城子，徐邦道的拱卫军顽强抗击，次日，龚照玙竟置诸军于不顾，乘鱼雷艇逃往烟台。19 日，黄仕林、赵怀业、卫汝成三统领也先后潜逃。21 日，日军向旅顺口发起总攻，次日，号称"东亚第一要塞"的旅顺陷于日军手中。

日军攻陷旅顺后，即制造了旅顺大屠杀惨案，4 天之内连续屠杀中国居民两万余人。

随着清军节节败退，在清廷内部，主和派已占上风，大肆进行投降活动。旅顺口失陷后，日本海军在渤海湾获得重要的根据地，从此北洋门户洞开，北洋舰队深藏威海卫港内，战局更是急转直下。

威海卫之战是保卫北洋海军根据地的防御战，也是北洋舰队对日的最后一战。其时，威海卫港内尚有北洋海军各种舰艇 26 艘。1895年 1 月 20 日，大山岩大将指挥的日本第二军，包括佐久间左马太中将的第二师团和黑木为桢中将的第六师团，共两万五千人，在日舰掩

日本军队在中国旅顺进行大屠杀

护下开始在荣成龙须岛登陆，23 日全部登陆完毕。30 日，日军集中兵力进攻威海卫南帮炮台。驻守南帮炮台的清军仅六营 3000 人。营官周家恩守卫摩天岭阵地顽强抵抗，最后被歼灭。日军也死伤累累，其左翼司令官大寺安纯少将被清军炮弹打死，这是日本在战争中唯一阵亡的将军。由于兵力悬殊，南帮炮台终被日军攻占。2 月 3 日，日军占领威海卫城。威海陆地悉数被日本占据，丁汝昌坐镇指挥的刘公岛成为孤岛。日本联合舰队司令伊东祐亨曾致书丁汝昌劝降，遭丁汝昌拒绝。5 日凌晨，旗舰"定远"中雷搁浅，仍做"水炮台"使用。10 日，"定远"弹药告罄，刘步蟾自杀。11 日，丁汝昌在洋员和威海营务处提调牛昶昞等主降将领的胁迫下，拒降自杀。

洋员和牛昶昞等又推署"镇远"管带杨用霖，出面主持投降事宜，杨用霖也最终自杀。

12 日，由美籍海员浩威起草投降书，伪托丁汝昌的名义，派

丁汝昌像

"广丙"管带程璧光送至日本旗舰。14 日牛昶昞与伊东祐亨签订《威海降约》，规定将威海卫港内舰只、刘公岛炮台及岛上所有军械物资，悉数交给日军。17 日，日军在刘公岛登陆，威海卫海军基地陷落，北洋舰队全军覆没。

辽东之战持续的时间很长。自日军突破清军鸭绿江防线后，连占凤凰城、岫岩、海城等地。大清国调两江总督刘坤一为钦差大臣督办东征军务，授予指挥关内外军事的全权，并任命湖南巡抚吴大澂和宋庆为帮办，以期挽回颓势。从 1895 年 1 月 17 日，清军先后四次发动收复海城之战，由于指挥不力，皆被日军击退。2 月 28 日，日军乘胜追击，从海城分路进攻，3 月 4 日攻占牛庄，7 日不战而取营口，9 日又攻陷田庄台。仅 10 天时间，清朝百余营 6 万多大军便从辽河东岸全线溃退。中日在这甲午年的战争以中国的全面战败而告结束。

※ 清朝甲午战败，慈禧割地赔款

　　面对这种形势，慈禧惊恐万分，决意乞和。美国为扩大它的侵略利益，乘机"出面调停"，单独操纵中日之间的和谈，在美国的示意下，清政府于年底派遣户部侍郎张荫桓和湖南巡抚邵友濂为全权大臣，前往日本广岛议和。日本方面认为张、邵两人官位太低，拒绝谈判，要求清政府派北洋大臣李鸿章去日本。1895 年 3 月 19 日，李鸿章带着儿子李经方和美国顾问科士达等随员 100 多人，以"头等全权大臣"的名义抵达日本马关，与日本首相伊藤博文商订和约。马关议和从 3 月 24 日正式开始，在谈判桌上，日本在美国的支持下，对李鸿章进行讹诈、恐吓，威逼李鸿章在一份早已拟好的条款上签字。1895 年 4 月 17 日，李鸿章在条约上画了押。

《马关条约》签订时的情景

　　《马关条约》又称《春帆楼条约》，共 11 款，并附有"另约"和"议订专条"。主要内容是：朝鲜完全"自主"，实际上即承认日本对朝鲜的控制；割让我国辽东半岛、台湾省、澎湖列岛等地（后辽东半岛由中国以 3000 万两白银的代价"赎回"）；赔款白银 2 亿两；

允许日本资本家在中国通商口岸设立各种工厂；开放沙市、重庆、苏州、杭州为通商口岸。

《马关条约》是继《南京条约》以来最严重的不平等条约，它给近代中国社会带来严重危害，是帝国主义变中国为半殖民地、半封建社会的一个重要的步骤。台湾等大片领土的割让，进一步破坏了中国主权的完整，刺激了列强瓜分中国的野心，民族危机进一步加深。

其巨额赔款加重了中国人民的负担。同时，加速了日本军国主义的发展。清政府因此大借外债，致使列强控制了中国的经济命脉。而通商口岸的开放，使帝国主义侵略势力深入到中国内地。又因允许在华投资办厂，其他列强引用"利益均沾"的条款，争先恐后地在中国开设工厂，严重阻碍了中国民族资本主义的发展。《马关条约》的签订，反映了帝国主义资本输出、分割世界的侵略要求。外国资本主义对中国的侵略进入一个新的阶段，中国社会半殖民地化的程度大大加深了。

二 康有为公车上书 光绪帝变法求强

※ 光绪推行新政，变法百日而终

早在从 1840 年鸦片战争战败后，中国跟世界的关系出现前所未见的改变，因为堂堂大清帝国竟被远隔几万里的小小岛国派来的几艘军舰打败，实在是前所未有地打击了中国人的民族自尊心和自信心，之后接连不断的外忧内患，使清政府及一众知识分子逐渐醒悟到必须要改变以自强。于是从咸丰、同治年间开始，清政府进行洋务运动，希望能够"师夷长技以制夷"，改良生产技术。各地先后引入外国新科技，开设矿业、工厂，建设铁路、架设电报网，培训技术人才；在军事上亦建立了远东最具规模的北洋水师。1894 年至 1895 年发生甲午战争，清政府被日本打败，北洋水师全军覆没。证明在经济上靠洋务运动未能根本改变中国的落后。于是出现了要求从更基本层面，包括政治体制上，进行变法维新的声音。

维新运动开始于 1895 年 4 月于北京发生的"公车上书"事件。当时齐集在北京参与科举会试的十八省举人，收到《马关条约》中，中国割去台湾及辽东，并向日本赔款二万万两的消息，一时间群情激动。康有为、梁启超作成上皇帝的万言书，痛陈民族危亡的严峻形势，提出拒和、练兵、迁都及变法的主张，得到在北京应试的 1300

多名科举考试的人的联名支持。5月2日，康、梁二人，十八省举人及数千市民，集合在都察院门前要求代奏。因为外省举人到京是由朝廷的公车接送，事件亦被称为公车上书。

"公车上书"史料

这次上书对清政府触动不大，却轰动了全国，在当时虽然没有得到直接实质的后果，但却形成了国民问政的风气，之后亦催生了各式各样不同的议政团体。当中由康、梁二人发起的强学会最为声势浩大，更曾一度得到帝师翁同龢、南洋大臣张之洞等清朝高级官员的支持。

为了把维新变法推向高潮，1895年8月，康有为、梁启超等人在北京出版《万国公报》（后改名为《中外纪闻》），宣扬变法；组织"强学会"。1896年8月，《时务报》在上海创刊，成为维新派宣传变法的舆论中心。1897年冬，严复在天津主编《国闻报》，成为与《时务报》齐名的在北方宣传维新变法的重要阵地。1896年2月，唐才常等人在湖南成立了强学会，创办了《湘报》。在康、梁等维新志士的宣传、组织和影响下，全国议论时政的风气逐渐形成。到 1897 年底，各地已建立以变法自强为宗旨的学会 33 个，新式学堂 17 所，出版报刊 19 种。到 1898 年，学会、学堂和报馆达 300 多个。1897 年 11 月，德国强占胶州湾，法国强租广州湾，英国强租借后来被称为新界的地区和威海卫，全国人心激愤，维新运动从理论宣传转到政治实践。12 月，康有为第五次上书，陈述列强瓜分中国，形势迫在眉睫。1898 年 1 月 29 日，康有为上《应诏统筹全局折》；4 月，康有为、梁启超在北京发起成立保国会，为变法维新作了直接准备。

在维新人士和帝党官员的积极推动下，1898 年 6 月 11 日，光绪皇帝颁布"明定国是诏"诏书，宣布变法。新政从此日开始，到 9 月 21 日慈禧太后发动政变为止，历时 103 天，史称"百日维新"。

在此期间，光绪皇帝根据康有为等人的建议，颁布了一系列变法诏书和谕令。主要内容有：经济上，设立农工商局、路矿总局，提倡开办实业；修筑铁路，开采矿藏；组织商会；改革财政。政治上，广开言路，允许士民上书言事；裁汰绿营，编练新军。文化上，废八股，兴西学；创办京师大学堂；设译书局，派留学生；奖励科学著作和发明。这些革新政令，目的在于学习西方文化、科学技术和经营管理制度，发展资本主义，建立君主立宪政体，使国家富强。

新政措施虽未触及封建统治的基础，但是这些措施代表了新兴资产阶级的利益，为封建顽固势力所不容。"百日维新"开始后，清政府中的守旧派不能容忍维新运动的发展。一些权贵显宦、守旧官僚对新政措施阳奉阴违，托词抗命。有人上书慈禧太后，要求杀了康有为、梁启超；奕劻、李莲英跪请太后"垂帘听政"；御史杨崇伊多次到天津与荣禄密谋；甚至宫廷内外传言将废除光绪，另立皇帝。慈禧太后仅在光绪皇帝宣布变法的第五天，就迫使光绪连下三谕，控制了人事任免和京津地区的军政大权，准备发动政变。

9 月中旬，光绪皇帝几次密召维新派商议对策，但维新派既无实权，又束手无策，只得向光绪皇帝建议重用袁世凯，以对付荣禄。16、17 日，光绪皇帝两次召见袁世凯，授予侍郎；18 日夜，谭嗣同密访袁世凯，劝袁杀荣禄，举兵救驾。事后，被袁世凯出卖。

戊戌变法失败的首要罪魁应是袁世凯，变法之时，在康有为的举荐下，他曾受到光绪帝的重用。1898 年 9 月 16 日，光绪帝在颐和园召见统率北洋新军的直隶按察使袁世凯，面谈后升任他为侍郎候补。另外，直隶总督荣禄以英俄开战，催袁世凯急回天津。据袁世凯的日记所载，之后谭嗣同于 9 月 18 日夜访袁世凯住处，透露皇上希望袁世凯可以起兵勤王，诛杀荣禄及包围慈禧太后住的颐和园。两日后（9 月 20 日），袁世凯回到天津，将谭嗣同的计划向荣禄报告。

1898 年 9 月 21 日凌晨，慈禧太后突然从颐和园赶回紫禁城，直入光绪皇帝寝宫，将光绪皇帝囚禁于中南海瀛台；然后宣布戒严，即日临朝发布训政诏书，再次临朝"训政"，"戊戌政变"失败。戊戌政变后，慈禧太后下令捕杀在逃的康有为、梁启超；逮捕谭嗣同、杨

中间的岛屿即中南海瀛台

332

深秀、林旭、杨锐、刘光第、康广仁、徐致靖、张荫桓等人。9月28日，在北京菜市口将谭嗣同、杨锐、刘光第、林旭、杨深秀、康广仁六人杀害；徐致靖处以永远监禁；张荫桓被遣戍新疆。所有新政措施，除7月开办的京师大学堂（今北京大学）外，全部都被废止。从6月11日至9月21日，进行了103天的变法维新，以戊戌政变宣告失败。

※ 康有为虑事不密，袁世凯出卖恩人

戊戌变法的失败，固然是慈禧太后的横加干涉和无情打击，但维新人士的不够成熟也难辞其咎。

首先是康有为，其虽名称有为，但品格却难支撑其作出大作为。光绪二十四年八月初三日，公历1898年9月18日，是晚清王朝命运千钧一发的关键时刻。这天上午，御史杨崇伊上奏慈禧，请求她再度出山，重掌政权，这是顽固派发动政变的信号。与此同时，康有为收到了光绪帝的密旨，光绪命令他们想尽一切办法，挽救变法大业。维新派看完圣旨，跪地大哭。

康有为止住哭声，抹了把眼泪，心里畅快多了。他完全赞同光绪不计代价，将变法进行到底的决心。本来，前几天他上奏皇帝，为了显示百折不回、破釜沉舟的意志，建议光绪帝改元——不叫"光绪"了，干脆叫"维新"，今年就是"维新元年"，而光绪没表态。

康有为在建议改元的同时，还献了一个釜底抽薪的"妙计"——迁都。鉴于北京顽固势力过于强大，变法阻力重重，希望把首都迁到上海。那里风气开通，西方新事物普遍流行，一旦坐镇上海，号召变法，肯定一呼百应。然而，光绪帝还是没表态。

首先来说他的这两项建议，在当时就根本不具备可行性，清朝皇帝基本都是一个年号对应一个皇帝，这基本成了祖制，不好变更；而迁都更是牵涉过大，清朝定鼎北京已二百余年，满族及各贵族大臣已深深扎根于此，朝廷更不能轻易变动。康有为只凭一腔热血做这等事，其提议基本等于信口雌黄，光绪帝知道根本没有实行的可能，所

以不作表态。

尽管如此，康有为依然不乏信心，他还有两个备用的"预案"：其一，向列强求援，请求帮助维新派，压制慈禧一派势力；其二，一不做，二不休，发动政变，干掉慈禧太后。对此，康有为早有预谋，他不信活人能让尿憋死，慈禧一个年过六旬的老太太，又没长三头六臂，难道就被她吓死了不成！

既然康有为有两个预案，按说应该一个首选，一个备用，或者按轻重次序一个个地落实，那么，这两个方案哪个优先呢？其实，康有为采取的办法是双管齐下，哪个方案见效就用哪个。他上午布置发动政变的事儿，打算下午前往日本驻华公使馆，面见伊藤博文，争取他的支持。由于昨天光绪帝明发上谕，让康有为迅速出京，前往上海"督办官报"，按说接旨后就应启程，可他现在还没有收拾行李，又要布置这一系列惊天动地的事儿，所以，忙得分不清东南西北了。

虽然康有为终生不承认他曾密谋要发动政变除掉慈禧，但史学家杨天石先生在日本外务省的档案中找到了毕永年写的材料——《诡谋直纪》，证实了康有为确实想对慈禧下手，将其除掉以继续维新。

毕永年是湖南人，江湖老大式的人物，手下弟兄不少，受谭嗣同影响，他在思想上也倾向于维新变法，并受其邀请，他于1898年7月下旬来到京城。29日晚上9点，康有为跟他讲了政变的计划，大意是说让他前往颐和园，除掉慈禧。当然，颐和园由重兵把守，毕永年那几十个"道上"的弟兄估计连大门都进不去，所以，康有为表示还要把袁世凯拉进来一起干，由袁世凯的部队打开宫门，然后毕永年亲自除掉慈禧，以支持光绪维新，造福天下。

袁世凯是河南项城人，官僚子弟出身，最擅长投机钻营，小时候念不好书又想出人头地，后来投身军营，凭心计逐渐混出了头，现在直隶练兵，手中有一支新式陆军。而且在其升迁过程中，因康有为曾大力帮助过袁世凯，所以他跟康有为称兄道弟，交往较深。

八月初一日，由于康有为的举荐，光绪帝把袁世凯召到北京，予以接见，随后给他升了一级——"以侍郎候补"，按说侍郎是"从

袁世凯像

二品"，康有为不过是总理衙门的章京，介乎"从三品"和"正四品"之间，无权保举袁世凯，但康有为是皇帝的大红人，他写好了保举的奏折，交给礼部右侍郎徐致靖，请他上奏皇上，结果如愿以偿。看来康有为早想借重袁世凯的兵权。他推动光绪帝重用袁世凯，就是要袁世凯欠他一个人情，等到要袁世凯出力的时候好开口。

其实，毕永年并不赞成这一计划，他认为袁世凯不可靠。理由有二：其一，袁世凯是李鸿章提拔的人，而李鸿章是太后的亲信，让袁世凯帮助除掉太后，不是异想天开吗？其二，当年甲午战争一触即发，袁世凯不知走了什么门路，从朝鲜调回了国内，这样一个胆小怕事的人，他能为你承担如此大的风险吗？

但康有为此时因光绪帝对他的重用，早已成为一个被自信冲昏头的人，他认准的理儿谁也改变不了。听完毕永年的一席话，康有为笑着说他用了"反间计"，不怕袁世凯不为自己所用。毕永年考虑到康有为可能只是说说而已，未必付诸行动，所以就没再说什么。

现在大祸临头，康有为孤注一掷，捕杀慈禧的计划提上了议程。维新派紧急开会研究，大家对这个计划普遍持谨慎态度，他们跟毕永年想法一致，最担心袁世凯靠不住。且不论袁世凯胆识如何，这毕竟是一件把天捅个窟窿的大事儿，就算袁世凯欠康有为一个人情，也不能强求人家拿身家性命来报答吧？

据毕永年回忆，康有为面对众人的质疑，得意地拿出了一封信。原来，这是袁世凯写给他的感谢信，感谢他向皇上保举自己。其中有这样一句话，大意是今后有用得着我袁某人的时候，肯定"赴汤蹈火，亦所不辞"。康有为以此表明袁世凯值得信赖，但大家依然不敢苟同，因为按一般的理解，"赴汤蹈火，亦所不辞"往往并不是真要去献身，而是表达感谢的客气话，这类客气话怎能当真？而康有为偏偏较真了。由于康有为是维新派的"大哥"，他固执己见，大家只好服从了。

最后大家研究决定：其一，康有为今天下午去游说伊藤博文，如果不成功，当晚就派人去游说袁世凯，启动政变的计划。附带说一句，此时袁世凯还在北京等着光绪帝的再次召见，正住在法华寺。其二，一旦政变成功，就处死慈禧太后，当然，跟皇上只说废掉慈禧的太后身份而已，先不提杀头的事儿。

商议完毕，大家草草吃完午饭后，康有为就前往日本驻华使馆去了。

当时的中国并不是一个主权完全独立的国家，一些列强对中国的事务拥有一定的支配权，所以，康有为求助于列强的干涉，并非异想天开。此前，他就跟英国人打得火热，恰巧这时日本著名政治家伊藤博文来华"游历"，又让康有为看到了新的希望。

伊藤博文是日本明治元老之一，曾任首相，是日本从东亚小国成长为世界列强的主导者之一。此次伊藤前来"游历"，一度让维新派浮想联翩。当时，曾有人建议光绪帝留住伊藤博文，任命他为顾问，甚至可以考虑给他一些权力，帮助清政府改良政治，以他的魄力和手段，肯定有助于扭转败局。为此，在伊藤抵达天津的时候，光绪帝曾给荣禄发电报，让他询问伊藤能不能在中国多留几天；另外，光绪帝还决定在伊藤抵达北京的时候亲自接见，时间确定为八月初五日。这引起了慈禧一派势力的警觉和不安，甚至认为伊藤是康有为勾引来的。

其实，伊藤此次经朝鲜进入中国，名为游历，实际上是借机考察东北亚形势，为日本的下一步扩张做调查。本国的政务还不够他忙的，怎能顾得上中国的维新派？所以，即使光绪帝想引进这位"外援"，伊藤也不会同意。但伊藤的到来惹得中国政局更为纷乱，大家各怀心事，自作多情，胡思乱想，暗中较劲儿。

这天下午，康有为来到了日本驻华公使馆，拜会了刚刚抵达北京的伊藤博文。康有为讲了慈禧手握大权，昧于世界大势，不愿变法，光绪帝锐意维新，但手中无权无势、备受打压的事实。伊藤初到北京，跟康有为交往也不深，自然较为谨慎，没有顺着康有为的话题深谈。康有为见无法交心，只好请求伊藤如果有机会觐见慈禧，请代为劝说慈禧转变立场。伊藤打着哈哈，把康有为送出了大门。这次见面没有取得实质性的进展。

鉴于跟伊藤博文的会谈没有取得预期的效果，通过政变除掉慈禧就成了康有为的唯一选择了。回到住所，他召集维新志士，决定今晚派人面见袁世凯，正式摊牌，拉他下水。派谁去合适呢？康有为跟袁世凯称兄道弟，夸夸其谈，感染力极强，是合适的人选。但康有为是维新派的领袖，要拿身份，不便亲自出面，更重要的是他要收拾行李，准备前往上海，也根本没有时间。而梁启超虽然是维新派的第二号人物，但他只会说粤语，估计袁世凯也听不懂。这样一来，只好由维新派的第三号人物谭嗣同出面了。

谭嗣同是湖南浏阳人，其父是时任湖北巡抚谭继洵，但他没有一点儿"高干子弟"的娇气，长期在外漂泊，足迹遍布大半个中国，三教九流无所不交，跟天地会、哥老会的头目来往密切。

谭嗣同像

谭嗣同并不赞成康有为谋害慈禧的计划。据毕永年回忆，谭嗣同跟他说过："此事甚不可，而康先生必欲为之，且使皇上面谕，我将奈之何？我亦决矣！"当时大家都认为他去最合适，他就穿好衣服，又从枕头底下摸出把手枪，往后腰里一塞就出门而去了，他怀揣手枪造访袁世凯，或许正是使袁世凯迫于压力告发维新派之谋的一大动机。

光绪二十四年八月初三日深夜，谭嗣同敲响了袁世凯居住的法华寺的山门。关于这次密谈，当事人袁世凯留有《戊戌日记》记载，若按袁世凯的说法，是谭嗣同首先表达了光绪帝对袁世凯的信任和重视，然后讲了光绪皇帝目前的危险处境，最后说出了政变的计划：请袁世凯杀掉直隶总督荣禄，然后出兵来京，包围颐和园。袁世凯听完惊得目瞪口呆，半晌才回过神儿来，他问："围颐和园欲何为？"

谭嗣同说："不除此老朽，国不能保！此事在我，公不必问。"所谓"老朽"无疑指的是慈禧太后。谭嗣同接着说他召集了几十个"好汉"，还从湖南请来了一些会党，负责除掉慈禧，只求袁世凯派兵围住颐和园，别的不用他管，最好连问也别问。

袁世凯深知此事风险太大，脑袋就转悠开了，他知道京津一带由荣禄重兵驻扎，自己的部队不满万人，即使出兵勤王，也未必救得了光绪帝和维新派，弄不好还会祸灭九族。所以，他强调了两点难处：其一，他的部队有枪无弹，没有荣禄的批准，估计也领不出子弹；其二，他的部队在天津东南七十里的小站一带驻扎，离北京好几百里地，隔着好几个防区，也根本开不到北京来。袁世凯没有说谎，自打他应召进京，荣禄就有所警觉，已经派兵把袁世凯的部队看死了。

但谭嗣同却没有理性分析袁世凯的心理和想法，而是板着脸冷冷地说："公之性命在我手，我之性命亦在公手，今晚必须定议！"说完解开了衣襟，袁世凯斜眼一瞥，立即发现谭嗣同的腰部有些异常，估计别着一只手枪，看来自己被劫持了，袁世凯见事已至此，当然不敢断然拒绝，于是不着边际地东拉西扯，最后承诺等到皇帝跟太后到天津阅兵的时候，只要光绪写一个小纸条，他就遵旨保护皇帝，除掉荣禄。谈了大半夜，就是这么个模棱两可的结果，谭嗣同半信半疑又无可奈何地离开了法华寺。

谭嗣同回到住处的时候已经是第二天的清晨了，毕永年前来打探。谭嗣同有些情绪低落地说："袁尚未允也，然亦未决辞，欲从缓办也。"又说，"此事我与康争过数次，而康必欲用此人，真无可奈何。"毕永年立即断定即将大祸临头，并劝谭嗣同赶紧躲避，但谭嗣同摇摇头没说什么。

就在八月初三日深夜谭嗣同敲响法华寺山门的那一刻，慈禧已作出了一个改变王朝命运的决策——明天返回紫禁城，重掌国家政权。她对光绪帝的忍耐终于突破了极限，除了内心深处根深蒂固的权力欲望外，还有一个重要的诱因，那就是伊藤博文的来华。早就有人指出："八月之变，幽禁皇上，株连新党，翻改新政，蓄此心固非一日，而借口发难，实由于伊藤之来华也。"

其实，百年来真相早已大白。伊藤博文来华游历，不管其目的如何，肯定跟此时中国的政局无关，但他毕竟是日本著名的改革家，主导了日本由弱到强的转变，身份比较敏感。维新派打伊藤博文的主意，顽固派也利用这一点大做文章，一时间各种说法不胫而走。比如光绪帝可能聘请伊藤做顾问，甚至直接任用他做官，借助他推动中国的变法等等。这不完全是空穴来风，甚至有维新派主张干脆跟日本联合，避免被瓜分的厄运。这就涉及国家对外政策的大调整了，慈禧自然不能坐视不管。

再则，在慈禧看来，维新派打伊藤博文的主意，无疑是借助洋人来跟她作对，她岂能容忍？而且，万一由伊藤博文主导清朝政权，不仅意味着自己丧失了权位，也可能是国家的厄运。伊藤博文毕竟是日本人，他会把清朝引向何方呢？其实，顽固派已经给出了答案："伊藤果用，则祖宗所传之天下，不啻拱手让人。"前面说过，光绪帝已经确定在八月初五日召见伊藤博文，慈禧要抢在此前回到紫禁城，控制光绪帝，防止意外发生。

八月初四日清晨，光绪帝一早起身前往颐和园，向慈禧请安。这期间光绪帝时常往返于紫禁城和颐和园之间，很是辛苦，然而在抵达颐和园宫门时才得知慈禧天没亮就回宫了。由于慈禧走的是水路，光绪帝走的是旱路，结果双方没有遇上。

光绪帝不由大惊失色，因为按预定的计划，慈禧会于八月初六日回宫，为什么提前了两天秘密回宫呢？光绪帝心中立即产生了一种不祥的预感，他赶紧往紫禁城赶。来到宫中，只见慈禧正指挥太监在养心殿"抄家"，太监抱走了一摞摞的文件。慈禧见到光绪帝，劈头盖脸一顿痛骂，然后下令将光绪帝带往中南海的瀛台，那里四面环水，只有一道简易的浮桥跟岸上相通，便于看守。自此，光绪帝开始了其终生被囚禁的生涯。

据苏继祖的《清廷戊戌朝变记》记载，光绪帝临走的时候看到军机大臣站在一边，他抬高了声调说："朕不自惜，死生听天，汝等肯激发天良，顾全祖宗基业，保全新政，朕死无憾!"可见，即使到了这个时候，光绪帝依然想的是变法的成败，而对于自己的命运，似乎已经置之度外了。

这样，慈禧太后强行又掌握了清朝权柄。但在中国古代女子没有政治权利，慈禧太后这次把持国家政权缺乏合法依据。此前慈禧垂帘听政，前提是皇帝幼小，她以儿子监护人的身份代行皇权，是一种临时和权宜的办法。等孩子成了大人，能够按照自己的意志独立行事的时候，就不需要母亲的监护了，垂帘听政自然就要结束，慈禧并不否认这一点。所以，当光绪帝长大成人、成家立业之后，慈禧就必须兑现诺言，归政退休。然而，慈禧从来不甘心彻底放弃权力，经过这次政变，她便认定了无论怎样都要把握权力的想法，只要她慈禧活一天，她就不会把权力交给光绪帝，也就是说，维新运动的失败已注定了光绪帝一生当慈禧傀儡的命运。

※ 慈禧戊戌政变，戊戌六君丧命

戊戌政变已经发生，但并未对外宣布，表面上一切如旧。八月初五日，光绪帝如期召见了伊藤博文。此时的光绪帝已被困笼中，他跟伊藤博文会谈也处在被监视之中，会晤时间不长，内容多是外交辞令。光绪帝大致表达了三方面的意思：希望得到日本明治维新的经验；希望两国永远友好下去。这时的伊藤博文则彬彬有礼，有问必答，熟练地使用着敬语和自谦语，与当年马关谈判时他那副凶神恶煞的面孔完全不同。

这天，光绪帝按几天前的安排还召见了袁世凯。袁世凯并不知道此时光绪已经失去自由，他还劝光绪帝说："古今各国变法非易，非有内忧，即有外患，请忍耐待时，步步经理，如操之太急，必生流弊。"又话里有话地说："新进诸臣，固不乏明达猛勇之士，但阅历太浅，办事不能缜密，倘有疏误，累及皇上，关系极重。"光绪帝听了之后基本没说什么。召见完毕，袁世凯立即赶回了天津。

其实就在光绪帝召见袁世凯的同时，荣禄派军进入了京城。北京

伊藤博文像

市民第一次看到了新式陆军——骑着洋马，背着洋枪，穿着洋式军装，由军乐队前导，吹吹打打地走在大街上。这是荣禄为慈禧发动政变提供的军事支持。

荣禄，字仲华，号略园，瓜尔佳氏，满洲正白旗人，出身于世代军官家庭，少年时与慈禧有着非同一般的关系，有史学家认为二人是情人关系。最早提到慈禧和荣禄这层恋爱关系的是德龄公主。德龄不是真的公主，是慈禧晚年比较宠信的一个宫廷女官。她的小说体回忆录《爱恋紫禁城》里就说荣禄是慈禧的初恋情人，并对荣禄的内心曲折进行了大肆渲染。

德龄的书中内容或有着意添加的不实之处，但后来慈禧的曾孙辈叶赫那拉·根正在他的回忆录里也有意无意地照应这个故事。根正

342

说，慈禧出生后家里请过两个乳母，其中一位姓关的——关嬷嬷，也做过荣禄的乳母。可见慈禧家和荣禄家起码是一个交际圈子里的。

顺着初恋情人这条线往下说。后来慈禧在咸丰跟前得宠，并没有忘记荣禄。本来荣禄一直都是个八品芝麻小官，但是慈禧得宠后他就跟着官运亨通了。慈禧掌权后荣禄更加得志，到晚年集军政大权于一身，权倾朝野。荣禄对慈禧也是忠心耿耿，屡立大功。辛酉政变期间是慈禧一生最危险的时刻。慈禧带着儿子同治从热河赶回北京，在半路上，手握重权的肃顺曾经动过杀机想除掉慈禧，就在这个节骨眼上，荣禄带着亲兵赶来护驾，终于保得慈禧母子平安回宫。政变过后，荣禄立刻被升了官。

正史记载中虽然找不到慈禧和荣禄之间的私情，但二人的关系也是千丝万缕的。荣禄的女儿瓜尔佳氏，被慈禧收做养女。这便是末代皇帝溥仪的生母（所以荣禄是溥仪的外祖父）。慈禧对这位养女十分喜爱，并亲自指定其婚姻，指定的结婚对象是醇亲王载沣。光绪皇帝死后，慈禧再选小皇帝，还是从醇亲王这一家里选，选的是自己养女的儿子。这足见慈禧对权力的控制有多牢。

溥仪的回忆录《我的前半生》是一份重要史料。这本书里提及他外祖父荣禄，虽然没说他与慈禧有过罗曼史，但也说关系非同一般。

除掉八大臣后，恭亲王权倾一时，但慈禧慢慢培植自己的亲信。她最为信赖的人之一就是荣禄。在同治年间，是荣禄取代恭亲王做了内务府大臣（管理皇宫内部事务的大臣），取得西太后对恭斗争的一次重大胜利；同治病死后，在议立光绪的过程中，是荣禄献计献策，帮太后解决了如何干政的头疼问题，光绪亲政后大搞维新，又是荣禄得袁世凯告密而及时察觉阴谋，帮助慈禧发动了戊戌政变，并帮助慈禧第三次垂帘听政。

有了荣禄的亲兵来到京城，慈禧就更加有恃无恐了。在老情人的支持下，次日——八月初六日，慈禧以光绪皇帝名义发布谕旨宣布：现在国事艰难，庶务待理，朕勤劳宵旰，日综万几，兢业之余，时虞

荣禄像

丛脞。恭溯同治年间以来，慈禧端佑康颐昭豫庄诚寿恭钦献崇熙皇太后两次垂帘听政，办理朝政，宏济时艰，无不尽美尽善。因念宗社为重，再三吁恳慈恩训政，仰蒙俯如所请，此乃天下臣民之福。由今日始，在便殿办事。本月初八日，朕率王大臣在勤政殿行礼，一切应行礼节，着各该衙门敬谨预备。

此谕一下，就等于慈禧开始了她一生中的第三次垂帘听政。

同时，慈禧命令步军统领衙门逮捕康有为和他的弟弟康广仁，罪名是"结党营私，莠言乱政"。至此，正式向天下公布了光绪帝及其维新派失势的消息，接着，慈禧又陆续取消了新政的各项措施。

这场变革从四月二十三日开始，至八月初六日告终，历时一百零三天，史称"百日维新"。

然而，就在慈禧所代表的顽固派弹冠相庆、旧势力卷土重来之际，维新派欲刺杀慈禧的内幕被揭开了，慈禧惊讶得目瞪口呆，光绪帝也陷入了万劫不复的命运深渊。

长期以来，中国史学界有这样一个观点：慈禧发动政变的原因是由于袁世凯的告密，他出卖了维新派，激怒了慈禧，导致了政变的发生。显然，这是个误解。众所周知，袁世凯所掌握的足以告密的资本，无疑就是康有为策划的包围颐和园、除掉慈禧太后的计划，而此时慈禧只是下令捉拿康有为，并没有下令捉拿谭嗣同，罪名也只是"结党营私，莠言乱政"，没提"大逆不道""图谋不轨"之类，可见慈禧还被蒙在鼓里，这也充分地证明了袁世凯当时尚未告密。

无疑，袁世凯是可耻的告密者，连他自己都不隐讳这一点。他应该是回到天津后，才得知慈禧已经训政的消息，为了自保，他向荣禄揭发了维新派包围颐和园、捕杀慈禧太后的计划。荣禄随即将这一消息转告慈禧，事态顿时升级。八月初九日，清廷发布了捉拿谭嗣同等人的上谕。

清政府虽然发布了捉拿康有为的命令，但由于他奉旨出京前往上海，所以，清军先到塘沽一带堵截，又到上海的码头拦截，结果都扑了空。后来才知道康有为在吴淞口转乘英国小艇，换乘英国商船潜往海外。梁启超虽然在北京，但他在慈禧宣布训政的当天就跑进了日本驻华公使馆，后来被日本人送出了中国。清军一路追杀，一直追到大沽口，眼巴巴地看着梁启超上了日本军舰。

梁启超在逃往日本使馆之际，曾力劝谭嗣同跟他一起避难。据梁启超回忆，谭嗣同含泪说："不有行者，无以图将来；不有死者，无以酬圣主。"也就是说，如果都在北京等死的话，中国维新就没有希望了；但全跑了，没有一个人站出来拿性命担当的话，又怎么对得起皇上？还说，"各国变法，无不从流血而成，今日中国未闻有因变法而流血者，此国之所以不昌也，有之，请自嗣同始！"言罢，将一包手稿交给梁启超，托他带走，然后二人紧紧拥抱，洒泪告别。

谭嗣同是初九日被捕的，此前他通过自己的社会关系，联系北京的一些"侠士"，力图营救光绪皇帝逃出瀛台，但终究无机可乘。八月十三日，未经审讯，慈禧下令将谭嗣同、康广仁、杨深秀、林旭、

光绪帝（中）和康有为（右）、梁启超（左）

杨锐、刘光第六人斩杀于菜市口。临刑之际，谭嗣同大喊："我自横刀向天笑，去留肝胆两昆仑。"观者为之泪下，之后他突然大声说了一句："吾有一言！"刽子手立即请示监斩官刚毅，这个对维新派恨之入骨的顽固派大臣轻蔑地一挥手，刽子手手起刀落，谭嗣同英勇就义。他到底要说一句什么话呢？成了千古之谜。

附带指出，谭嗣同还是中国近代史上著名的思想家，留下了《仁学》这部作品，号召人们冲破旧思想、旧势力的束缚，追求自由幸福的生活。无论是目空一切的康有为，还是才华横溢的梁启超，提起谭嗣同无不赞叹有加。梁启超晚年回忆说："嗣同遇害，年仅三十三。使假以年，则其学将不能测其所至。仅留此区区一卷，吐万丈光芒，一瞥而逝，而扫荡廓清之力莫与京焉！"

谭嗣同等六人同时遇害，史称"戊戌六君子"。其实，这六人并非都是维新派骨干，其中杨锐本是湖广总督张之洞的得意门生和绝对亲信，政治立场介乎"洋务"和"维新"之间。千钧一发之际张之洞一再致电北京，力保杨锐，请求务必刀下留人。但刚毅不懂洋务派跟维新派有什么区别，在他眼中，只要跟西方事物有关的任何人都罪该万死，所以，装聋作哑，未予理睬。至于康广仁不过是康有为的弟弟而已，由于慈禧抓不着康有为，他只好给哥哥顶罪了，由此也可见顽固派的惨无人道、穷凶极恶。

史料记载，戊戌六君子遇害次日，慈禧以光绪的口吻发布谕旨，笼统地说他们："包藏祸心，潜图不轨，前日竟有纠约乱党谋围颐和园，劫制皇太后陷害朕躬之事。"又说，"供语多牵涉，恐致株连"，为了不妨害"宽大和谐"的气氛，就不加审讯了。其实，慈禧对维新志士不审不判，直接处死，也有自己的难言之隐。

慈禧一出手，便让维新派人士死的死、跑的跑，北京又成了其所代表的顽固守旧派的天下。然而，戊戌变法的最大当事人光绪皇帝却无路可跑，他只能任凭慈禧迫害。

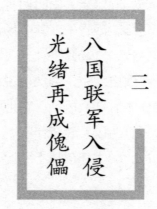

三 八国联军入侵 光绪再成傀儡

※ 八国联军侵北京，义和团为国而战

慈禧发动戊戌政变，将维新变法中止之后，不但是中国的改革发展之路再次被慈禧堵死，同时她的举动也引起了世界各大资本主义强国的反感，因为他们无法在新法的实行下获取更多利益，于是各国多同情变法维新派，协助康、梁等人逃离中国。

事后，慈禧太后软禁了光绪皇帝于中南海瀛台，甚而欲废帝改立，又遭到各国强烈反对而不敢付诸行动，使她怀恨在心。加之甲午战败后，列强纷纷在中国强租港湾、划分势力范围，也增长了慈禧太后的仇外情绪，这一时期，以与洋人抗争为目标的义和团在山东兴起，慈禧决定利用他们为抗衡外国势力。

义和团原为山东省一些学习神打的拳民组织，初为山东巡抚毓贤利用来抗衡西洋教会、威吓教民脱离基督教会；后在各国压力下，清廷改派袁世凯入鲁取缔，义和团乃转移至顺天府、涿州等地，京师亦渐有拳民活动。

义和团是在这样的时代背景下产生的，19 世纪末，各帝国主义疯狂侵略中国边疆和邻近国家，中国边疆地区出现了新的危机。甲午战争后，帝国主义在经济上向中国大量输出资本，在政治上则强占

"租借地"和划分"势力范围"，掀起了瓜分中国的热潮。在文化上他们通过教会深入中国城市和乡村进行侵略活动，使民族危机愈加严重，终于爆发了义和团反帝爱国运动。

义和团战士

义和团的迅猛发展，使列强大为恐慌，他们纷纷要求清政府采取措施消灭义和团。在外国压力下，实际掌握政局的慈禧太后多次发布严禁义和团的上谕并组织军队进行围剿。但由于多种原因，一时难以扑灭义和团。在北京北堂（西什库教堂，当时是中国天主教的总堂）主教樊国梁的建议下，列强遂于5月28日提出派出"使馆卫队"进入北京，清政府先是拒绝，后被迫于31日同意，但提出"每馆以二三十人为率"，结果列强先后派出400多人进京。后来列强又派遣西摩尔带领2000人前往北京，这些行为对清政府形成了严重威胁。

对此，清政府一面继续发布镇压义和团的命令以消除列强派兵的理由，一面又调集军队进入北京以防不测。对外国人抱有敌意的董福祥所率领的武卫后军（甘军）即在 6 月 9 日被调入北京驻守，6 月 11 日，日本书记官杉山彬前去迎接入京的西摩尔联军，在永定门外被甘军所杀。事后，大臣荣禄亲赴日本使馆道歉。

列强向北京强行进军和义和团抵御外国军队，使慈禧对义和团的态度开始出现转变。清政府于 6 月 5 日派赵舒翘和何乃莹，6 月 6 日派刚毅去涿州"劝散"义和团，实为考察情况。结果刚毅的态度是"力言拳民可恃"，赵舒翘等也赞成采取招抚的措施。再加之载漪等官僚的鼓动，清政府逐渐开始承认义和团为合法组织。

于是从 6 月 10 日起，在清朝官员的默许下，义和团开始大量进入北京。在初期，义和团与北京的外国人关系紧张，但并未发生大规模流血事件。在使馆卫队入京后，以德国公使克林德为首的部分外国外交人员一味使用武力解决问题。6 月 14 日，克林德带领水手一排行于内城之上，发现有沙地有义和团练习，即毫不迟疑发令开枪，当场打死 20 余人。此后使馆卫队开展了"猎取拳民行动"，多次主动攻击义和团团员，结果导致愤怒的义和团在北京到处焚烧教堂和攻杀教民，并殃及今前门大街外的大栅栏地区，"京师富商所集也，数百年精华尽矣"。而克林德本人则在 6 月 20 日去总理衙门交涉时与神机营章京恩海相遇，并被后者射杀，酿成著名的"克林德事件"。

6 月 10 日，列强不顾清政府的阻拦，正式组建八国联军，由在级别最高的英国军官西摩尔为统帅，美国军官麦卡加拉为副统帅，率军自天津向北京进发，有论者以此为八国联军侵华的标志。

当时，慈禧信任闭塞愚昧的守旧大臣，竟听信毓贤之言，相信团民能"刀枪不入""枪炮不伤"，欲借助义和团之力排外；她派军机大臣刚毅往涿州视察，刚毅回奏称："天降义和团，以灭洋人。"在部分朝廷亲贵支持下，义和拳开始以"扶清灭洋"为口号，大举进京勤王，反抗外国列强国瓜分中国的行径。拆电线、毁铁路，并攻进天津租界，帝国主义列强入侵中国的利益受到损害，各国公使要求清廷取缔义和团，但未获回应。于是在 1900 年 6 月 17 日（清光绪二十六年）八国联军攻占大沽炮台；7 月 14 日攻陷天津；8 月 2 日集兵二万自天津沿运河两岸进发，在廊坊受义和团围攻兵败，之后加大兵力一举占领廊坊，8 月 14 日凌晨来到北京城外向北京发起总攻，至 16 日晚基本占领北京全城。

※ 慈禧逃亡西安，临走处死珍妃

在八国联军欲攻北京之时，慈禧太后挟持光绪帝和亲贵大臣逃往西安，而派奕劻和李鸿章与联军谈和。慈禧太后再次置国家于不顾，只顾自己性命选择了逃亡。

而在开始逃亡之前，慈禧太后还不忘处死光绪帝心爱的妃子珍妃。其原因和事情大致是这样，珍妃因年龄还小，不懂与人相处，渐渐得罪了皇后，这基本等于得罪了其姑姑慈禧。所以慈禧一直在等着拿下她的借口。而珍妃却不知如何为人处世，她人虽小花钱却大方，还常去打赏身边的人，以致用度不足，又不会节省，她遂想了一个办法，就串通太监，恃宠多次受贿卖官。因为有利可图，当时太监中最有势力的数人均染指其中。

慈禧知道后，立即当面拷问珍妃，并让人从其住处搜获记有其卖官收入的一本账本，于是在光绪二十年甲午（1894）十月，光绪帝奉慈禧皇太后懿旨，将瑾妃、珍妃着降为贵人（第七等），"以示薄惩"。珍妃被幽闭于宫西二长街百子门内牢院（也就是常说的"冷宫"），从此与光绪隔绝，不能见面。

至于珍妃是如何被慈禧害死的，据《晚清宫廷生活见闻》中对一位叫王祥的太监的描述是这样的："王祥那个时候才二十几岁，他清楚地记得，庚子年七月二十日，宫里乱七八糟的，西太后和光绪皇上都改变了装束，就要逃出宫了。就在这当儿，她亲自率领瑾妃和御前首领太监崔玉贵、王德环到了宁寿宫，把珍妃从三所（囚禁珍妃的住所）里提了出来。珍妃在这里不知道已经受了多少折磨。她被提到西太后跟前，我们从门缝里看到她，战战兢兢，憔悴的样儿。西太后究竟同她说了些什么，王祥没有听见。后来在场的太监们传说，西太后对她说，现在太后同皇上就要离京了，本来想带她走，但是兵荒马乱的年月，万一洋人入宫，出了什么事，丢了皇家的体面，就对不住祖宗了，让她赶快自尽。还听太监们传说，珍妃对西太后说，皇上应该留在北京，但是还没等珍妃说明道理，西太后就冷笑了一声，抢白她说："你死在眼前，还胡主张什么。"

这些传说是不是实情，王祥说不能判断。当时王祥从门缝里只看到珍妃跪在西太后面前，哀求留她一条活命，口里不断呼叫："皇爸爸，皇爸爸，饶恕奴才吧！以后不再做错事了！"

西太后气狠狠地呼喝："你死去吧！"

珍妃说："我没有应死的罪！"

西太后说："不管你有罪没罪，也得死！"

珍妃说："我要见皇上一面。皇上没让我死！"

太后说："皇上也救不了你。把她扔到井里头去。来人哪！"

在场的人，有的眼里流着泪，像木鸡似的呆站着，大概谁也不忍下手。

西太后怕时间耽搁久了，就接连着喊叫，快点动手。崔玉贵走上前去，和王德环一起把珍妃扯过去，连挟带提地把她丢到了井里去。

珍妃临危前，王祥还听到她呼唤："李安达，李安达！"安达是对太监的尊称。这是珍妃呼唤李莲英，求他救救她。但李莲英并没有动，西太后就是这样残酷地把珍妃害了。

第十编

悲哉光绪，无辜归尘

慈禧太后像

光绪皇帝载湉像

1900 年 9 月，德国陆军元帅阿尔弗雷德·冯瓦德西被推为联军总司令来华。八国联军陆续增至十万，由京津出兵，分侵山海关、保定、正定以至山西境内。此间，俄国又单独调集步骑兵十七万，分六路侵占中国东北。

八国联军的一些将领

12 月联军提出《议和大纲》，迫使清政府全盘接受，并于 1901 年 9 月 7 日（清光绪二十七年）签署了《辛丑条约》。后八国联军除留一部常驻京津、津榆两线，其余撤兵回国。

八国联军军事行动，以清政府与总共 11 个国家签订《辛丑条约》为终，其中规定清政府赔款白银 4 亿 5 千万两（四亿五千万即当时中国总人口，以示每人一两，达羞辱中国人之意），分 39 年付清，加上利息共计 9 亿 8 千万两，为当时的中国的年总收入的 12 倍，被称为"庚子赔款"，该条约签订之后，中国的半殖民地半封建社会的受迫害程度又大大加深了。

八国联军占领北京后，对北京皇城、衙门、官府大肆掠夺，因而造成大量中国文物和文化遗产（包括故宫、颐和园、西山以及圆明园）的失窃、破坏。在战争中，俄罗斯出兵侵占中国东北全境，这也为日后的日俄战争埋下了伏笔。从客观角度上来说，八国联军侵华事件加速了清王朝的灭亡，也促进了落后的中国向西方学习的进程。

《辛丑条约》签订之后，八国联军退出北京。光绪二十七年十一月二十八日（1902 年 1 月 7 日）午后，逃到西安将近一年半的慈禧带着光绪帝回到了阔别已久的北京紫禁城。慈禧看到宫中未受大的破坏，留守的宫眷们也都平安，十分高兴。她一面跟前来请安的同治遗孀们夸夸其谈，一面命令立即把皇帝安排到中南海的瀛台居住。

从西安回北京后的几天，光绪帝和慈禧都十分忙碌，尤其是光绪帝，要到各庙宇拈香行礼，答谢祖宗神灵的保佑；要接见外国公使，为慈禧当初让义和团攻打大使馆的行为致歉。随着时间的推移，各方面逐渐走上正轨之后，光绪帝就清闲起来了，虽然他脱离了被废黜的险恶境遇，但傀儡的命运并未改变，软禁的生活将伴随他的终生。

每天清晨，慈禧派人来瀛台接光绪帝前往紫禁城，让光绪陪她召见大臣，然后再把光绪送回去。在召见的过程中，光绪基本是摆个样子，虽然有时慈禧也让光绪问话，或者象征性地征询他的意见，但光绪话不多，他开始懂得揣摩慈禧的意思，尽量去迎合她的意思，心里希冀将来还能还政于他，虽然那只是他的奢望。

八国联军监督清政府处死义和团战士时的情景

　　这时的慈禧心安理得地把持国家大权不放，根本不提归政的事儿。据说光绪"容颜憔悴，若有重忧，从来未见片刻开朗或偶一强作欢笑；谨言慎行，唯恐大祸随时及身"。他除了陪伴慈禧临朝理政之外，并未见有任何作为的记载，其实，他的政治生命早在戊戌政变之后就结束了。

　　光绪帝不忘这次逃难蒙受的耻辱。据《德宗遗事》记载，在八国联军侵华战争中，正阳门城楼毁于炮火，回銮不久，慈禧跟大臣们研究修复事宜，光绪曾建议"留此残败之迹，为我上下警惕之资"，被慈禧拒绝。他在瀛台的卧室里挂着一件破破烂烂的小褂，太监要拿去清洗，光绪阻止说："此乃自陕至京，数月不换之小褂，与我患难相依，故留为纪念。"

　　光绪帝陪慈禧临朝听政之外，在瀛台有打发不尽的时光。他向掌管宫廷演出活动的升平署要去了锣鼓，在瀛台敲打，以此打发时光并发泄心中的郁闷。据丁汝芹的《清代内廷演戏史话》中的相关内容可知，清宫档案中有这样的记载："以后皇上如若要响器家伙等，先请旨后传"，"万岁爷那不准言语"，可见慈禧控制之严。光绪还让内务府买了很多新书，认真阅读，后来身体不好，又研究起了医学。

光绪帝是十分聪明的人，如果他出身于普通家庭，长大了做个科学家或艺术家，那才是他一生的福分，他小时候就喜欢拆卸钟表，对机械原理很感兴趣。一次光绪捡到一个已经坏了的八音盒，就打开八音盒，在大滚轮的边缘用笔画上钉眼，让工匠拆去旧钉，按新画的钉眼打眼上钉。工匠修好之后一试，八音盒居然演奏出了中国的乐曲，工匠为之赞叹不已。

苏北阜宁县知县周景涛精通医学，曾进宫为光绪帝诊治疾病，看到皇帝的室内放了一些书，有《四库全书提要》《贞观政要》《太平御览》《大学衍义》《理财学》等。光绪帝每天看书，写字，记日记，还学起了英语。慈禧通过耳目掌握着光绪帝的一举一动，她得知光绪帝学习英语之后，一时心血来潮也想学习英语，但字母尚未掌握就放弃了。

光绪帝虽然表现得对慈禧很配合，但性格其实很叛逆，从他与皇后不能相处上就能看出来。光绪帝被软禁后，又跟皇后分居，生活无人过问，过得十分清苦。据给光绪看病的周景涛回忆，皇帝的书房十分简陋，椅子上的坐垫已经磨破了也不换新的，跟他见过的江苏巡抚端方的书房相比，简直有天上地下之别。一次前往天坛祭天，光绪穿着不合脚的破鞋，走起路来"扭扭捏捏"，跟不上侍卫的步伐，为此不得不请求侍卫放慢脚步。

被软禁之后，光绪虽名为皇帝，但下人们大多不太把他当回事儿。当时，慈禧喜欢看戏，按例，开演的时候先让光绪身穿戏装上台，像演员那样出场环步一周，这是模仿"二十四孝"中老莱子"戏彩娱亲"的故事，向慈禧表达孝心。光绪拉不下脸不愿上场，在台下嘟囔说："这是何等时光，还唱得什么戏？"小太监在一旁质问："你说什么？"光绪急忙解释："我胡说，你千万莫声张了。"

　　光绪帝麻木不仁地过着逆来顺受、寂寞清苦的生活。他在中南海瀛台读书，记日记，写大字，在岸边散步。慈禧派来的太监们看贼似的跟着他，谁也不和他说话。逢年过节，光绪帝所在的瀛台十分冷清，他就自己动手打扫房间，手拿竹竿挑落大殿里的蜘蛛网，然后提笔写几副春联，领着太监贴在门上。自我欣赏一番之后，就傻呆呆地看着落霞满天，夜里静坐听着民间市井的爆竹声，一言不发。

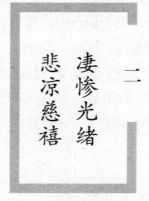

二 凄惨光绪 悲凉慈禧

光绪帝在瀛台一筹莫展，慈禧的日子也不好过，毕竟年近七旬，身体不好，来日无多，心情不佳。而且，继李鸿章去世之后，光绪二十九年三月，她的"宠臣"荣禄也去世了，这让慈禧悲伤不已，她痛哭流涕，并把弟弟桂祥骂得狗血喷头，因为荣禄临终之际一直由桂祥推荐的医生负责抢救，慈禧认为医生不称职，迁怒于桂祥。荣禄死后，慈禧伤感了很久，也苍老了很多，可见慈禧对荣禄的感情之深。

转眼到了光绪三十年（1904），慈禧又蒙受了一场刺激。原来，她的七十大寿到了，本打算热热闹闹地祝贺一次，补上六十大寿未能大办的缺憾，谁想到在东北发生了日俄战争。事情的起因是这样的，俄国在义和团运动期间，派军队侵入东北，《辛丑条约》签订后依然拒不撤军，想就此霸占。这侵害了美国的"门户开放"政策，于是，在美国的支持下，日本赤膊上阵，向中国东北的俄军打响了第一枪。最令中国人痛心疾首的是这场战争发生在东北，目标也是争夺东北，但清政府却宣布"局外中立"，真是丢人到家的一件事儿了。在这种情况下，慈禧自然无心做寿，想到自己每逢十年整寿就赶上外敌入侵，以致被革命党讥讽为"万寿疆无"，因此十分伤心。

发生在中国东北的日俄战争以俄国的失败告终，两国瓜分了东北，以长春为界：长春以南叫"南满洲"，是日本的势力范围；以北叫"北满洲"，是俄国的势力范围。当然，东北的主权名义上属于中国。日俄战争虽然不是以中国为直接的打击对象，但对中国的刺激极大，全国人民急于救国图强，政治风潮一浪高过一浪，宫廷中也酝酿着一轮新的波澜。

日俄战争时期留在中国东北的大炮

当时，慈禧已届七旬，在七十古来稀的那个时代算是风烛残年了，朝中实力派自然暗中打算，光绪帝的价值开始被重估；另外，一帮年轻的亲贵成长起来了，比如醇亲王载沣、恭亲王溥伟、肃亲王善耆等，由于年龄相近的缘故，他们跟光绪帝的关系较为亲近。慈禧对此也有警觉。一次，光绪帝的同父异母弟弟载涛派太监进宫，给太后送些食品，同时嘱咐太监顺路去看看皇上。慈禧得知此事，较为紧张，她怕光绪捎出什么话，所以，立即派人前往载涛的府中捉拿那位进宫的太监。

内务府官员上门拿人，不料载涛表示没有皇帝的旨意，不能到他府中拿人，还破口大骂，说了不少威胁恐吓的话，甚至要动手跟内务府的人拼命。最后载涛被侍卫死死拦住，但他府上的太监还是被拿交内务府慎刑司拷问。由于那太监不承认替光绪捎出什么话去，竟被活活打死，可见慈禧对光绪防范之深。

此时的载涛还不到 20 岁，是个孩子，慈禧不担心他有何出格的打算，但载涛之所以敢气势汹汹，无疑是自认为有皇帝做靠山，这让慈禧感到忧心。

其实慈禧不知道，很多清室宗亲都是想着让光绪帝重新亲政的，肃亲王善耆暗中有一个惊天计划：一旦慈禧寿终正寝，立即拥戴光绪帝复辟，重掌大权，为此他成立了一支消防队，练习爬墙上房，但这支消防队却是按军队的模式，每天按时出操，装备了新式洋枪，善耆还跟亲信说万一有事，立即以救火为名前往瀛台，救出皇帝，但他最终没有等到机会，他还是不了解慈禧到底有多恶毒。有人提醒他说等到老佛爷咽气再动手恐怕已经晚了，但善耆有些不相信，他既不敢轻举妄动，又不肯善罢甘休，为此很是苦恼。

然而，就在各方面暗中策划之际，光绪皇帝的命运发生了根本性的逆转，光绪帝自幼身体不好，脾胃虚弱，且他一生感情失落，政治失意，心情压抑，珍妃之死的消息也足以令他精神崩溃。尤其是戊戌政变以来，他处于被软禁状态，备受凌辱和虐待，孤立无助，坐以待毙，担惊受怕，这样一来，身体状况更大不如前了。

光绪帝身体不好，但慈禧的身体更不好，她已 70 多岁，还不肯放下权力，处处与人钩心斗角，外国的侵略和国内的反对之声时时打击着她衰弱的神经，但她不肯也不敢放下权力，因为以她一生的所作所为，一旦放权，她将立即成为人人得而诛之的对象。所以不管再苦再难，她都时刻提醒自己要硬撑下去。

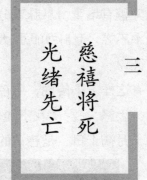

三

慈禧将死
光绪先亡

其实慈禧 70 岁以后身体便渐衰弱，接连生病。慈禧早年还是咸丰帝懿妃时就患月经不调，以后又患有咳嗽病、痔疮、面风、腹泻、胃肠病诸病。迨至光绪三十三年正月，主要患有消化不良症。至同年十二月末，病仍如是，"肝胃郁热、气道欠舒"。延至三十四年六月，病情复有加重趋势。

有清宫档案记载："六月初六日，臣陈秉钧请得皇太后寸关涩象渐起，细而带弦，右部关上尚见滑弦，仍欠冲和之气。大致阙阴为起病之源，脾胃为受病之所。嘈杂渐减，饱暖频仍，寤寐尚和，胸肋震响。由于营阴郁热未除，气分微见虚弱，背间忽凉忽热，引动臀部。两目垂重，枝节软倦，头有微晕，耳有金声。总核病情，谨拟培脾胃之气，养肝木之阴调理。"

由此脉案可知，慈禧不仅脾胃病未愈，且增头晕等肝阴不足证候。至九月，始见腹泻病症，自此以后，腹泻病一直未愈，且有加剧之势。至当年十月，另又请张仲元等诊治，但并无多大效果。

显然，由于连续腹泻而慢性消耗，致使慈禧体力大不如前。正如其遗诰中所述："不期本年夏秋以来，时有不适"，又因政务殷繁，不能静养，以致"迁延日久，精力渐惫"。从《内起居注》中也可见到，这一时期慈禧虽患有慢性腹泻，然政务活动仍很频繁，经常临朝接见大臣，商讨政务，或批阅奏折，发布谕旨。所以到十月初八日，病情又稍有增重。从脉案分析，此时慈禧的脉近燥，中按鼓指，可能有脉率不齐。且脉如此弦大，说明此时慈禧似已出现脉律不齐或高血压之征象。

有这样一条传说，慈禧病重时，有人密告说光绪面有喜色，慈禧闻后，大怒，说："我不能先尔死"，提出光绪为慈禧加害致死。

十月初十日，是慈禧的73岁寿辰，宫廷内外，照例要举行庆典。

慈禧做寿时进贡的花盆

在此前后，她的活动也更是增多。初十、十一两日，白天有庆典及筵宴活动，慈禧都要参加；而自初十至十五日，接连六个晚上，都在西苑颐年殿演戏祝贺，她也每次必到，直至散戏才还寝仪鸾殿。多日的劳累，使她的病情有增无减，到十月十四日，病情继续有所增重，十五日，病情继续有所发展，脉息呈"左寸关弦而近躁，右寸关滑数鼓指，气口脉浮"。其他如肝、胃、肺部之病象仍如前，而又新增"周身疼痛，面目发浮"之病象。

根据《内起居注》记载，自十月十六至十九日，慈禧与光绪帝均无政务活动。光绪帝除每日赴仪鸾殿（亦可能是派人代为前去）向慈禧请安外，亦一反常态，每日早晚并不到慈禧处侍膳。

到十月二十一日，慈禧还未死之际，光绪皇帝却突然进入弥留状态，酉刻即在瀛台涵元殿含恨而死。其时为 1908 年 11 月 14 日，终年 38 岁。

而慈禧之脉象也出现了加重趋势，但并无危象。连发三道谕旨之后，只是"精神异常委顿"，表明由于腹泻而体力消耗过多，而脉象不匀，则可能发生心律不齐。而自十月十九日开始有"谷食不多"的记载，本日又有"胃纳太少"的记载，说明慈禧已接连三日饮食不正常，这对其病体的支撑十分不利。所以到十月二十二日，她的病情出现急剧的恶化。御医先后三次入诊，妙手也无法回春。午后，慈禧太后这个视权如命的恶毒老妇人，在掌权大清 47 年之后，终于告别人世，撒手西归，终年 73 岁。

清东陵之葬慈禧的定陵

据《清德宗实录》记载，在光绪帝逝世的前一天，慈禧授予光绪帝同父异母弟弟醇亲王载沣"摄政王"的职位，将他的长子溥仪接到宫中教养。光绪帝咽气后，慈禧立即宣布：溥仪继承同治皇帝，兼祧光绪皇帝，为清朝新一代君主。又规定："嗣皇帝尚在冲龄，正宜专心典学。着摄政王载沣为监国，所有军国政事，悉秉承予之训示裁度施行。"这表明溥仪为帝，载沣摄政。但实际上只要慈禧不死，他们全是慈禧的傀儡，清朝的命脉还是掌握在慈禧手中。可见，直到此时慈禧不仅对自己的生命力依然乐观，权力欲也没有丝毫的衰减。然而，在慈禧作出这一系列决定的第二天，她就走到了自己生命的尽头。

光绪帝的一生是令人扼腕叹息的，其死后也是如此，在光绪登基直至驾崩长达34年的岁月里，不但一生竭力倡导的改革事业未能成就，图谋报国的壮志未竟，就连自己的陵寝也未兴建。直到他驾崩后，才由他的异母弟、新登基的宣统皇帝溥仪之父、醇亲王载沣派人在西陵界内找了一块叫绝龙峪的地方，兴建了清王朝统治时期最后的一座皇帝陵寝。

光绪陵墓崇陵

当1911年辛亥革命兴起，大清王朝正式宣告灭亡时，已驾崩3年的光绪皇帝，那硬邦邦的尸体还躺在紫禁城一间漆黑的屋子里，直到民国二年（1913年），才被草草安葬于绝龙峪。光绪帝倒霉至此，生前的哀婉凄惨身陷囹圄总算过去，但死后又凄惨葬到绝龙峪中，不知他的孤魂该是怎样的忧愤与悲哀了。

而与光绪帝冷冷清清的身后事相比，执掌政权近50年的慈禧太后的丧事却办得异常奢华隆重，给她上的谥号也美轮美奂："慈禧端佑康颐昭豫庄诚寿恭钦献崇熙皇太后。"

慈禧一生都在恃宠专权，作威作福，生前享尽人间荣耀与辉煌，死后更是气派非凡、华贵异常。在她死亡 24 天后的十一月十六日，慈禧安排的太监们将她的尸体入殓于棺椁之中，同时放进棺椁的还有大量金银珠宝和其生前喜爱的宠物，整个棺椁造价昂贵、豪华无比。其木料均取自云南的深山老林，光是这些木材的运费就耗银数十万两。当棺椁成型后，先用 100 匹高丽布缠裹衬垫，然后再反复油漆 49 次，始装殓慈禧尸骨。

据说慈禧的陵寝建筑也是清东陵建筑群中最精美的一座，可称得上是金、木、石三绝。先说"金绝"：据《清史》记载，慈禧的陵寝仅三大殿所用的叶子金就达 4592 两以上，殿内外彩绘 2400 多条金龙，64 根柱上都缠绕着半立体铜鎏金盘龙，墙壁上的五福捧寿、万字不到头图案等也全都筛扫黄金。这货真价实的金碧辉煌虽经盗墓者洗劫，但如今依然可见黄金雕饰的豪华残迹与碎片。

再说"木绝"，慈禧的陵寝三大殿的梁、枋都是用木中上品黄花梨木制成。这种木质坚硬、纹理细密的木材现在已濒临绝种，其价值称得上是寸木寸金。而慈禧的棺椁更是用名贵的金丝楠木制成。

再说"石绝"，慈禧陵寝的石料一律采用上好的汉白玉，石雕图案更是绝中之绝。隆恩殿的汉白玉石栏板上，都用浮雕技法刻成前飞凤、后追龙图案。76 根望柱柱头全部雕刻着翔凤，凤的下面是雕在柱身里、外侧的两条龙，形成独一无二的"一凤压两龙"造型，寓意着慈禧生前的无上权力。而殿前的凤龙丹陛石雕刻更是石雕中的珍品。

从慈禧崩亡到棺椁抵达东陵，其间将近折腾了一年，最后总算于宣统元年（1909）十月初四日巳时，将棺椁葬入菩陀峪定东陵地宫。整个殡葬共耗费白银达 120 多万两，为大清历代帝王后妃葬礼之最。这个女人假如死后有知，她应该为自己生前死后都志得意满了。

当慈禧躺到华贵无比的地宫中时，辉煌夺目的紫禁城已进入大清帝国日落后的黄昏，光芒灿烂的昌瑞山，也将很快王气不再，并进入

祭奠慈禧时的情景

一代王朝彻底衰败的最后一缕暮色之中。

而慈禧更想不到的是，还在她未死之时，河南省永城县一个年近20岁的乡村青年开始走出贫困的故乡，胆大且机敏的他四处寻找发迹和求财的机会，19年之后，他率领手下的军队盗掘了清东陵，并且重点开挖了传说藏有大量珍宝的慈禧的陵墓，在大掠其财的同时，又将慈禧本人的尸体特别"关照"地抛于棺外，大加污辱。这个人就是中国近代史上著名的盗陵"将军"——孙殿英。此人此举虽为人不齿，但也算是为世人对慈禧的仇恨而作出了让人满意的回答。

四 光绪皇帝之死 慈禧嫌疑难逃

慈禧和光绪刚死之时，大洋彼岸的《纽约时报》于 1908 年 11 月 16 日有这样的报道：从北京发往伦敦《泰晤士报》的一则消息说，大清国慈禧皇太后已于今天去世。大清国皇帝陛下刚刚于周六去世，他们两人死亡时间离得如此之近，不由使人疑窦。人们怀疑这件事情的背后可能有谋杀。而刚刚死去丈夫的皇帝遗孀对其他人而言无足轻重。

看来，连只关心利益不关心政治的外国人，都相信光绪皇帝的死和慈禧太后有关。

为什么年轻的光绪反而死在了慈禧之前？而且，母子二人相差不过二十个小时相继去世，世界上有这么蹊跷的事儿吗？事情的真相到底是怎样的呢？近百年来，光绪皇帝的死因传说纷纭，本书第一章曾经讲过各种传说，归纳起来主要有两种说法：一是谋杀说；二是正常死亡说。

长期以来，中国史学界的主流意见倾向光绪帝死于谋杀。人们普遍怀疑慈禧及其帮凶害怕光绪帝在慈禧死后掌握政权，重翻前案，为此痛下杀手。百年间这类猜测不胫而走，广为流传。谋杀的嫌疑人有慈禧太后、袁世凯、李莲英、崔玉贵等。

清朝在皇帝的饮食安全、医疗保健方面有一套极为严格的制度，袁世凯身为大臣，无法接近皇帝，没有下手的机会，他若起意谋杀，只能买通太监下手。李莲英和崔玉贵身为太监，但如果不奉旨意，也难以接近皇帝；更何况李莲英缺乏谋杀的动机，他平素对光绪帝多有关照，光绪帝曾说过"若无李俺答，我活不到今日"这样的话，可见，即使光绪帝上台执政重翻旧案也跟李莲英无关，所以，他作案的可能性不大。

其实，光绪帝若死于谋杀，主谋元凶基本可以断定是慈禧太后，因为按常情推断，若没有她的指使，一般人不仅没有条件，也没有胆量下这种毒手。执行者很可能是李莲英和崔玉贵等一帮太监，因为在庚子年间崔玉贵就奉旨杀了珍妃，以此类推，他奉慈禧之命直接对光绪下手的嫌疑最大。

但应该强调，谋杀说属于推断，并无过硬的证据做支撑，是一种基于情理和既往事实作出的自圆其说的猜测。20 世纪 80 年代初，"谋杀说"曾被推翻，光绪帝的死因又被学者们定论为"正常死亡"。原来，在清宫档案中，光绪帝的脉案保存得相当完整，史学家会同中医专家系统深入地研究了这些脉案，认为符合病情演进的规律，未见特殊异常症状出现，应为心肺功能的慢性衰竭合并急性感染死亡，并无中毒和其他伤害的征象。这一说法曾较为广泛地被史学界认同。

然而，近年来这一问题的研究又取得了进展，"正常死亡"说又被颠覆，"谋杀"说获得了实质性的支持。因为清宫中光绪帝的脉案被伪造或篡改的可能性很大，因为太医院要看慈禧的脸色，并且在戊戌政变后，也曾奉命伪造过光绪帝病重的脉案。而有关专家历时数年，运用高科技手段对光绪帝遗骨、头发、下葬的衣物做了检测，发现其中附着有高含量的三氧化二砷（砒霜），由此认定光绪死于急性砷中毒，应为他杀，是直接死于砒霜中毒。2008 年初冬，在北京发布了这一研究成果。此时恰逢光绪皇帝逝世一百周年，所以，别有一番特殊的意义。虽然凶手是谁不能通过检测证明，但专家们一致认同慈禧太后的嫌疑最大。

其实，不论光绪皇帝是被毒死还是病死，都可以说是慈禧长期和大力迫害的结果。他一生只活了 38 岁，在位 34 年，4 岁起就君临天下，但始终生活在慈禧的阴影之下，不仅没有体验过君主的威严和权势，也没过几天舒心的日子，备受控制、摧残和折磨。尤其是戊戌政变后被长期幽禁，生死难料，命运莫测，正值奋发有为的壮年就撒手人寰，令人扼腕叹息。而且光绪无子无女，在某种程度上甚至可以说连家室都没有，其命运的悲惨超乎常人想象。

从帝王的角度来看，光绪皇帝无疑是个失败者，他的失败源自慈禧太后的迫害，但如果认真审视光绪皇帝的性格，也可以说他没有处理好跟慈禧太后的关系才导致了他的悲惨命运。

其实，他的生父醇亲王奕譞和叔叔恭亲王奕䜣，对他都有告诫。奕䜣临终上遗折指出："伏愿我皇上敬天法祖，保泰持盈，首重尊养慈闱，以隆圣治。"光绪帝若能做到这一点的话，对王朝命运和自己的境遇来说，都可以避免很多悲剧。

针对光绪皇帝与慈禧太后的矛盾，在晚清担任过御史的胡思敬说过这样一句沉痛的话："自古国家之败多起于伦理，家齐而后国治。"这道出了母子矛盾对王朝命运的深远影响。由于矛盾的一方是掌握中国命运的慈禧皇太后，另一方是万乘之尊的光绪皇帝，这二人的矛盾绝非家务之争那样简单，说到底还是权力分配的问题。换句话说，他们之间的一切矛盾都可以归结到这一点——光绪要权，而慈禧不放权。

今天看来，光绪帝想要权其实也不是没有办法，他即便不能强硬，还有温和、退让的办法。退一步说，只要慈禧高兴，光绪帝不妨韬光养晦，任其大权独揽，这是"舍得"之道，是政治智慧。光绪毕竟年轻，来日方长，清朝的政权最终无疑属于他。其实，慈禧寿终正寝的时候，光绪才 38 岁，跟嘉庆执政时的 40 岁相比已属年轻，作为一个大国的元首，正是体力、精力、智慧成熟的壮年，大可不必急于夺权。

光绪帝之所以没有成功，首先还是要怪他所受的教育，他自小长在深宫，并不熟知人情世故，本人又个性张扬，10 多年教育和宫廷

环境的熏陶使他具备了帝王的派头，他不甘心被愚弄、被操纵，也属人之常情。这里不得不说，翁同龢和夏同善两位老师虽然教会了光绪皇帝不少知识，教会了他做皇帝的礼仪和思想，教会了他如何去学习西方，却没有教会光绪帝为人处世之道，没有告诉他应该如何与慈禧太后周旋，如何以中庸之道取得最后的胜利，另外还有光绪帝的父亲奕譞也没有教会他这些，甚至包括康有为、李鸿章等人。所以，光绪帝一生的失败若归因到性格的弱点上，那么就与他没有遇到真正的明师和智者也有很大关系。

戊戌变法的失败，是光绪帝一生彻底失败的肇始，现在来看，戊戌变法是一次注定不能成功的改革运动，不仅是维新人士的见识和眼界都不够高，所变之法很多不切实际，只凭着一腔热血和虚无的理想是不行的；同时也由于当时中国的问题十分复杂，文化和国民素养都很落后，短期的努力不能奏效。光绪帝手中无权又急于求成，结果百日维新如昙花一现，被慈禧太后强力扼杀，光绪帝也因此跌入了万劫不复的深渊。

然而，光绪皇帝也是伟大的，他的伟大之处就在于他在慈禧的高压之下毅然迈出了变法维新的第一步，这体现了一种为国家未来负大责任的态度，是一种积极奋斗发展的气象，而在光绪帝身上，则体现了他的献身精神。尽管戊戌变法在慈禧的打击下失败了，但中国却由此开始吹响了百年变革的号角，人们的思想开始逐步解放，在光绪逝世的两年之后，代表封建专制主义的王朝制度便被推翻，辛亥革命带来的民主自由之风，开始在神州大地上吹起。

附录一

中国清代皇帝简表

庙号	姓名	在世时间	在位时间	年号	皇陵
清太祖	爱新觉罗·努尔哈赤	1559—1626	1616—1626	天命	福陵
清太宗	爱新觉罗·皇太极	1592—1643	1626—1643	天聪 崇德	昭陵
清世祖	爱新觉罗·福临	1638—1661	1643—1661	顺治	孝陵
清圣祖	爱新觉罗·玄烨	1654—1722	1661—1722	康熙	景陵
清世宗	爱新觉罗·胤禛	1678—1735	1722—1735	雍正	泰陵
清高宗	爱新觉罗·弘历	1711—1799	1735—1795	乾隆	裕陵
清仁宗	爱新觉罗·颙琰	1760—1820	1796—1820	嘉庆	昌陵
清宣宗	爱新觉罗·旻宁	1782—1850	1820—1850	道光	慕陵
清文宗	爱新觉罗·奕詝	1830—1861	1850—1861	咸丰	定陵
清穆宗	爱新觉罗·载淳	1856—1875	1861—1875	祺祥 同治	惠陵
清德宗	爱新觉罗·载湉	1871—1908	1875—1908	光绪	崇陵
	爱新觉罗·溥仪	1906—1967	1908—1912	宣统	华龙陵园

注：宣统帝溥仪因是末代皇帝，没有庙号，初葬八宝山革命公墓，后在家属要求下移葬华龙陵园。

附录二

慈禧太后亲属

父亲：叶赫那拉·惠徵。

母亲：富察氏。

丈夫：咸丰皇帝爱新觉罗·奕詝。

兄弟：大弟：叶赫那拉·照祥，二弟：叶赫那拉·桂祥。

妹妹：叶赫那拉氏、醇亲王福晋，光绪皇帝载湉之母。

儿子：爱新觉罗·载淳，同治皇帝。

侄女：叶赫那拉氏静芬，即光绪皇后隆裕。

外甥兼养子：光绪皇帝爱新觉罗载湉。（因光绪皇帝载湉是由其妹和醇亲王这里过继到咸丰皇帝名下继位的，且称慈禧为"皇爸爸"或"亲爸爸"，因此载湉也算是慈禧之养子。）

附录三

慈禧太后徽号

同治元年（1862），上徽号"慈禧"。

同治十一年（1872），因为同治皇帝大婚，上徽号"端佑"。

同治十二年（1873），同治帝载淳亲政，上徽号"康颐"。

同治十三年（1874），同治帝因为遇到"天花之喜"，而两宫太后"调护朕躬，无微不至"，"朕心实深欣感"，决定为两宫皇太后上徽号，但20天后同治驾崩，上徽号仪式没能进行。

光绪二年（1876），光绪帝即位，连同上次给两太后各上的徽号，一共四字，慈禧的徽号由此又加上了"昭豫庄诚"。

光绪十五年（1889），光绪皇帝大婚，上徽号"寿恭"。

光绪十五年（1889），光绪皇帝亲政，上徽号"钦献"。

光绪二十年（1894），慈禧太后六十大寿，上徽号"崇熙"。

光绪三十四年（1908），皇太后叶赫纳拉氏生前死后得到的谥号全称为：孝钦慈禧端佑康颐昭豫庄诚寿恭钦献崇熙配天兴圣显皇后，谥字23字，连皇后共25字，谥号长度超过清朝开国皇后孝庄，及孝德与孝贞两位正宫皇后，为清代及中国历代皇后中之最。

另外，慈禧还被身边人称为"老佛爷"，这个称呼本是清代皇帝专用，慈禧用之，可见自视极高。

附录四

慈禧太后大事记

慈禧太后于清道光十五年十月初十（1835 年 11 月 29 日）出生，一般认为慈禧出生于北京西四牌楼劈柴胡同（今辟才胡同）。

咸丰二年（1852 年 5 月）（17 岁），选秀入宫，赐号兰贵人。

咸丰四年（1854）（19 岁），晋懿嫔。

咸丰六年（1856）（21 岁），生皇长子载淳（后来的同治皇帝），当日晋懿妃。

咸丰七年（1857）（22 岁），晋懿贵妃。

咸丰十年（1860）（25 岁），英法联军攻陷北京，咸丰皇帝率后妃宗室重臣等避祸承德避暑山庄，命恭亲王奕訢留京与联军议和。

咸丰十一年（1861）（26 岁），咸丰皇帝驾崩，皇子载淳继位，以皇帝生母被尊为圣母皇太后；九月，在恭亲王奕訢支持下发动辛酉政变，两宫太后联合恭亲王，杀肃顺等八大臣，成功夺权，垂帘听政。

同治元年（1862）（27 岁），同治皇帝对圣母皇太后晋徽号"慈禧"。（此时同治帝年幼，实际是西太后以同治皇帝的名义给自己晋徽号）

同治四年（1865）（30 岁），罢议政王奕訢职务，遭洋人、宗室、大臣疑问，旋又复职。

同治十三年（1874）（39 岁），同治皇帝驾崩，因其无嗣；遵皇太后之意，由醇亲王奕譞之子载湉继位（即光绪帝）。

光绪七年三月（1881）（46 岁），慈安皇太后钮祜禄氏逝世（多认为慈禧所杀），年 45 岁，从此慈禧独尊天下。

光绪十三年（1887）（52 岁），光绪帝大婚，翌年亲政；慈禧继续"训政"。

光绪十九年（1893）（58 岁），皇太后六十大寿庆典；甲午中日战争战败。

光绪二十四年（1898）（63 岁），因光绪皇帝发起戊戌变法，皇太后发动戊戌政变，杀六君子、囚光绪，后重行训政。

光绪二十六年（1900）（65 岁），因义和团发起庚子拳乱，导致列强八国联军攻入北京，帝后被迫离京，前往西安避祸。

光绪二十七年（1901）（66 岁），《辛丑条约》签订后，慈禧与光绪两宫回銮北京；皇太后及皇帝下诏罪己、行庚子新政。

光绪三十四年（1908）（73 岁），光绪皇帝驾崩后一天，皇太后于 11 月 15 日下午 5 时病逝，后葬于定东陵；大行皇帝无嗣，由醇亲王载沣为摄政王，其子溥仪为帝（即后来的宣统皇帝）。

1928 年，军阀孙殿英借演习之名，率其部下盗掘了金碧辉煌、极尽奢华的慈禧定东陵，将其抛尸棺外。

参考资料

1. 张杰著：《清朝三百年史》，社会科学文献出版社 2011 年版。

2. 阎崇年著：《清朝十二帝》，人民出版社 2010 年版。

3. 史官，启航编著：《话说清朝那时候儿》，北京理工大学出版社 2012 年版。

4. 雾满拦江著：《别笑，这是大清正史》，武汉出版社 2010 年版。

5. 郑永安编著：《清朝全史》，云南人民出版社 2011 年版。

6. 王钟翰著：《大家说历史：王钟翰说清朝》，上海科学技术文献出版社 2009 年版。

7. 周舟著：《穿越百事通——清朝不可不知的历史细节》，苏州古吴轩出版社有限公司 2012 年版。

8. 黎东方著：《黎东方讲史：细说清朝》，上海人民出版社 2007 年版。

9. 柯愈春编：《清朝十大奇案》，人民日报出版社 2011 年版。

10. 雷颐著：《走向革命——雷颐细说晚清七十年》，山西人民出版社 2011 年版。

11. 戴鞍钢著：《晚清史》，上海百家出版社 2009 年版。

12. ［美］费正清等编：《剑桥中国晚清史 1800—1911 年》（上、下卷)，中国社会科学出版社 1985 年版。

13. 姜鸣著：《天公不语对枯棋：晚清的政局和人物》，三联书店 2006 年版。

14. 叶子文著：《咸丰皇帝》，中国华侨出版社 2009 年版。

15. 庄吉发编著：《咸丰事典》，紫禁城出版社 2010 年版。

16. 中国第一历史档案馆编：《咸丰同治两朝上谕档》，广西师范大学出版社 1998 年版。

17. 圣烨编著，尹楠摄影：《话说大清逃亡皇帝——咸丰私密档案全揭秘》，北方文艺出版社 2005 年版。

18. 刘耿生编著：《同治事典》，紫禁城出版社 2010 年版。

19. 徐彻著：《慈禧大传》，国际文化出版公司 2012 年版。

20. 丁燕石著：《这一朝兴也太后亡也太后·慈禧》，工人出版社 2011 年版。

21. 丁燕石著：《正说慈禧》，浙江人民出版社 2006 年版。

22. 高淑兰编著：《慈禧太后和她身边的男人们》，凤凰出版社 2011 年版。

23. 蔡东藩著：《慈禧太后演义》，华夏出版社 2009 年版。

24. 向斯著：《向斯说慈禧》，工人出版社 2010 年版。

25. 马东玉著：《正说清朝非常人物——慈禧与恭亲王》，团结出版社 2009 年版。

26. 汤黎著：《恭亲王奕䜣政海沉浮录》，湖北人民出版社 2006 年版。

27. 张延芬著：《慈禧太后》，北方文艺出版社 2005 年版。

28. 德龄著，沈紫、林清译：《慈禧后宫实录》，学林出版社 2002 年版。

29. 隋丽娟著：《说慈禧》，中华书局 2007 年版。

30. 喻大华著：《囚徒天子光绪皇帝》，商务印书馆 2011 年版。

31. 卢建中、熊诚著：《光绪皇帝》，安徽文艺出版社 2009 年版。

32. 刘耿生编著：《光绪事典》，紫禁城出版社 2010 年版。

33. 徐彻著：《正说光绪》，上海古籍出版社 2005 年版。

34. 德龄著：《光绪帝毕生血泪史》，天津古籍出版社 1999 年版。